Fach-
buch
Klett-Cotta

Eva Rass

Bindung und Sicherheit im Lebenslauf

Psychodynamische Entwicklungspsychologie

Mit einem Geleitwort von Anna und Paul Ornstein

Klett-Cotta

Klett-Cotta
www.klett-cotta.de

Printed in Germany
Schutzumschlag: Roland Sazinger, Stuttgart
Unter Verwendung eines Fotos von © Franz Pfluegl – Fotolia.com
Gesetzt aus der Minion von Dörlemann Satz, Lemförde
Gedruckt und gebunden von Esser printSolutions GmbH
ISBN 978-3-608-96255-0

Dritte Auflage, 2017

Bibliografische Information der Deutschen Nationalbibliothek
Die Deutsche Nationalbibliothek verzeichnet diese Publikation in der Deutschen Nationalbibliografie; detaillierte bibliografische Daten sind im Internet über <http://dnb.d-nb.de> abrufbar

Inhaltsverzeichnis

Geleitwort 9

Vorwort 13

Einleitung 16

Teil A: Entwicklungspsychologische Grundlagen 19

1 Die Neurobiologie der Mutter-Kind-Beziehung 19

2 Die Entwicklung der Affektregulation 26

3 Die Gewährung von Bindungssicherheit:
Eine wesentliche Funktion von Elternschaft 33

3.1 Die zentralen Aussagen der Bindungstheorie 34

3.2 Elternschaft als Funktion des Erwachsenenselbst 38

3.3 Vater-Mutter-Kind: Die Bedeutung der Triade 42

4 Die sensomotorische Wahrnehmungsorganisation 45

4.1 Die rhythmische Synchronisation 47

4.2 Kontaktaufnahme mit der Wahrnehmungswelt des Kindes . . . 49

Die taktil-kinästhetische Wahrnehmung 51

Die auditive Wahrnehmung 53

Die visuelle Wahrnehmung 56

Die Folgen einer unzulänglichen Wahrnehmungsorganisation . . 57

Teil B: Entwicklungsphasen in Kindheit und Jugend 61

5 Das Leben beginnt 62

5.1 Die Mutter-Kind-Interaktion in der Schwangerschaft 62
5.2 Die Geburt und der Prozess des Bondings 65
5.3 Exkurs: Frühgeburtlichkeit 66
Die Ätiologie der Frühgeburt 68
Das frühgeborene Kind 70
Das Schmerzempfinden des Frühgeborenen 72
Die entwicklungsfördernde Pflege 73

6 Perspektiven auf die frühe Kindheit 75

6.1 Die Notwendigkeit abgestimmter und »markierender« Resonanz 75
6.2 Die Teilhabe des Kindes an der entwickelten psychischen Organisation der Bindungsperson 77
6.3 Der Ablösungs- und Individuationsprozess 78
6.4 Die Grundlagen für stabile Selbst- und Objektrepräsentanzen . . 80

7 Spielen als Grundform kreativen Lebens und konzentrierten Lernens 82

7.1 Der »Spielraum« als Raum der Selbstorganisation und Entwicklung 82
7.2 Bindungssicherheit als Voraussetzung des kreativen Spielens . . 84
7.3 Phasen der Spielentwicklung 85
Das Nachahmungsspiel und die Entdeckung von Urheberschaft 86
Die Bedeutung der dialogischen Abgestimmtheit 86
Spielerisches Erkundungsverhalten 88
Spielverhalten mit Symbolcharakter 90
Das Symbolspiel mit anderen Kindern 92
Das Heranführen an Regelspiele 93
7.4 Vom frühen kreativen Spiel hin zum bindungsorientierten außerfamiliären Lernen 93

8 Von Natur aus anders – geschlechterspezifische Unterschiede 96

8.1 Heldendämmerung? Der Zeitgeist und die Krise der Jungen . . . 98
8.2 Geschlechtstypische Verhaltensweisen 100
8.3 Väterlichkeit und Mütterlichkeit: Die Bedeutung der stimmigen Differenz 104
8.4 Die Vaterbeziehung und die Persönlichkeit des Jungen 110
8.5 Andersartigkeit bei Gleichwertigkeit als Entwicklungsspielraum . 116

9 Geschwistererfahrung 118

9.1 Unterscheide dich! – Der wichtige Differenzierungsprozess unter Geschwistern 120
9.2 Entwicklungspsychologische Bedeutsamkeiten 121
9.3 Die Geschwistererfahrung der Eltern 124
9.4 Die Gewährleistung von Bindungssicherheit 127

10 Das Jugend- und frühe Erwachsenenalter 128

10.1 Körperliche Veränderungen und psychische Umbauprozesse . . 128
10.2 Die psychischen Umbauprozesse 130
10.3 Die Abgrenzung von den Eltern 132
10.4 Die Peergroup als »Entwicklungshelfer« 134
10.5 Sinnlichkeit und psychosexuelle Identität 135
10.6 Schule und beruflicher Entwurf 137
10.7 Das Erwachsenenleben ruft 139

Teil C: Zentrale Themen im Erwachsenenalter 141

11 Entwicklungslinien im Erwachsenenleben 141

11.1 Älter-Werden hat Zukunft 141
11.2 Das späte frühe und mittlere Erwachsenenalter 144
11.3 Das Überschreiten der Lebensmitte 145
Die Paarbeziehung 146

Die Lebensqualität einschränkende Faktoren 148
Der Mensch zwischen zwei Generationen 149
11.4 Das Dachgeschoss im »Haus des Lebens« wird bezogen 151

12 Das Lebensende: Der Gipfel ist erreicht 155

Literatur 159

Indexverzeichnis 171

Geleitwort

Im Laufe der Geschichte haben sich viele Forscher und Denker die Frage gestellt, wie sich Körper, Seele und Umgebungsfaktoren wechselseitig beeinflussen. Insbesondere die Humanwissenschaften versuchen zu erfassen, warum frühe Ereignisse im Leben wesentlichen Einfluss auf den weiteren Lebensweg haben und wie emotionale Erfahrungen die Muster des strukturellen Wachstums beeinflussen. Forschungsergebnisse der Neurobiologie, der affektiven Neurowissenschaften, der Bindungs- und Kleinkindforschung sowie der Psychoanalyse konvergieren in zunehmendem Maße, und ihre Befunde werden mehr und mehr zu einem soliden Fundament, auf das sich das sozioemotionale und biopsychosoziale Geschehen stützen kann.

Eva Rass nimmt in diesem bemerkenswerten und mutigen Buch die Entwicklung der menschlichen Psyche von der Schwangerschaft bis ins hohe Alter in den Blick. In einer klaren und gut lesbaren Sprache sowie einer besonders pragmatischer Darstellung ist es ihr gelungen, die neuesten wissenschaftlichen Befunde, die für all jene nützlich sind, die sich mit Kinderentwicklung, mit Psychologie, mit Psychotherapie, mit Psychiatrie, mit Erziehung, aber auch mit den Entwicklungsprozessen im fortschreitenden Alter beschäftigen, nachvollziehbar darzustellen. Man merkt den Themen des Buches an, dass sie dem Praxisalltag einer erfahrenen Kindertherapeutin entstammen, die fortwährend mit Phänomenen des kindlichen Lebens inmitten seiner familiären und außerfamiliären Umgebung im derzeitigen Zeitgeist konfrontiert ist. Sie versteht es als ihre Aufgabe, sich auf Spurensuche zu begeben und die psychodynamischen Hintergründe der sich vor ihr ausbreitenden Probleme zu erforschen. Die Nöte der Kinder, die Sorgen ihrer Eltern und vielleicht sogar die Einflüsse der Großelterngeneration müssen dabei beachtet werden.

Die größte Herausforderung der Autorin lag in der Integration sowohl genetischer Voraussetzungen als auch des Einflusses von Umgebungsfaktoren auf den Säugling und das heranwachsende Kind. Die neueste Forschung zeigt, dass es diese beiden Faktoren sind, die die gesamte Entwicklung und so auch die des Gehirns fundamental beeinflussen. Es kann heute als gesichert gelten, dass die Struktur des entstehenden Gehirns eine Widerspiegelung der gelebten Erfahrung ist. In den ersten 18 Lebensmonaten ist dessen Wachstum am größten. Aus der Komplexität der biologischen und Umgebungsfaktoren wählte die Autorin jene Aspekte der frühen Entwicklung aus, die für das spätere Leben als höchst bedeutsam anerkannt werden, wobei der Affektregulation durch die Fürsorgepersonen und der daraus resultierenden Qualität der Bindung als Basisgeschehen eine Schlüsselrolle zukommt. Historisch gesehen lief die unmittelbar forschende Beobachtung der Fürsorgeperson-Säugling-Beziehung zunächst relativ unabhängig von Studien der Neurowissenschaften ab. Doch erkannten sowohl die affektiven Neurowissenschaften als auch die entfaltungsorientierte Psychoanalyse im Verbund mit der Bindungsforschung maßgebliche Zusammenhänge in der neuronalen und mentalen Entwicklung. Eva Rass weist den Leser darauf hin, dass die frühen Erfahrungen die Entwicklungsmuster zwar tief beeinflussen, jedoch keine lineare Evolution zeitigen, da das menschliche System flexibel und selbst in späteren Lebenszeiten für Veränderungen offen ist.

Die Autorin beginnt die Darstellung des Lebensverlaufs mit Überlegungen zur Psychobiologie der Schwangerschaft, da schon in diesem frühen Stadium die psychologische Haltung der Eltern das Gehirn und die Psyche des sich entwickelnden Fötus beeinflussen. Sie führt in einem weiteren Abschnitt in die Elternschaft als eine herausragende Funktion des Erwachsenenselbst ein. Diese Funktion verlangt vom Erwachsenen eine Einfühlung in den Säugling und das Kind, ohne dessen Bedürfnisse mit den Notwendigkeiten der eigenen, erwachsenen Psyche zu verwechseln. Der Eltern-Säugling-Dialog wird als ein Wechselspiel von Unterbrechung und erwartbarer Wiederherstellung der Bindung dargestellt, und der erfolgreiche Verlauf dieser wechselseitigen Interaktion ermöglicht den Aufbau einer stabilen Psyche, die mit einer spezifischen Widerstandskraft gegen spätere Belastungen ausgestattet ist. Eine wichtige Entwicklungszeit ist die Loslösungs- und Individuationsphase (angelehnt an Margaret Mahler), in der sich das Kind auf Basis der zuvor erworbenen Bindungsbeziehung in das Leben hinauswagt und dabei gewahr wird, dass es sich dabei von den wichtigsten Bezugspersonen zeitweilig löst, und in diesem dramatischen Geschehen auch noch sein eigenes Geschlecht entdeckt. Die Fürsorgepersonen sind in dieser Zeit sehr gefordert, wobei die Wichtigkeit des Vaters als zweite primäre Bindungsperson betont wird. Besonders kreativ ist der Abschnitt über die Bedeutung des kindlichen

Spiels, da dadurch innerseelische »Spiel-Räume« und Konfliktbewältigungssphären entstehen sowie die schöpferische Zentrierung auf das eigene Selbst stattfindet. Diese Selbst-Zentrierung ist auch für die spätere Konzentration beim schulischen Lernen von großer Wichtigkeit. In diesem Kapitel – im Verbund mit dem Abschnitt zur Entwicklung der sensorischen Wahrnehmungsorganisation – wird das Wissen der Autorin um schulische Prozesse aus ihrer langen Vorerfahrung als Lehrerin spürbar. Von Bedeutung ist die Abhandlung zu Geschwisterbeziehungen, die in entwicklungspsychologischen Büchern häufig nur am Rande thematisiert werden. Die vorausgegangenen Abschnitte erleichtern das Verstehen der umwälzenden Phase der Pubertät, die eine Schwellensituation darstellt, in der die Errungenschaften des bis dahin Entwickelten auf ihre Stimmigkeit und Stabilität »abgeklopft« werden. Der Leser wird daran erinnert, dass die Natur dieser Entwicklungsprogression sowohl durch sozioemotionale – und wie wir betonen würden – auch durch ökonomische Umstände, in denen sich das Kind befindet, beeinflusst wird.

Ein besonderes Verdienst dieses Buches liegt darin, dass das Leben in seinen verschiedenen Phasen mit den darin eingebetteten Entwicklungsaufgaben als ein Kontinuum dargestellt wird, was nicht heißt – wie anfangs erwähnt –, dass nicht auch die Möglichkeit zu Veränderung besteht. Es wird aber nachvollziehbar, dass die Wege der Lebensgestaltung im mittleren, späteren und auch sehr hohen Erwachsenenalter unmittelbar von der aktiven Ausformung bestimmt werden, und dass »nichts« – so auch das Lebensgefühl im reifen Erwachsenenalter – einfach »vom Himmel fällt«. Eva Rass arbeitet sensibel heraus, dass die Generation der jetzt sehr alten Menschen durch den Zweiten Weltkrieg häufig schweren Traumatisierungen ausgesetzt war, die sich bei nicht wenigen als nicht verarbeitete und nicht heilende Wunden zu Wort melden. Im letzten Abschnitt wird das unausweichliche Lebensende mit besonderer Tiefe behandelt.

Als uns Eva Rass als »Studentin« 1996 zum ersten Mal am »International Center for Self Psychology« an der Universität in Cincinatti aufsuchte, war sie trotz aller Erfahrenheit eine »Suchende«, die ihre Tätigkeit als Kindertherapeutin aus der Sicht des Kindes *in seinem Familiensystem* wahrnahm, und einen analytischen Weg suchte, um der Elternarbeit und den damit verbundenen Umgebungsfaktoren gerecht zu werden, da die Verantwortung für das Kind, das am Ende einer Therapie wieder auf seine sozioemotionale Umwelt zurückgeworfen wird, einen erweiterten therapeutischen Zugang verlangt. Sie schlug konsequent den Weg des Child-Centred-Family-Treatment aus der Sicht der analytischen

Selbstpsychologie ein, und so gab es keine Hindernisse, die neuesten Erkenntnisse der Neurobiologie und der Bindungs- und Affektregulationsforschung zu integrieren. Seit dieser Zeit weilte sie regelmäßig ein- oder zweimal im Jahr zu Studienaufenthalten zunächst in Cincinatti und später – nachdem wir umgesiedelt waren – in Boston bei uns. Im Laufe der Jahre rieten wir ihr dringlich, dass sie ihr umfangreiches wissenschaftliches und Erfahrungswissen aus der damit verbundenen Verantwortung einer breiteren Öffentlichkeit zugänglich machen sollte. Mit diesem Buch, das nicht nur eine Synthese der neuesten Entwicklungen der Bindungs- und Affektregulationstheorie, sozialer Neurowissenschaft und entfaltungsorientierter Psychoanalyse leistet, sondern eine Sammlung evidenzbasierter wissenschaftlicher Fakten, im Verbund mit einer Reflektion über deren Bedeutung für das menschliche Selbstverständnis darstellt, kommt sie dieser Verantwortung nach. Möge das Buch die zahlreichen Leser finden, die es verdient.

Anna und Paul Ornstein
Boston, April 2011

Vorwort

Als ich nach einem passenden Titel für das vorliegende Buch suchte, der den gesamten Lebensverlauf umfasst, kamen mir – angelehnt an die 2008 breit angelegte Kampagne des Ministeriums Familie, Senioren, Frauen und Jugend – die Begriffe »Gipfelstürmer« und »sicherheitsgebendes Basislager« in den Sinn. Ein krabbelndes Kleinkind in Windeln saß auf den unteren Stufen einer gewaltigen, hoch hinaufragenden Treppe. Das vital wirkende Baby blickte neugierig in die Welt und erweckte den Anschein, seine Potenziale entfalten zu wollen, um dann – auf dem Höhepunkt eines Entwicklungsschrittes – stolz seine Errungenschaften zu genießen. Da in diesem Buch auch die weiteren Entwicklungsphasen bis hin ins hohe Erwachsenenalter in den Blick genommen werden sollen, und auch der erwachsene Mensch seinen letzten Gipfel zu erreichen hat, hätte das Wort »Gipfelstürmer« auch für ihn gelten können. Da die meisten Menschen beim Begriff »Gipfelstürmer« aber zunächst an Bergsteiger oder Extremsportler und nicht an ein Baby oder den sehr alten Menschen denken, wurde dieser Buchtitel verworfen und ein Begriff gewählt, der die Voraussetzung für diese zweifache Expansion heraushebt.

Es kann heute als gesichert gelten, dass sich die Lebenseinstellung und die damit einhergehende Lebensstimmung im höheren Erwachsenenalter nicht von ungefähr einstellt, sondern ganz wesentlich vom vorherigen Lebensverlauf bestimmt wird. Diese vorausgegangene Entwicklung verläuft in aufeinanderfolgenden Phasen und Stufen, und die Bewältigung des jeweiligen Abschnittes ist mit dem Kontinuum des davor Gelebten verbunden. Die menschliche Entwicklung verläuft nicht immer linear und sie geht auch nicht immer nur in eine Richtung. Sie verläuft nicht gleichmäßig bergauf oder bergab, vielmehr werden viele Einflüsse auf verschiedenen Ebenen und in Auseinandersetzung mit Umgebungsfaktoren wirksam. Die Beschäftigung mit diesem Wechselspiel verlangt Flexibilität und Offenheit, da die verschiedenen Entwicklungsfaktoren nicht getrennt voneinander betrachtet werden dürfen. Entwicklung ist unter anderem ein biologisches, psychobiologisches und mentales Phänomen und bezieht sowohl das Körperliche als auch das Psychische mit ein.

Diese immer größer werdende Komplexität führt zu einer wachsenden Anzahl an Themenfeldern, da sich neue Perspektiven und Erkenntnisfortschritte auch in den Methoden der Forschung und der Evaluation in den Humanwissenschaften niederschlagen. Untersuchungen zur Entwicklung des Menschen müssen dessen Entwicklungsumgebung berücksichtigen, die entsprechende Entwicklungsbedürfnisse hervorruft und die Bewältigung entsprechender Entwicklungsaufgaben verlangt.

Das vorliegende Buch legt den Fokus auf spezifische Entwicklungsaspekte in unserem Lebensraum und versucht, die Entwicklungslinie von der Befruchtung eines Eis bis hin zum späten Erwachsenenalter aus der äußeren und inneren Perspektive des Menschen zu beleuchten. Die Entwicklungspsychologie präsentiert sich dabei als eine multidisziplinäre Theoriengruppe. Die Forschungsergebnisse in den verschiedenen wissenschaftlichen Disziplinen beeinflussen einander nachvollziehbar wechselseitig und so gibt es heute kaum noch einen Wissenschaftsbereich, der isoliert vor sich hin arbeiten kann. Die Phänomene des Lebens lassen sich nicht mehr nur unter einem Aspekt erklären.

Nun erlaubt der breit gefächerte Wissenszuwachs in den letzten 50–60 Jahren – und insbesondere der Zeitraum zwischen 1990 und 2000 (dieser Zeitraum wird als die »Dekade des Gehirns« bezeichnet) – strukturelle Sequenzen im Entwicklungsverlauf wahrzunehmen, mithilfe derer – quasi wie ein roter Faden – die Komplexität der menschlichen Entwicklung konzeptuell erfasst werden kann, was sachdienlich ist, um sich nicht in der Fülle des bestehenden Wissens zu verlieren. Der Neurobiologie kommt dabei die Rolle einer Leitwissenschaft zu. Viele Veröffentlichungen namhafter Wissenschaftler im Bereich der modernen Hirnforschung erscheinen fast »psychologisch«, da gerade dieser Wissenschaftsbereich erfasst hat, dass sich im Bereich der neurologischen Entwicklung wenig tut, ohne dass von außen, d. h. von der sozialen Welt, Impulse in das menschliche neuronale System gesendet werden (vgl. Damasio 1994/dt. 2004; Hüther 2006a; Roth 2006). Eisenbergs (1995) Formulierung: »The Social Construction of the Human Brain« zeigt schlaglichtartig die Abhängigkeit des sich entwickelnden Gehirns (aber auch des späteren und reiferen) von den Einflüssen der äußeren Welt; somit wird die fortwährende Wechselwirkung durch Interaktionen verständlich.

»Die Zeit ist reif« – wie es Allan Schore 2003 schon formulierte –, dass die Naturwissenschaften und die humanistischen Wissenschaften aufeinander zugehen, um mit ihren spezifischen Erkenntnissen zu einer Konzeptualisierung der Persönlichkeitsentwicklung des Menschen beizutragen, die Erklärungen dafür liefert, warum frühe Ereignisse im Leben einen so nachhaltigen Einfluss auf die weitere Entwicklung haben. Daraus ergibt sich die Frage, auf welche Weise emotionale Erfahrungen mit anderen Menschen die Muster des strukturellen Wachstums beeinflussen. Das wiederum verweist auf die Notwendigkeit, Forschungsergebnisse der Neurobiologie, der affektiven Neurowissenschaften, der Bindungs- und Kleinkindforschung, der Affektregulationsforschung, der Traumaforschung und der psychodynamisch ausgerichteten Psychotherapie zu integrieren.

Damit ist das Feld umrissen, in dessen Grenzen Phänomene der menschlichen Entwicklung – begrenzt durch selektive Ausschnitte der Forschungsvorhaben und der aktuellen persönlichen Sichtweise – beleuchtet werden sollen; gleichzeitig ist damit auch die Perspektive herausgearbeitet, aus der die menschliche Entwicklung vom Mutterleib bis ins späte Erwachsenenalter in den Blick genommen werden soll. Diese Perspektive ermöglicht es auch, sich mit den Veränderungen der Formen, der Inhalte und der Verhaltensweisen und gleichzeitig mit den Prozessen fortschreitender Differenzierung bei gleichzeitiger Ausrichtung und Zentralisierung auf ein Ziel zu beschäftigen.

Einleitung

Henne oder Ei? Wo soll man anfangen, wenn man Phänomene des Lebens verstehen will? Konnte man noch vor 20–30 Jahren diese Frage in dieser Form stellen, geht dies nach den Erkenntnisfortschritten der letzten 20 Jahre nicht mehr. Es kann kein Zweifel mehr daran bestehen, dass es die Generation der Erwachsenen ist, d.h. die Generation der Fürsorgepersonen, die für das Ei entsprechende Umgebungsfaktoren zur Ausgestaltung seiner Potenzen bereitzustellen hat. Es ist die Elterngeneration, die die genetischen Anlagen für die Nachkommen liefert und gleichzeitig auch die Bedingungen dafür, was sich aus diesen genetischen Anlagen überhaupt entwickeln kann. Gerald Hüther (2006a) führt für diesen Verstehensprozess den allerersten Vielzeller, den Volvox, an. Schon bei dieser Frühform des Lebens müssen einzelne Tochterkugeln aus der Mutterkugel in das Innere des Systems fallen, um neue Tochterkugeln entstehen zu lassen. D.h., die einzelne Zelle muss in das *Innere* hineinfallen. »(A)uf der grünen Wiese«, wie er formuliert,

> »*kann keine neue Kugel entstehen. Es bedarf … wesentlicher Rahmenbedingungen, dass aus Anlagen überhaupt etwas werden kann. Immer dann, wenn in den Rahmenbedingungen Störungen auftreten, gibt es Störungen bei der Entfaltung der Potenzen und diese Störungen nennen wir dann Erkrankung. Während man genetische Anlagen sehr wohl identifizieren kann, ist es schwer, diese zu verändern. Was aber veränderbar ist, sind die Rahmenbedingungen, so auch die unserer Kinder, die in der heutigen Welt aufwachsen.*«

Gene führen kein auf sich gestelltes Eigenleben, vielmehr bilden Organismus und Umwelt, d.h. Gene und ihre Umgebung, eine Einheit, und die Gestaltung unserer zwischenmenschlichen Beziehungen entscheidet mit, ob und wie bestimmte genetische Reaktionsmuster durch Erlebnisse und Erfahrungen eingestellt werden (Bauer 2002, S. 9ff.).

Dieses gesicherte Wissen beantwortet die Ei-oder-Henne-Frage: Es geht um das Ei *in* seiner sozioemotionalen Umwelt, und somit ergibt sich auch die Reihenfolge, in der Entwicklungsphänomene zu beschreiben sind. Ausgehend von den neurobiologischen Aspekten der Anfänge der Mutter-Kind-Beziehung, die in affektive und regulatorische Prozesse eingebettet sind und die zu spezifischen Bindungsmustern führen, die das Überleben garantieren sollen, werden die in Stufen ablaufenden Phasen des Lebens – beginnend bei der Schwangerschaft bis hin ins hohe Alter – untersucht. Es gilt, Zusammenhänge zwischen den jeweiligen Bedürfnissen und Entwicklungsaufgaben mit ihrem Outcome zu verstehen, um in der positiven oder negativen Vielschichtigkeit immer wiederkehrende Muster im Zusammenspiel von Vergangenheit und Gegenwart mit Blick in die Zukunft als eine Einheit wahrnehmen zu können.

TEIL A: Entwicklungspsychologische Grundlagen

1 Die Neurobiologie der Mutter-Kind-Beziehung

Der Körper als Ausdrucksorgan psychischen Geschehens ruft schon lange das Interesse vieler Wissenschaften hervor, die sich mit den Erscheinungsformen des Lebens beschäftigen, ohne jedoch die Geheimnisse der Verbindung von Körper und Psyche lüften zu können. In den 1990er Jahren konnten jedoch durch die seither möglichen bildgebenden Verfahren erste Erkenntnisse gesichert werden, und so wurde die Neurobiologie, die sich mit den Verschaltungen im menschlichen Gehirn beschäftigt, zu einer Art Leitwissenschaft, deren Erkenntnisfortschritte auch Antworten auf wichtige Fragen anderer Humanwissenschaften lieferten.

Die Frage, warum frühe Ereignisse im Leben einen so starken Einfluss auf den weiteren Lebensweg haben, ist eine der grundlegenden in allen Wissenschaften, die sich mit der menschlichen Entwicklung beschäftigen. Auf welche Weise beeinflussen Erfahrungen mit anderen Menschen die Muster des neuronalen strukturellen Wachstums? Es besteht weitgehend Übereinstimmung darüber, dass das Gehirn ein sich selbst organisierendes System ist; doch findet die Selbstorganisation des sich entwickelnden Gehirns im Kontext von Beziehungen statt (Schore 1996). Forscher sprechen, wie eingangs erwähnt, von der »sozialen Konstruktion des menschlichen Gehirns« (Eisenberg 1995). Das akzelerierte Wachstum der Gehirnstruktur tritt während kritischer Reifungsperioden in der Säuglingszeit auf. Es ist erfahrungsabhängig und wird von sozialen Kräften beeinflusst. Während die Neurowissenschaften keine klaren Vorstellungen von der Natur dieser »sozialen« Kräfte haben, verfügt die Entwicklungspsychologie sehr wohl über Informationen zu diesen »sozialen Kräften«. Der enorme Wachstumsschub des Gehirns (von 400 Gramm bei der Geburt bis über 1000 Gramm im Alter von zwölf Monaten), insbesondere der früh reifenden »sozioemotionalen« rechten

Gehirnhälfte, fällt in die gleiche Entwicklungsphase wie jene Periode, die die Bindungsforscher untersuchen (Schore 1998). Insbesondere Allan Schore, der sich integrierend mit der Bindungsforschung, der Neurobiologie, der Mutter-Kind-Beziehung und der Affektregulation beschäftigt, führt Beweise aus dem entwicklungsbiologischen Feld der Mutter-Kind-Beobachtung bis hin zur Molekularbiologie an, welche diese These belegen. Das daraus entstandene Modell erklärt mit erstaunlicher Genauigkeit die Wirkweisen, durch die das kindliche Gehirn die affektregulierenden Funktionen der Mutter in umschriebenen Bereichen des Nervengewebes und zu bestimmten Zeiten seiner epigenetischen Entwicklung internalisiert und ihre Strukturen verinnerlicht (Kaplan-Solms/Solms 2007, S. 219). Damit bekommen die Aussagen der Hirnforschung ein ungeheures Gewicht: Beziehungs- und Erfahrungsprozesse prägen die strukturelle Ausformung der Nervenzellen innerhalb des genetisch vorgegebenen Gestaltungsraumes. Später, wenn das Gehirn schon weiter ausgereift ist, sind solch grundlegende Veränderungen der Architektur nur noch schwer möglich; frühe Prägungen programmieren das Gehirn dabei fast genauso nachhaltig wie genetische Faktoren (vgl. Bauer 2002). Frühe Erfahrungen beeinflussen die genetische Ausstattung und »die molukulären Änderungen im Erbgut sind dann das Sprachrohr, über das Umwelt und Gene miteinander kommunizieren« (Holsboer in Blawat 2009, S. 1). Erfahrungen werden somit in der Gehirnarchitektur gespeichert, was z.B. bei traumatischen Erlebnissen dazu führen kann, dass sich eine Art Furchtstruktur bildet, in die alle künftig erlebten Ängste und Ereignisse eingepasst und dadurch verstärkt werden (Elbert 2005). Das Furchtzentrum wird dadurch überaktiviert, während die ordnende und regulierende Kraft einer anderen Hirnstruktur, des Hypocampus, abnimmt. Wir verfügen heute über gesicherte Hinweise dahingehend, dass genetisch vulnerable Kinder mit frühen Stresserfahrungen sich in der Fähigkeit, ihr eigenes Verhalten, ihre Emotionen und ihre Aufmerksamkeit zu regulieren, von jenen Kindern unterscheiden, die diese stressvollen Erfahrungen nicht gemacht haben. Forschungsergebnisse belegen (z.B. McGill-Universität Montreal; Ludwig-Maximilian-Universität München), dass frühe Erfahrungen eine lebenslange Basis für neuronale und hormonelle Reaktionen legen können (Bartens 2008). Misshandlungen können u.a. die Aktivität eines Gens dauerhaft bremsen, das für die Produktion eines Faktors verantwortlich ist, der hilft, das Stresshormon Kortisol zu neutralisieren, um dadurch die Stressreaktion zu begrenzen (McGowan et al. 2009). Auch die Immunabwehr, die der Körper in der Kindheit erst ausbilden muss, kann durch traumatisierenden

Stress beeinträchtigt werden, so dass angenommen werden muss, dass emotionale Erfahrungen in der Kindheit umfassende Auswirkungen auf die Gesundheit haben (Shirtcliff et al. 2009). Katharina Braun von der Universität Magdeburg spricht von »Narben« im Gehirn, die eine Vulnerabilität bedeuten, wenn es um die Verarbeitung von Stress geht (K. Braun 2001, 2002). Dies ist hochbedeutsam für die psychosomatische Forschung, die die »Last der frühen Jahre« untersucht und dabei prägende Faktoren entdeckt, die im späteren Leben für Stress anfälliger machen (vgl. Murgatroyd et al. 2009). So gibt es immer mehr Hinweise dafür, dass sogar vermeintlich rein organische Leiden wie Diabetes, verkalkte Herzkranzgefäße, Übergewicht, Bluthochdruck und viele weitere Erkrankungen häufiger auftreten, wenn die frühe Entwicklung belastet war. Bei Tieren konnte nachgewiesen werden, dass sich jene bei späteren Belastungen entspannter verhielten, die von ihren Müttern intensiver umsorgt wurden. Intensive Fürsorge beeinflusst die Biochemie der Zelle. Je nach Bindungserfahrung bilden sich mehr oder weniger Rezeptoren, die die im Körper anflutenden Stresshormone abfangen können (Bartens 2008). Eine unsichere Bindung ist somit ein Risikofaktor (Brisch 1999). Je häufiger die jeweils spezifischen Muster aufgebaut werden, desto stärker werden die dabei aktivierten synaptischen Verschaltungen gefestigt und alles andere, was nicht aktiviert wird, wird abgebaut; am Ende bleibt ein bestimmtes Muster übrig. Dies führt zu der bedeutsamen Erkenntnis, dass die strukturelle Organisation des Gehirns die Geschichte des Organismus reflektiert: »Der Körper vergisst nicht«, wie Michael Ermann (2009, S. 46) es beschreibt. Die frühen sozioemotionalen Erfahrungen werden in die biologische Struktur eingeprägt, die während des frühen Wachstumsschubs reift, und weisen daher langfristige Effekte auf. Konrad Lorenz nennt es »Filialprägung«: Das, was sich tief in den Gefühlshaushalt des Lebewesens einprägt – je nach Erfahrung von Geborgenheit oder von Verlorensein. »Prägung« deshalb, weil dieser Vorgang nur begrenzt rückgängig zu machen ist.

Nicht nur Belastung oder Trauma, sondern auch Bewältigungsstrategien (z.B. Gefühlsvermeidung oder totaler Rückzug zum Selbstschutz) werden in das rechtsseitige implizit-prozedurale Erinnerungssystem des Kindes eingeschrieben und im späteren Leben unbewusst auch bei weniger dramatischen Erfahrungen benutzt – also quasi »eingefahren«. Das Gehirn schaltet in solchen Momenten auf Notfall um, sucht nach Meisterungsstrategien, und es belohnt das Herunterfahren der unerträglichen Übererregung – ungeachtet des gewählten Weges. In Zuständen primärer Angst kann sich der Mensch durch Essen,

Aggression, Umtriebigkeit, Anklammerung, Vermeidung, Rückzug usw. eventuell Erleichterung verschaffen; diese »Rettungsmuster« werden im Hirn verankert. Das Kind, aber auch der Erwachsene, wird einen Weg suchen, der einigermaßen Ruhe ins Gehirn bringt. In Arousal-Zuständen führen die Erregungen zu einer Ausweitung, die das neuronale Netzwerk mit Zerfall bedroht – ausgehend von den assoziativen Bereichen des Kortex bis in die tieferliegenden Bereiche des limbischen Systems. Von dort pflanzt sich die Erregung in den Hypothalamus und in die großen noradrenergen Kerngebiete fort. Von dort wird dann eine Reaktion in Gang gesetzt, die als körperliche Reaktion spürbar ist. Das limbische System ist dafür zuständig, eine ganze Reihe körperlicher Regelkreise zu steuern: z.B. das vegetative Nervensystem, das kardiovaskuläre System, das Immunsystem und das Hormonsystem. Wenn dem limbischen System die Koordination nicht mehr gelingt, kommen diese Funktionen durcheinander, was als extreme Stresssituation erfahren wird. Unter solchen Umständen können Kinder, deren Gehirn sich noch in einem Reifungsprozess befindet, hochkomplexe regulatorische Muster nicht aufbauen. Was sie vor allem brauchen, ist das Vertrauen in eine sicherheitsgebende Bindung, die solche Zustände gar nicht erst aufkommen lässt oder bei deren Auftreten so schnell wie möglich beendet. Nur mit diesen positiven Erfahrungen kann man sich überhaupt auf die Welt und auf etwas Neues einlassen (Hüther 2006a). Im Falle eines potenziellen Traumas »funktioniert« im Hirnstamm eine Art archaische »Notbremse«, die wir mit den Säugetieren gemeinsam haben und mittels derer auf ausweglose Situationen reagiert wird: Erst mit Angriff und, wenn dieser nicht möglich ist, mit Flucht; wenn weder Angriff noch Flucht möglich sind, dann mit Erstarren. In solchen Situationen kann der Mensch dissoziieren, depersonalisieren oder derealisieren, d.h., es handelt sich um einen Austritt aus dem Geschehen, um eine Verabschiedung von der Welt. Ohne den verlässlich und beständig beruhigenden Fürsorger ist das hocherregte Kind nicht in der Lage, seine mentalen Zustände zu regulieren und sein emotionales Gleichgewicht wiederherzustellen. Wenn sich Kinder in keinem homöostatischen Gleichgewicht befinden und emotional dysreguliert sind (z.B. verzweifelt), sind sie diesen Zuständen ausgeliefert. Um diese Zustände zu bewältigen, muss das Kind all seine regulatorischen Ressourcen verwenden, um sich zu reorganisieren. »Während die Kinder dies tun, können sie nichts anderes tun« (Tronick/Weinberg 1997, S. 56). Dieses »nichts anderes«, worauf sich diese Autoren beziehen, ist das Scheitern der weiteren Entwicklung. Derart belastete Kinder büßen potenzielle Möglichkeiten für sozioemotionales

Lernen während wichtiger Phasen der weiteren Entwicklung ein. Die Dissoziation eines Kindes inmitten psychischer Not bringt Empfindungslosigkeit, Vermeidung, Fügsamkeit und gebremsten Affekt mit sich. Dieser primäre Regulationsprozess, um die Homöostase des Organismus aufrechtzuerhalten, ist durch eine metabolische Stilllegung und eine niedrige Aktivität charakterisiert. Dieser Mechanismus wird dann ein Leben lang genutzt, wenn sich das gestresste Individuum in Passivität zurückzieht, um Distanz von der unerträglichen Situation herzustellen – »eine Flucht, wo es kein Entkommen gibt« (Putnam 1997, in Schore 2003, S. 67), eine defensive Strategie als »letzter Ausweg« (Dixon 1998). Winnicott spricht von »agonalen Ängsten«, die in das Gedächtnis als etwas eingehen, das vermieden, umgangen und abgewehrt werden muss, ohne je in Worte gefasst zu sein.

Im günstigen Fall, in dem sich die konstante und vertraute Fürsorgeperson als »Hilfskortex« dem Kind zur Verfügung stellt und ihm jene regulatorischen Strukturen anbietet, über die das Kind noch nicht verfügt, kann sich das limbische System zur Steuerung der darunter liegenden Erregungen stabil entwickeln. Im ungünstigen Fall hingegen befindet sich die Amygdala, ein Hirnsystem, das bei der Geburt schon ausgereift ist, in Zuständen von exzessiver Dysregulation und Hyperaktivität, so dass in später auftauchenden (eventuell auch objektiv weniger bedeutsamen) Stresszuständen die frühe Übererregung eine spezifische Kettenreaktion auslöst, die im Stammhirn und somit in körperlichen Reaktionen (Herzklopfen, Schweißausbruch, Durchfall, Atemstocken usw.) endet.

Das affektverarbeitende limbische System erstreckt sich in der emotionalen rechten Gehirnhälfte. Bindungserfahrungen beeinflussen die erfahrungsabhängige Reife der sich früh entwickelnden regulatorischen Systeme eben dieser Gehirnhälfte. Die rechte Hemisphäre, die von größter Bedeutung für die emotionale Kommunikation ist, befindet sich während der ersten 18 Lebensmonate in einem Wachstumsschub. Der rechte Kortex, und nicht der sich später formende linke, ist bei menschlichen Säuglingen und Kleinkindern über die ersten drei Jahre hinweg dominant (Schore 1994, 1996). Für den Rest des Lebens ist diese Gehirnhälfte zentral an allen vitalen Funktionen beteiligt, die das Leben unterstützen und es dem Organismus ermöglichen, aktiv und passiv mit Stress umzugehen. Derzeitige Ergebnisse der Neurowissenschaften weisen darauf hin, dass »die linke Hemisphäre das Sprachverhalten wesentlich bestimmt, während die rechte Hemisphäre für umfassendere Aspekte der Kommunikation wichtig ist« (van Lancker/Cummings 1999, S. 95). Für die gesamte Lebensspanne spielt die nonverbale rechte, mehr als die später reifende verbale linke Gehirnshälfte, eine übergeordnete Rolle bei der Regulation von physiologischen, endokrinologischen, neuroendokrinologischen, kardiovaskulären und immunologischen Funktionen (Sullivan/Gratton 1999).

Diese neurobiologische Grundlagenforschung mit ihren weitreichenden Ergebnissen ermöglicht Zugang zu vielen Erscheinungsformen des Lebens, wo Stressbewältigung und Affektregulation von größter Bedeutung sind. Nicht nur in der frühen Kindheit gilt es, Stress und Belastung zu meistern: Der frühen Kindheit folgt die heftige Trotzphase, enorme Erwartungen begleiten den Schulweg, außerfamiliäre Beziehungen werden wichtig und die Bewältigung von Entwicklungsaufgaben in der Pubertät und in den unterschiedlichen Phasen des Erwachsenenalters mit seinen Beziehungsanforderungen, Berufserwartungen, Krankheiten usw. stehen an. Im gesamten weiteren Lebensverlauf geht es fortwährend um die Bewältigung von Belastung und Stress – ganz zu schweigen von den Belastungen im höheren Alter. Aus neuen Erkenntnissen können wir Erklärungsmuster herleiten, die erklären, warum der eine Mensch bestimmte Belastungen besser verkraftet und progressiv bewältigt, während der andere eine ähnliche Erfahrung als Trauma erlebt und daran zerbricht. Diese Erkenntnisfortschritte schaffen Verantwortung, da sich Zusammenhänge über die gesamte Lebensspanne auftun, die weder mit Zufall, noch alleine mit Genetik oder Gotteswillen in Zusammenhang gebracht werden können. Der menschliche Lebensverlauf zeigt sich immer eindrucksvoller nachvollziehbar als ein Kontinuum, und es wird dramatisch belegbar, dass das, was früher entstanden ist, das darauf Folgende maßgeblich (im Guten wie im Ungünstigen) beeinflusst.

Die Hirnforschung zeigt auch, dass das Gehirn über ungeheure Möglichkeiten zur Plastizität und Reorganisation verfügt, und dass auch in späteren Lebensphasen die jeweiligen Erfahrungen die neuronale Struktur verändern und erweitern können. Wenn auch die frühen bei Geburt schon ausgereiften Netzwerke durch die gesammelten Erfahrungen irreversibel geprägt sind, vermögen neue – im günstigen Fall bessere – Erfahrungen die Grundstruktur zumindest zu überformen. Dies gilt auch für die rechte Hemisphäre, die selbst in späteren Jahren durch hochemotional besetzte Erfahrungen tragfähige regulatorische Strukturen entwickeln kann. Die rechte Hemisphäre durchläuft ein Leben lang Wachstumsphasen (Thatcher 1994), und der orbitofrontale Kortex behält auch später im Leben seine Fähigkeit zur Reorganisation bei. Eine wachstumsfördernde

Umgebung, die affektregulierende Erfahrungen ermöglicht, erlaubt somit auch nach der Kindheit die Reifung eines effizienten und flexiblen rechten frontalen regulatorischen Systems (Schore 2003/dt. 2007, S. 85).

Jede Schwellensituation im Leben kommt einer normativen Krise gleich, in der sich Entwicklungsfenster erweitern. Und so können Erfahrungen in der Trotzphase, beim Übergang in den Kindergarten, beim Einstieg in das Schulleben und ganz besonders in der stürmischen Phase der Pubertät, sowie neue Liebesbeziehungen und vor allem die Interaktion mit dem späteren eigenen Baby neue Verschaltungsmuster aufbauen. Im Moment der affektiven Überflutung findet dann das Gehirn zur Meisterung dieses Zustandes ein stabiles Netzwerk vor und muss als Notreaktion nur bedingt auf »Kampf und Flucht« und hoffentlich schon gar nicht zu »Sich-tot-Stellen« umschalten.

2
Die Entwicklung der Affektregulation

Das bisher Beschriebene macht deutlich, wie unausweichlich die hirnorganische Entwicklung und die Erfahrungen in der menschlichen Interaktion miteinander verknüpft sind. Es wird somit nachweisbar, dass affektive Prozesse – d.h. die affektive Regulierung – das Grundgeschehen im tiefsten Persönlichkeitskern ausmachen, was dazu beiträgt, viele Phänomene im menschlichen Leben mithilfe dieser Perspektive verstehen zu können. Viele experimentelle und klinische Arbeiten zeigen, dass die Reifung der Affekte *das* Schlüsselereignis im Säuglingsalter ist, und dass der Erwerb einer Kontrollfunktion für die Selbstregulation von Affekten einen wichtigen Meilenstein in der Entwicklung darstellt.

Die Entwicklung der Affektregulation ist somit ein wesentliches organisierendes Prinzip der emotionalen Entwicklung und der Hirnreifung. Spezifische emotionale Erfahrungen sind in die affektregulierende Bindungsbeziehung zwischen dem Säugling und seinen Pflegepersonen – insbesondere der Mutter – eingebettet. Von Geburt an ist der Säugling von unserer Lebenswelt und somit von anderen Menschen umgeben; während der Wachstunden des Kindes ist der Austausch von Mimik, Gestik und Prosodie omnipräsent. Diese sind Überbringer sozialer Informationen und die daraus resultierende Dynamik ist multimodal und wechselseitig. Diese Wechselseitigkeit führt in jener frühen Zeit zu der Erfahrung, wie man sich aufeinander bezieht. Im günstigsten Fall repräsentiert eine sichere Bindungsbeziehung eine entwicklungsfördernde Umwelt für die erfahrungsabhängige Reifung komplexerer regulatorischer Kapazitäten, die den Übergang von externer zu interner Regulation ermöglichen (Schore 1994). Erregungen und Emotionen werden zunächst durch andere reguliert. Im Verlauf der Entwicklung werden sie als Ergebnis neurophysiologischer Entwicklungsprozesse jedoch zunehmend selbst reguliert. Die dyadische Interaktion zwischen dem Säugling und seiner Mutter dient als Regulator der sich entwickelnden inneren Homöostase.

Die regulatorische Funktion der Mutter-Säugling-Interaktion ist der wichtigste Antrieb einer gesunden Entwicklung und der Aufrechterhaltung von synaptischen Verbindungen während des Aufbaus funktioneller Hirnkreisläufe. Das affektverarbeitende limbische System erstreckt sich in der emotionalen rechten Gehirnhälfte. Bindungserfahrungen beeinflussen die erfahrungsabhängige Reifung des sich früh entwickelnden regulatorischen Systems in jener Gehirnhälfte. Die rechte Gehirnhälfte, die bei der emotionalen Kommunikation von größerer Bedeutung als die linke ist, befindet sich während der ersten 18 Lebensmonate in einem Wachstumsschub. Präverbale Kommunikation findet im Feld des nicht bewussten intuitiven Verhaltens und des impliziten Beziehungswissens statt. Die Erfahrungen in jener nonverbalen Zeit sind später nicht verbal erinnerbar, hinterlassen eher eine spezifische emotionale Atmosphäre und drücken sich in Gestik, Mimik, Körperhaltung und Blickverhalten und somit nonverbal aus. Diese Art der Kommunikation läuft 300 bis 400 Millisekunden unterhalb der bewussten Wahrnehmung ab, und das Erfassen sowie die komplexe Verarbeitung selbst kleinster Veränderungen spielen sich innerhalb von 100 Millisekunden ab (Stenberg et al. 1998). Ob Informationen in diesem rechtshemisphärischen Prozess übertragen oder geteilt werden, und welche Informationen ankommen und auf welcher Ebene sie verstanden werden, ist nicht notwendigerweise von der Absicht oder der bewussten Wahrnehmung des Senders abhängig.

In der frühen Kindheit werden nicht Kognitionen kommuniziert, sondern Bindungskommunikationen, die von starken Gefühlen und Emotionen begleitet werden. Sie ereignen sich im genannten Kontext von Mimik, Haltung, Prosodie, physiologischen Veränderungen, von Geschwindigkeiten in der Bewegung und auftauchenden Handlungen. Der Ton und das Volumen der Stimme, die Muster und die Geschwindigkeit der verbalen Kommunikation sowie des Blickkontaktes sind wesentliche Elemente dieser subliminalen Kommunikation, und diese transportiert Botschaften, die die Natur der Interaktion bestimmen. In dieser Art der Kommunikation vollziehen sich in den ersten 18 Monaten sehr starke Entwicklungen. Und nur eine abgestimmte psychobiologische Kommunikation mit der Fürsorgeperson vermittelt dem Baby Sicherheit. Diese affektiven Prozesse spielen somit durch ihre intrinsische psychobiologische Natur in der gesamten menschlichen Entwicklung über die gesamte Lebensspanne hinweg eine grundlegende *und* zentrale Rolle.

Damit wird deutlich, wie stark die Wechselwirkungen zwischen Psyche, Körper und der sozialen Umgebung der frühen Kindheit die Entwicklung zum

Erwachsenen bestimmen. Wenn ein Kind unter erheblichen psychosozialen Belastungen zu leiden hat, hat dies negative Auswirkungen auf sein späteres emotionales Leben *und* auf seine psychische und körperliche Gesundheit. Frühkindliche Stresserfahrungen erhöhen daher die Wahrscheinlichkeit gesundheitlichen Risikoverhaltens, vorzeitiger Mortalität, somatoformer Störungen, Adipositas, Herz-Kreislauf-Erkrankungen, delinquenter Verhaltensweisen sowie Borderline- und anderer Störungen. Und so ist die Spannweite der individuellen Affekttoleranz in hohem Maß das Resultat des frühen unauslöschlich eingeprägten emotionsgeladenen Bindungsdialogs; und es sind diese ursprünglichen interaktiven Erfahrungen, die die Entstehung des tiefsten Persönlichkeitskerns bestimmen. Unterschiedliche Disziplinen liefern vermehrt zwingende Beweise dafür, dass psychosomatische und psychische Erkrankungen bis hin zur Delinquenz und schweren Psychopathologien – und so auch die Dynamik der Gewalt – auf frühen affektiven Interaktionsstörungen beruhen, und dass sich darin ein Scheitern der Selbst- und/oder der interaktionellen Regulation darstellt. Die frühen realen Interaktionserfahrungen bekommen daher als Wegbereiter der späteren Entwicklung ein wesentliches Gewicht. Dies bedeutet auch, dass der affektive Zustand der Betreuungsperson für das Kleinkind eine Realität darstellt, der es nicht entfliehen kann. Damit finden sich Erklärungen für die transgenerationale Weitergabe von Affektverarbeitungsmustern, die stark prägenden Einfluss haben (vgl. Rass 2007a). In jener ganz frühen Phase existenzieller Abhängigkeit und Koexistenz zweier Organismen übernehmen die Eltern – im Wesentlichen die Mutter – in ihrer Rolle als Hilfs-Ich des Kindes die Zustandsregulierung und andere lebenserhaltende Funktionen, die erst nach und nach vom Säugling durch diese Interaktionen internalisiert werden können (Gergely 2002, S. 818). Der Säugling ist somit in Erregungszuständen jeder Art auf die zustandsmodulierenden Interventionen der Pflegeperson angewiesen, um die psychobiologische Homöostase wieder herstellen zu können. Er ist einem Milieu ausgeliefert, das ihm im günstigsten Fall Erfahrungen ermöglicht, die ihn mit einem stabilen psychobiologischen Fundament ausstatten. Im ungünstigsten Fall hinterlassen sie aber eine Vulnerabilität, und dieses Fundament ist dann ein brüchiges, das wenig Ressourcen zum progressiven und erfolgreichen Meistern anstehender Lebenskrisen besitzt.

Es ist belegt, dass ein gesunder Säugling multimodal wahrnehmen kann; auch nimmt er Affekte beim anderen wahr, und – das ist das Wesentliche – er verfügt über eine »Vorverdrahtung«, die es ihm ermöglicht, den mimischen Ausdruck seines Gegenübers zu reproduzieren. Ein Neugeborenes kann den Gesichtsausdruck seines Gegenübers bereits 42 Minuten nach der Geburt imitieren (Meltzoff 1999). Man kann außerdem beobachten, wie sich der Säugling um eine möglichst genaue Replikation bemüht, obwohl er nur das Vorbild sieht, nicht aber das eigene Gesicht. Von diesem erhält er nur das propriozeptive Feedback der Gesichtsmuskulatur. Dieses Feedback ist aber sehr wichtig, denn durch jeden Gesichtsausdruck wird automatisch eine spezifische Reaktion des autonomen Nervensystems ausgelöst. Bei der Reproduktion der Mimik durch das Kind – eine basale Form des Verstehens- und Empathieversuchs – entsteht *im* Kind die gleiche Sensation des autonomen Nervensystems, die auch das Vorbild hat (Köhler 1995). D.h., dass nicht-biologische Signale in einen biologischen Status übersetzt werden (Perry et al. 1995) und dass zwischenmenschliche Erfahrungen dadurch den Status unseres Körpers verändern. Schore spricht von »Downloading Programs« (2003, S. 13), um zu beschreiben, wie sich die mütterliche Verfassung als biologisches Substrat im kindlichen Gehirn niederschlägt. Was auch immer der Säugling sieht – es verändert seinen inneren Zustand; er kann dem Gesichtsausdruck des Gegenübers nicht entrinnen. Die emotionale Ansteckung durch die Reproduktion des mimischen Gesichtsausdruckes und der damit einhergehenden körperlichen Verankerung erklärt die grundlegende Bedeutung der emotionalen Gestimmtheit der wesentlichen Betreuungsperson der frühen Lebenszeit des Kindes. Das Baby verfügt noch nicht über ein Unterscheidungsvermögen, ob die Affekte, die es hat, seine eigenen oder ob sie von außen induziert sind – ob sie eventuell von einer depressiven oder abwehrenden Fürsorgeperson kommen. Es kann sich selbst von anderen Menschen bezüglich der Affekte noch nicht unterscheiden. Diese Unterscheidungen benötigen einen Bezugspunkt, den man »Selbst« nennen könnte und der Reflexion gestattet, der zu diesem Zeitpunkt aber noch außerhalb des augenblicklichen Erlebens liegt. Für das Verständnis der frühen postpartalen Entwicklungsvorgänge muss man sich Mutter und Kind als *ein* im Wachstum begriffenes System vorstellen. Im Uterus war das Kind über die Nabelschnur durch die Rhythmen der Mutter reguliert. Nach der Abnabelung müssen die endogenen Biorhythmen seiner vielen physiologischen Subsysteme neu synchronisiert und überformt werden. Ohne Pflege würde ein Kind nicht nur verhungern, verdursten oder erfrieren; es würde vielmehr im Chaos der mangelnden Koordination seiner physiologischen Subsysteme zugrunde gehen. Die Regulation des inneren physiologischen Milieus des Kindes wird somit an die Interaktion zwischen Kind und Pflegeperson delegiert

(Köhler 1997). Erst wenn das Kind gewisse Erfahrungen physiologischer Zustände mit den zugehörigen Affekten im Kortex abgespeichert hat, vermag es die zunächst von der Mutter beeinflusste Binnenregulation in eigener Regie zu übernehmen.

Regulierte affektive Interaktionen mit einer kontinuierlich anwesenden Bezugsperson, deren Verhalten vorhersagbar ist, schaffen nicht nur das Gefühl von Sicherheit, sondern auch eine positiv aufgeladene Neugier, die es dem Kind ermöglicht, die sozioemotionale und physikalische Umwelt zu erforschen. Es ist wichtig zu betonen, dass die entwicklungsgeschichtliche Errungenschaft eines wirksamen Selbstsystems, das in der Lage ist, verschiedene Erregungs- und psychobiologische Zustände zu regulieren, nur in einer emotional stützenden Umgebung erzielt werden kann. Diese regulierenden Momente fördern die Erweiterung der Anpassungsfähigkeit des Kindes und diese Sicherheit der Bindungsbeziehung ist der größte Schutz gegen eine durch Trauma herbeigeführte Psychopathologie (Schore 2003). Die Fürsorgeperson nimmt im Idealfall die Emotionsäußerungen des Kindes wahr und reagiert mit einer dem Affekt angemessenen modulierenden Intervention. Wenn während der Kindheit voraussagbar und verlässlich immer wieder eine Spannungsregulierung erlebt wird, bleibt dieses Erleben während des ganzen Lebens als eine Säule psychischer Gesundheit bestehen. Wenn umgekehrt die Selbstobjekte[1] der Kindheit versagen, dann werden die daraus resultierenden Defizite und Verzerrungen eine lebenslange Bürde bleiben. Wenn z. B. die Fürsorgeperson übererregt auf die milde Angst des Kindes reagiert, dann wird die große Nähe zu ihr nicht zur nützlichen Erfahrung einer sich mildernden Angst, die sich sogar in Ruhe umwandelt, sondern im Gegenteil vielmehr zu einem schädlichen Erfahrungsablauf, in dem sich milde Angst in Panik verwandelt. Das Endergebnis ist ein Mangel an gesunder spannungsregulierender Struktur (Ornstein/Ornstein 1994).

Dies zeigt die Bedeutung der elterlichen Unterstützung bei der Zustandsregulierung, was maßgeblich entscheidend dafür ist, ob das Kind lernen kann, wie aus negativen Affektzuständen eines übererregenden Protests oder einer übererregender Verzweiflung wieder ein positiver Affektzustand hergestellt werden

1 »Selbstobjekt« ist ein Terminus aus dem von H. Kohut (1923–1981) ins Leben gerufenen Konzept der analytischen Selbstpsychologie: Um als Mensch, insbesondere als Kind, sein Selbst zu entwickeln, braucht man andere, die auf das sich entwickelnde Selbst reagieren – die Selbstobjekte. Im günstigen Fall sind sie ausreichend responsiv, empathisch und stützend.

kann. *Der Schlüssel für das Gelingen dieser Prozesse ist die Fähigkeit der Fürsorgeperson, den eigenen Affekt, insbesondere den negativen Affekt, beobachten und regulieren zu können. Möglicherweise besteht der wichtigste und schwierigste Aspekt von Mütterlichkeit/Elterlichkeit darin, es dem Kind zu ermöglichen, ansteigende intensive Spannungen zu ertragen, aber rechtzeitig einzuschreiten, um das Kind zu beruhigen, bevor es von Affekten überflutet wird.* Wichtig ist, dass es nach dem Stress und der möglichen Beziehungsirritation zu einer interaktiven Wiederherstellung des beruhigten Miteinanders kommt (Beebe/Lachmann 1994); durch diese immer wiederkehrende Abfolge gelingt der »ausreichend guten«[2] Fürsorgeperson die Regulation eines belasteten affektiven Zustandes des Kindes. Die britischen Affektforscher Fonagy und Target kamen daher zu dem Schluss, dass das Gesamt der kindlichen Entwicklung als eine »Erweiterung der Selbstregulation« (2004, S. 111) betrachtet werden kann und dass sicherheitsgebende Beziehungen »formend« (ebd. 124) sind, und dass sie die Entwicklung der wichtigsten hirnorganischen selbstregulatorischen Mechanismen ermöglichen. Entwicklungsfördernde dyadische Erfahrungen der affektiven Abstimmung treten somit in den frühen Formen der Interaktion auf und verlaufen insbesondere dann für das Kind synchron, wenn sie nach dem Muster »Kind-führt-Mutter-folgt« strukturiert sind. In dieser kommunikativen Matrix gleichen sich die psychobiologischen Zustände beider Partner an. Sie stellen ihre soziale Aufmerksamkeit, ihre Stimulation und die sich steigernde Erregung auf die Antwort des anderen ein. In einem solch synchronisierten Kontext von gegenseitiger angeglichener selektiver Aufnahmebereitschaft lernt das Kind spezifische soziale Zeichen zu senden, auf die die kontinuierlich anwesende Fürsorgeperson zu antworten hat, um dadurch ein antizipatorisches Gespür für die Antwort des anderen auf das eigene Selbst in Übereinkunft mit dem Selbst des anderen zum Ausdruck zu bringen. Scharfsinnige und höchst subtile und differenzierte elterliche Beobachtungen kindlichen Verhaltens – quasi ein »semantisch-linkshemisphärisches Lesen« – sind für die affektive und regulatorische Entwicklung eines Kindes bedeutungslos und sogar schädigend, wenn sie nicht von einer emotionalen Abgestimmtheit und einem Eintauchen in seine innere *Erlebenswelt* begleitet sind (vgl. A. Ornstein 1977).

Affektive Prozesse, d.h. die affektive Regulierung von heftigen Erregungsmomenten, scheinen das Grundgeschehen im tiefsten Persönlichkeitskern auszu-

2 »Good enough parents« ist eine Beschreibung Winnicotts für die durchschnittlich zu erwartende elterliche Fürsorgequalität.

machen, und die neueren Konzepte der menschlichen Entwicklung zu der intrinsischen und psychobiologischen Natur dieser bodily based begründeten Phänomene bewegen sich – beginnend mit der Säuglingszeit – über die gesamte Lebensspanne hinweg entlang dieser Konzeptualisierung (Schore 2008). Affektive Überflutung, die keine Regulierung erfährt, bildet den Kern primärer Ängste, die in das implizite Gedächtnis eingehen. In jene Gedächtnisstrukturen graben sich aber nicht nur die Angsterfahrungen ein, sondern auch der psychobiologische Prozess, mit dem in der frühen Zeit dieser sehr belastende Zustand bewältigt wurde. Diese Strategien sind jedoch im späteren Leben keine flexiblen und vitalen strukturellen Errungenschaften mehr, sondern vielmehr starre Bewältigungsstrategien bei auftauchenden primären agonalen Ängsten. Die Überlebensstrategien laufen später – quasi automatisch – in heftigen affektiven Erlebensmomenten ab – selbst dann, wenn das auslösende Moment bei weitem nicht derart bedrohlich ist wie bei der ursprünglichen Erfahrung.

3
Die Gewährung von Bindungssicherheit: Eine wesentliche Funktion von Elternschaft

Das bisher Dargestellte zeigt, dass die Entwicklung des Menschen sowohl von seiner genetischen Ausstattung als auch von seiner Fürsorgeumgebung abhängig ist. Nachdem zu Beginn des 20. Jahrhunderts, mit Freud beginnend, das menschliche Verhalten zum Gegenstand wissenschaftlicher Forschung geworden war und verschiedene psychologische Disziplinen ihre Konzepte entwarfen, gab es in den letzten zwei Jahrzehnten des 20. Jahrhunderts zwei theoretische Kräfte, die einen Paradigmenwechsel in der Erforschung der psychischen Entwicklung einleiteten. Nun waren es nicht mehr die Konzepte der klassischen Psychoanalyse und die des Behaviorismus, von denen man glaubte, sie lieferten die alles bestimmenden Wirkfaktoren in der psychischen Entwicklung, vielmehr waren es nun die analytische Selbstpsychologie (begründet von Heinz Kohut 1959) und die Bindungsforschung (begründet von John Bowlby 1958), die Beziehungsereignisse der frühen Entwicklung – die der ersten beiden Jahre – im Blick hatten und somit ein viel wichtigeres Fundament zu entdecken schienen. Insbesondere die Bindungstheorie (u.a. Bowlby 1975, 1976, 1983; Brisch 1999; Cassidy/Shaver 1999; Grossmann, K. E./Grossmann, K. 2003, 2004) hat die Konzepte der normalen Entwicklung und der Pathogenese wesentlich beeinflusst. Mehr als je hätte vorausgesagt werden können, haben sich die Beobachtungen und die experimentelle Forschung zur Mutter-Kind-Interaktion zu einer ergiebigen Quelle sowohl früher Entwicklungserkenntnisse als auch der psychischen Dynamik entwickelt. Beide Konzepte zeigen deutlich, wie wichtig frühe affektiv geladene Interaktionen zwischen dem Säugling – dessen Selbst sich auf diesem Weg langsam entwickeln kann – und der primären Fürsorgeperson – die eine psychobiologisch regulierende Funktion erfüllt – für die psychische und psychobiologische Organisation des Babys sind. Somit fand ein konzeptueller Wechsel von der Freud'schen Triebtheorie hin zur Theorie des Selbst statt (Kilian 1995)[3].

3 Dieser von Heinz Kohut eingeläutete Wechsel prägt stark die heutigen Konzepte der modernen Psychoanalyse. So stand z.B. die Ausgabe 2009 der New York Academy of

Die Bindungstheorie stellt derzeit die erfolgreichste Integration von psychodynamischem Denken und biologischer Wissenschaft dar. In der Tat vermag die Integration von Neurowissenschaft und Bindungstheorie zu einem tieferen Verständnis der Bewusstsein-Körper-Verbindungen führen. Diese Wissenschaften nähern sich einander an, um gemeinsam aussagekräftige Konzepte zur Selbstentwicklung und zum Selbstbewusstsein zu erstellen (Schore 2003). Neueste Forschungsergebnisse der entwicklungsorientierten Psychologie und affektiven Neurowissenschaft liefern wichtige Beiträge für das Verständnis, wie frühe Bindungserfahrungen unvermeidbar und unauslöschlich den gesamten Lebenslauf prägen. Die Aufmerksamkeit, welche die Bindungstheorie in den letzten zwei Jahrzehnten gewonnen hat, lässt sich an den intensiven entwicklungspsychologischen Forschungsarbeiten und der daraus resultierenden wachsenden Zahl von Veröffentlichungen zu diesem Thema ablesen.

Dies mag verschiedene Gründe haben: Nicht unerheblich scheint zu sein, dass die Desorientierung in einer unübersichtlich gewordenen Welt überall Unbehagen auslöst, so dass Unsicherheit und nicht Unfreiheit das zentrale Problem des postmodernen Menschen geworden ist. Die Bindungstheorie, welche die Begriffe der Bindungssicherheit und Bindungsverunsicherung als Eckpfeiler ihres theoretischen Grundgerüsts verwendet, scheint gerade dadurch einen zentralen Aspekt und eine zentrale Besorgnis des heutigen Menschen zu thematisieren.

3.1 Die zentralen Aussagen der Bindungstheorie

Eine der zentralen Aussagen von Bowlbys Bindungstheorie lautet, dass der menschliche Säugling die angeborene Neigung hat, die Nähe einer vertrauten Person zu suchen, und dass ein gesunder Erwachsener ebenfalls dazu neigt, diesen Bedürfnissen gerecht zu werden. Fühlt sich der Säugling (aber auch das größere Kind) müde, krank, unsicher und allein, so werden Bindungsverhaltensweisen wie Schreien, Lächeln, Anklammern und Nachfolgen aktiviert, welche die Erwachsenenperson ansprechen, so dass sie mit Nähe reagieren muss, um die im Kind angestiegene Spannung zu mildern. Dieses Bindungssystem ist relativ unabhängig von sexuellen und aggressiven Triebbedürfnissen und stellt ein

Sciences unter dem Thema »Self and Systems«, in der maßgebliche Vertreter der bindungsorientierten und relationalen Psychoanalyse Aufsätze veröffentlichten.

eigenständiges Motivationssystem dar, das mit anderen Motivationssystemen interagiert, nicht aber aus ihnen abgeleitet werden kann. Bindungsverhaltensweisen existieren als Teil des evolutionären Erbes von Geburt an und werden im Verlauf des ersten halben Jahres immer spezifischer auf eine oder mehrere Hauptbezugspersonen gerichtet. Das körperliche Ziel dieser Verhaltensweisen ist Nähe, das Gefühlsziel ist Sicherheit. Aus den interaktiven und kommunikativen Erfahrungen, die der Säugling mit seinen zuverlässigen Fürsorgepersonen im Laufe des ersten Lebensjahres macht, resultiert schließlich ein Gefühl der Bindung, was je nach Erfahrung verschiedene Färbungen annehmen kann, die wiederum als unterschiedliche Bindungsqualitäten in Erscheinung treten.

Klassifikation der kindlichen Bindungsqualität

Mary Ainsworth konnte aufgrund der Beobachtung einer großen Anzahl von Kindern mit einem standardisierten Verfahren (Fremde Situationen) verschiedene Bindungstypen definieren (Ainsworth et al. 1978; Ainsworth 1985).

A. *Sicher gebundene Kinder:* Etwas mehr als die Hälfte der Kinder gilt als sicher gebunden. Sie zeigen deutliche Reaktionen, wenn sie von ihrer wichtigsten Bindungsperson verlassen werden. Sie rufen nach ihr, versuchen, ihr zu folgen und suchen sie über einen längeren Zeitraum hinweg. Von einer fremden Person lassen sie sich nur unzureichend trösten. Bei der Wiedervereinigung suchen sie Nähe und Kontakt, lassen sich von der wichtigen Bindungsperson trösten und zeigen Freude über das Wiedersehen. Sie können sich schnell beruhigen und wieder zur Exploration zurückkehren.

B. *Unsicher-vermeidend gebundene Kinder:* Diese Kinder zeigen während der Trennung kaum Anzeichen von Belastung. In der Regel bleiben sie an ihrem Platz und spielen weiter, wobei sie weniger Involviertheit zeigen. Nur teilweise verfolgen sie das Verschwinden der Mutter mit den Augen. Bei deren Rückkehr reagieren sie eher mit Ablehnung, sie meiden sie und wirken ignorierend. In der Regel kommt es zu keinem Körperkontakt. Während der gesamten Zeit wenden sie ihre Aufmerksamkeit stark den Spielsachen und anderen materiellen Objekten zu. Auf den Außenstehenden wirken unsicher-vermeidend gebundene Kinder eher unauffällig. Doch leiden sie physiologisch heftig unter der Trennung – ihr Herzschlag ist erhöht und der Kortisol-Spiegel steigt enorm an, was auf Stress schließen lässt.

C. *Unsicher-ambivalent gebundene Kinder:* Bei der Trennung zeigen diese Kinder ein deutlich ängstliches Verhalten, so dass sie sich kaum von der Mutter lösen können. Während der Trennungsphase sind sie ständig damit beschäftigt herauszufinden, wo sich die Bindungsperson aufhält oder was sie tut. Sie fürchten sich vor der fremden Person und sind unfähig, sich zu beruhigen. Bei der Rückkehr der Bindungsperson reagieren die Kinder ambivalent, einerseits suchen Sie eine Wiederannäherung, andererseits zeigen sie jedoch offenen Ärger durch strampeln, schlagen oder sich abwenden. Selbst nach längerer Zeit sind sie oft nicht in der Lage, sich wieder zu beruhigen. Dies schränkt ihr Explorationssystem generell stark ein.

D. *Unsicher-desorganisiert/desorientiert gebundene Kinder:* Diese Kinder zeigen Kombinationen aus verschiedenen Bindungstypen und unvorhersehbare Verhaltensweisen wie Stereotypien, z.B. scheinbar sinnloses, fortwährendes Körperschütteln oder mechanische Spielbewegungen. Auch kann es zu unvollendeten oder unvollständigen Bewegungsmustern, Erstarren oder Erschrecken bei der Rückkehr der Mutter kommen. Sie zeigen Zeichen der Desorganisation – sie rufen nach der Mutter, wenden sich aber ab, wenn sie erscheint. Trost und Schutz ist scheinbar nicht zu finden, die nahe Bezugsperson wird eher als bedrohlich erlebt. Die kindliche Verhaltensorganisation bricht somit zusammen und die Kinder sind unfähig, mit bindungsrelevantem Stress umzugehen.

Das Kind ist dabei immer ein aktiver Interaktionspartner, der seinerseits signalisiert, wann Bedürfnisse nach Nähe auftauchen und befriedigt werden sollen. Der Säugling entwickelt häufig zu derjenigen Bezugsperson eine sichere Bindung, die durch ihr Pflegeverhalten seine Bedürfnisse feinfühlig befriedigt. Werden dagegen die Bedürfnisse in den Interaktionen mit der Bezugsperson uneinfühlsam, unzureichend, zurückweisend, ablehnend oder inkonsistent beantwortet – etwa in einem für den Säugling nicht vorhersagbaren Wandel zwischen Verwöhnung oder Überstimulierung oder zu großer frustrierender Versagung –, dann entwickelt sich häufig eine unsichere Bindung. Je größer der Schmerz oder die Angst – etwa bei einer gefährlichen Verletzung, einer schwerwiegenden Erkrankung oder beim Erleben von Einsamkeit – desto eindringlicher und kompromissloser wird das Kind auf die Anwesenheit der primären Bezugsperson bestehen und sich nicht durch eine sekundäre Bezugsperson trösten lassen.

Somit geht die Forderung an die Fürsorgepersonen, zuverlässig einfühlsame und stützende Bezogenheit dem Kind gegenüber auszuüben und als Erwachsener auf die phasenabhängig verschiedenen Beziehungs- und Entwicklungsbedürfnisse des Kindes empathisch zu reagieren. Die Fürsorgepersonen benötigen die Fähigkeit zur Feinfühligkeit, um die Signale und die Bedürfnisse des Kindes wahrnehmen und entschlüsseln zu können.

Konzept der Feinfühligkeit

Eine feinfühlige Bindungsperson ist in der Lage, die kindlichen Signale mit größter Aufmerksamkeit wahrzunehmen. Sie deutet die Signale aus der Perspektive des Säuglings richtig und reagiert ohne Über- und Unterstimulation darauf. Die Reaktion muss prompt und somit innerhalb einer für das Kind noch tolerierbaren Frustrationszeit erfolgen. Diese ist z. B. bei einem Säugling, der darauf wartet, gestillt zu werden, in der ersten Lebenszeit sehr kurz, wird aber im Laufe des ersten Lebensjahres immer länger. (Ainsworth 1974)

Die zunehmende Ausdifferenzierung der emotionalen und kognitiven Fähigkeiten des Kindes muss in das jeweils zuvor bestehende System, das ein System in fortwährender Entwicklung ist, integriert werden, und somit muss sich die Pflegeperson auf die rasch wachsende und sich schnell ändernde psychische Organisation des Kindes einstellen.

Der Säugling wird von anderen Affekten als das Trotz- oder das Schulkind überflutet, und der Erregungszustand eines Pubertierenden geht wiederum mit ganz anderen Empfindungen einher. Sicher gebundene Kinder reagieren auf emotionale Belastungen – seien sie in den Familien, in der Peergroup, in der Schule usw. – mit einer größeren psychischen Widerstandskraft. Resilienz hat somit nicht ausschließlich genetische Ursachen; vielmehr ist deren Entwicklung ganz wesentlich von den einfühlsamen regulierenden Interaktionen zwischen den vorhersagbar abgestimmten Fürsorgepersonen und dem Kind abhängig (vgl. Brooks/Goldstein 2007; Rüegg 2007). Unsicher gebundene Kinder hingegen zeigen weniger pro-soziale Verhaltensweisen, sind eher aggressiv oder zurückgezogen und versuchen, viele Belastungen im Alleingang zu meistern. Dieses eher beziehungsvermeidende Verhalten kann ein Leben lang andauern. Andere wiederum kleben voller Angst an vermeintlichen Beziehungen und reagieren auf jeden Abgrenzungsschritt aus existentieller Abhängigkeit heraus mit Panik.

Resilienz

Der Begriff »Resilienz« leitet sich vom englischen Wort »resilience« ab und kann mit Widerstandsfähigkeit, Elastizität und Spannkraft übersetzt werden. In der Psychologie bezeichnet er die Fähigkeit eines Menschen, sich mit psychischer Robustheit und Elastizität an veränderte Bedingungen anzupassen und sich von Schicksalsschlägen erholen zu können. Beim Kind versteht man unter Resilienz eine psychische Widerstandsfähigkeit gegenüber biologischen, psychologischen und psychosozialen Entwicklungsrisiken. Man spricht von Vulnerabilitätsfaktoren (z.B. chronische Erkrankungen oder unsichere Bindungsorganisation), von Risikofaktoren (psychische Erkrankungen eines bzw. beider Elternteile oder Abwesenheit eines Elternteils), und von Schutzfaktoren (z.B. eine stabile emotionale Bindung zu zumindest einer Bezugsperson und genetische Varianten). Die Qualität der persönlichen Resilienz entwickelt sich aus einem Zusammenspiel von genetischen Faktoren und Umweltbedingungen, wobei der regulierenden frühen Bindungsbeziehung gerade bei genetisch schwächerer Disposition hohe kompensatorische Bedeutung zukommt. (Brooks/Goldstein 2007; Rüegg 2007; Caspi et al. 2002)

3.2 Elternschaft als Funktion des Erwachsenenselbst

Eltern können gut funktionierende erwachsene Menschen sein, jedoch können in ihrer Rolle als Eltern ansonsten unauffällige Defizite in ihrer Selbstentwicklung, z.B. eigene belastende Beziehungserfahrungen in der Kindheit, wirksam werden. Die Fähigkeit des Erwachsenen, empathisch zu sein, verlangt von ihm, sich weitgehend als abgegrenzte Person zu erleben und die eigenen Bedürfnisse nicht mit denen des Kindes zu vermischen oder zu verwechseln. Da der Heranwachsende verschiedene Stufen der Entwicklung durchläuft, sind die Eltern auch immer wieder auf diesen verschiedenen Entwicklungsstufen gefordert. Um den Kindern eine fortwährend ausreichend sicherheitsgebende Bindungsbeziehung anbieten zu können, müssen sie sich auf die sich entwickelnden Fähigkeiten im sensomotorischen, affektiven und kognitiven Bereich einstellen. Dieser Entwicklungsprozess kann empfindlich verzögert sein oder sogar stagnieren, wenn es den Eltern nicht gelingt, dem kindlichen Entwicklungsstand und seiner Individualität entsprechend zu reagieren. Reaktionen, die nicht im Einklang mit dem emotionalen Zustand und den jeweiligen Fähigkeiten und Talenten des

Kindes stehen, haben kaum strukturbildende Wirkung, da dieses Erleben nicht mit dem Zustand des ureigensten Wesens des Kindes übereinstimmt, sondern eher Ausdruck des Erlebens und der Erwartungen der Eltern und keine Bestätigung des Kindes ist. Eltern haben bis zum Augenblick der Elternschaft viele Stufen der menschlichen Entwicklung selbst durchlaufen. Im Aufwachsen des eigenen Kindes werden all diese Phasen erneut durchlebt und gemessen am jeweilig erreichten Reifungsgrad der Elterngeneration bewältigt (vgl. A. Ornstein/P. Ornstein 1994). Elterliche Empathie und affektive Abstimmung können nicht immer gleichmäßig sein, da sie den Belastungen des Alltags ausgesetzt sind. Ein gewisses Maß an Schwankungen ist jedoch verkraftbar; nur wenn Einfühlungsfähigkeit und Abstimmung über einen langen Zeitraum fehlen, deutet dies auf eine mangelnde Selbstentwicklung der Eltern hin und kann sich dann auch beim Kind pathogen auswirken (vgl. A. Ornstein 1977).

Eltern benötigen eine breite Palette an Fähigkeiten, um ihr Kind dabei kompetent unterstützen zu können, sich zu einer sowohl eigenständigen als auch gemeinschaftsfähigen Persönlichkeit zu entwickeln. Dies gelingt umso besser, je mehr es den Eltern gelingt, eine sichere Bindungsbeziehung zu ihren Kindern aufzubauen, was vor allem in einer einfühlsamen Haltung dem Kind gegenüber zum Ausdruck kommt. Dadurch geriet in der Forschung mehr und mehr die bis dahin wenig berücksichtigte Elternkompetenz in den Blick. Diese weist die Eltern als primäre Instanz für die Bindung und Bildung ihrer Kinder aus, wobei gemeint ist, dass Eltern aktiv auf dem Boden einer sicheren Basis die kognitive Entwicklung ihres Kindes fördern. In der frühen Kindheit kommt es dabei weniger auf eine hochwertige intellektuelle Förderung des Kindes an, als vielmehr auf eine stabile emotionale Bindung zu einer Bezugsperson (K. Braun 2008). Bildung wird durch unzureichende Bindungserfahrungen beeinträchtigt. Die Qualität des Miteinanders ist der Schlüssel zur Teilhabe an Lernprozessen. Erst auf dem Boden einer sicheren Bindung sind somit Erziehung und Bildung möglich. Sicherheit in Bindungsbeziehungen führt zu psychischer Sicherheit und zu freudvoller Exploration der kulturellen Welt des Wissens (Grossmann, K. E./ Grossmann, K. 2006).

Somit wird deutlich, dass Elternkompetenz weit über elterliche Erziehungskompetenz hinausgeht. Bei der Elternkompetenz geht es um eine optimale Passung zwischen den altersgemäßen Bedürfnissen des Kindes und der Gestaltung der kindlichen Umwelt durch die Eltern. Während es in der ersten Lebenszeit vor allem um eine bindungsförderliche Eltern-Kind-Beziehung geht, die sich vornehmlich an den regulatorischen Bedürfnissen orientiert und somit dem Kind neben der Befriedigung zentraler psychischer Bedürfnisse ein Fundament von Urvertrauen im Sinne emotionalen und sozialen Aufgehoben-Seins vermittelt, gewinnt mit zunehmendem Alter der Aspekt eines aktiven und kompetenten Umgangs im Sinne von Erziehung und Bildung zusätzlich an Bedeutung. Zu den Kompetenzen für diesen Prozess zählen Feinfühligkeit, Empathiefähigkeit, Affektregulation, Respekt, Unterstützungsbereitschaft sowie das Zugestehen individueller Eigenständigkeiten. Es gilt somit, Kindern einerseits positive Entwicklungsumwelten zu schaffen und andererseits schädliche Einflüsse fernzuhalten oder potenzielle Gefahrenmomente zu entschärften (Schneewind/Berkić 2007, S. 645ff.).

Fehlende Feinfühligkeit und Empathie und unzureichende affektive Abstimmung bei den Fürsorgepersonen können daher als Hauptfaktoren für eine ungesunde Entwicklung angesehen werden. Elterliche Empathie ist nicht nur ein vorübergehendes Eintauchen in die innere Welt des Kindes, sondern eine andauernde Fähigkeit, das Kind in seiner besonderen Art zu erkennen und es vor potenziell destruktiven Entwicklungen zu schützen. Das offenkundigste Hindernis, das elterlicher Einfühlung im Wege steht, ist die Angst der Eltern vor dem Wiedererleben eigener primärer Ängste. Wenn das Gefühl der Hilflosigkeit des Kindes bei den Eltern ähnliche Probleme auslöst, dann verteidigt sich der Erwachsene mit Wut auf das Kind, weil es in ihm dieselben Gefühle auslöst (A. Ornstein/P. Ornstein 1994).

Damit wird aber auch deutlich, dass Eltern-Sein während der Säuglingszeit und in den ersten Lebensjahren besondere emotionale Fähigkeiten erfordert, die sich von den Anforderungen des »normalen« Lebens unterscheiden. Eltern, die sich in ihr Kind einfühlen können, haben eine erwachsene Form von empathischer Affektregulation entwickelt – eine Fähigkeit, sich als erwachsene Frau oder als erwachsener Mann in das so völlig andere Leben eines Kindes hineinzuversetzen, ohne Gefahr zu laufen, affektiv überflutet zu sein, sich darin zu verlieren oder die eigenen Bedürfnisse mit denen des Kindes zu verwechseln. Diese Aufgabe ist schwieriger als normalerweise angenommen. Die Schwierigkeit liegt in erster Linie in der Entschlossenheit, mit der das kleine Kind ein bestimmtes – scheinbar »lebensnotwendiges« – Verhalten verfolgt. Es besteht dabei die Gefahr, dass dieses Verhalten aus der Sicht des Erwachsenen interpretiert und nicht aus der Perspektive des Kindes verstanden wird. Statt pädagogisierend und kritisierend z. B. auf die großtuerische Prahlerei eines Kindes einzugehen, wäre es für das Kind stützender, seine Gefühle von Minderwert und Bedeutungslosigkeit zu erspüren und behutsam darauf einzugehen. Ein Fehlen dieses stützenden Elternverhaltens wird besonders dann gravierend, wenn die Motive des Kindes teilweise oder vollständig ignoriert und auf das Verhalten des Kindes nur noch entsprechend der Bedeutung reagiert wird, die es für den Erwachsenen hat. Wenn das Kind z.B. fordernd wird, schlägt und beißt, weil seine tatsächlichen Bedürfnisse und Absichten falsch verstanden oder überhaupt nicht beachtet werden, wird bereits eine Interaktion in Gang gesetzt, die jede Möglichkeit ausschließt, die wahren Motive des Kindes zu verstehen und auf sie einzugehen. Wohlwollendes Verstehen des inneren Zustandes und die Art und Weise, wie die Eltern damit umgehen, sind jedoch zwei verschiedene Dinge. *Gewährenlassen ist nicht gleichzusetzen mit Empathie.* Die Reaktionen der Eltern sind nur dann empathisch, wenn sie die Realität des Kindes unabhängig von seinen momentanen, manchmal sehr herrischen Forderungen miteinbezieht. Dieses wohlwollende Verstehen des inneren Zustandes des Kindes schließt nicht aus, dass die Reaktionen von einer reiferen Beurteilung der Lage bestimmt werden. Empathie setzt voraus, dass es ein Gegenüber geben kann, das als eigenständiges Individuum Rechte auf eigene Gefühle, Vorstellungen und auf eine eigene Geschichte hat. Diese zu Empathie und daraus resultierend Affektregulation fähige Person bewegt sich zwischen der inneren Beteiligung an den subjektiven Erlebnissen des anderen und dem subjektiven Erkennen und Verstehen der gemeinsam erlebten Gefühle. Sie ist sich ihres eigenen Selbst und dessen Grenzen sicher und versucht, auch im Gegenüber diese Sicherheit zu fördern. So gibt es Eltern, die von Anfang an mit ihrem Baby in empathischem Kontakt stehen, während andere erst eine bedeutsame Beziehung aufbauen können, wenn die Kinder schon älter oder sogar in der Adoleszenz sind. Solche Varianten der elterlichen regulatorischen und empathischen Möglichkeiten wirken sich jedoch nur dann traumatisch aus, wenn es keine anderen Mitglieder in der Familie gibt, die die vorübergehenden Lücken schließen können (vgl. A. Ornstein 1977). Fortwährende Liebesbeteuerungen können fern jeder Affektregulation und Empathie sein. Derartige Beteuerungen stellen für Kinder jedoch eine emotionale Falle dar: Sie erleben ihre Wut auf das subtile affektive Versagen der Bindungsperson als unbegründet und benutzen zum Beispiel stellvertretend ihren Körper, um an ihm jenen, die sie emotional durch ihre verständnislose Behandlung im Stich gelassen haben, Schmerzen zuzufügen. Ein Kind, dessen Eltern eindeutig unter Beziehungs- und Persönlichkeitsstörungen leiden, scheint weniger innere Kompromissbildungen von der Art entwickeln zu müssen, wie sie Kinder zeigen, deren Eltern unter versteckten Formen von Selbstpathologie leiden (A. Ornstein/ P. Ornstein 1994, S. 261). Wenn die Störung der Bezugsperson klar ist, erkennt das Kind seine Wahrnehmungen als richtig und es hat mehr Freiheit, sich anderen Mitgliedern der Familie zuzuwenden, um sich für die Entwicklung notwendige Selbstobjekt- und Bindungsreaktionen zu verschaffen. Auf diese Weise kann sich die Persönlichkeit des Kindes angemessener konsolidieren und eine gewisse Widerstandsfähigkeit gegenüber der gestörten Bezugsperson entwickeln.

3.3 Vater-Mutter-Kind: Die Bedeutung der Triade

Die Forschung zeigt, wie wichtig es für Kinder ist, Bezugspersonen beiderlei Geschlechts emotional zur Verfügung zu haben. Insofern gewinnt die Vater-Forschung, die in den letzten Jahren breiteren Raum einnimmt, große Bedeutung und weist nicht nur auf die materielle – der Mann als Ernährer der Familie – sondern auch auf seine bindungsbedeutsame Fürsorgerolle hin (vgl. Walter 2002, 2008). Der Vater oder eine andere männliche Bezugsperson der Familie kann als primäres Beziehungsobjekt zur Verfügung stehen, was insbesondere dann von Bedeutung ist, wenn Stress und Überforderung der Mutter diese daran hindern, optimal auf die affektiven Bedürfnisse des Kindes einzugehen (vgl. Rass 2008b). Da die Umgangsformen von weiblichen und männlichen Fürsorgepersonen in Bezug auf das Baby (aber auch das größere Kind) unterschiedlich sind, bekommt dieses zudem die Möglichkeit, erweiterte dyadische – vielleicht triadische – Kompetenzen aufzubauen.

Da der Vater neben der Mutter meist die wichtigste frühe Bindungsperson des Kindes ist, ermöglichen intensive Beziehungserfahrungen mit ihm ein größeres affektives Spektrum. Die Kinder erleben die Väter in der Regel von klein auf als primäre Bezugspartner, die anders als die Mütter sind und die durch die Vermittlung von Alternativerfahrungen im Alltag zur Relativierung mutterbezogener Beziehungsbedingungen beitragen. Daneben prägen sie die Kommunikationsformen, die für das Kind als Modell für die Etablierung von Umgangsformen auch außerhalb der Familie von großem Einfluss sind.

Vergleicht man die Mutter-Kind-Interaktionen mit den Vater-Kind-Interaktionen, werden die Unterschiede zwischen den beiden Eltern im Umgang mit dem Kind deutlich. Schon mit sehr kleinen Kindern gehen Väter anders um als

Mütter. Während die Mütter einen sehr engen Körperkontakt halten und sich pflegerisch und besänftigend mit dem Baby beschäftigen, beobachtet man bei den Vätern viel mehr Imitation, Grimassen-Schneiden und visuelle sowie akustische Stimulation. Der Körperkontakt ist nicht so innig nah wie bei den Müttern, vielmehr vital und erregend. Selbst wenn Väter füttern, tun sie das in einer mehr spielerischen Art und Weise (Seiffge-Krenke 2001b). Bei der Interaktion von Eltern mit ihren Säuglingen kann schon im Alter zwischen drei und sechs Monaten beobachtet werden, dass die Mütter häufiger zärtliche Interaktionsspiele initiieren, wobei sie in der sog. Ammensprache vokalisieren und Lautäußerungen des Kindes nachahmen. Väter hingegen regen die Säuglinge vor allem körperlich an, indem sie sie voller Vitalität berühren, schaukeln und tätscheln. Im Alter von 24 Monaten wird das Bild unterschiedlicher Verhaltensstile noch deutlicher. Die Mütter lächeln häufiger mit ihren Kindern, berühren sie zärtlich, küssen sie und schmusen mit ihnen. Dies verbinden sie häufig mit Pflege, und sie nehmen sich z.B. beim Füttern mehr Zeit. Viele ihrer Handlungen haben aber auch einen eher einschränkenden Charakter; sie halten das Kind öfter auf ihrem Schoß fest, wodurch sie natürlich unter anderem verhindern, dass es etwas anstellt und sich selber Schaden zufügt. Die Funktion des Vaters in der körperlichen Entwicklung, d.h. seine Betonung motorischer Aktivitäten, ist in vielen Studien belegt. Laufen, springen, Fußball spielen, schaukeln, Fahrrad fahren, schwimmen und andere Aktivitäten sind bevorzugte Unternehmungen von Vätern mit ihren Söhnen und Töchtern. Generell hat die Art und Weise, wie Mütter ihre Kinder zum Spielen auffordern, einen eher konventionellen Charakter, Väter hingegen gehen unkonventionell vor. Bindungstheoretisch ist von besonderer Bedeutung, dass diese gelegentlich aufregende Exploration im Rahmen von Schutz und Sicherheit verläuft. Das Spielangebot hat zwar Überraschungscharakter und es tritt für das Kind etwas Unerwartetes und Ungewohntes ein, doch kommt der Vater damit dem kindlichen Bedürfnis nach Abwechslung entgegen und unterstützt im Rahmen von Sicherheit die Erkundung von Neuem, ja eventuell sogar Gefährlichem. Diese Aktivitäten im Rahmen von Vertrauen erweitern die psychosoziale Kompetenz.

Die neuere Säuglings- und Kleinkindforschung kann belegen, dass der Vater als zweite primäre Bezugsperson den schwierigen Ablösungsprozess des Kindes aus der frühen Zwei-Einheit mit der Mutter erleichtert und als Dritter im Bunde dem Kind den notwendigen Halt gibt, wenn das Kind bei der Ablösung von der Mutter durch seine Trennungsangst und Ambivalenz in eine Krise gerät. Das

Kind hat in dieser Konstellation zwei voneinander getrennte Liebesobjekte mit verschiedenen Identifizierungsmöglichkeiten zur Verfügung, was den Reifungsprozess entscheidend vorantreibt (vgl. Rass 2008b). Somit werden Mutter und Vater in ihren jeweiligen Rollen zu unterschiedlichen Schrittmachern für den Verlauf der Entwicklung hin zur Verselbständigung und Individualität. Von großer Bedeutung ist dabei die triadische Kompetenz der Eltern, d. h. die Mithereinnahme des Dritten – des Kindes – in die zuvor bestehende dyadische Beziehungswelt, ohne dass einer der daran Beteiligten aus diesem Leben zu dritt ausgeschlossen wird.

Elternschaft ist ein hochkomplexes Geschehen, dessen Entwicklung krisenhaft sein kann. Krisen sind dynamische Übergangssituationen, in denen eine Neuorganisation der Identität stattfindet und wo innerhalb der evolutiven Linie eine neue Sinnhaftigkeit gesucht wird. Eine Krise in der Elternschaft kann daher für die Reifung als eine ganz entscheidende Phase gesehen werden. Zwar begleiten Brüche und Verluste diese Erfahrung, lockern die Strukturen, aktivieren alte Phantasien, regressive Erlebensweisen und unreife Abwehrformen (Rass 2009), doch ermöglicht die Auseinandersetzung damit einen weiteren Wachstums- und Reifungsprozess. Ein Kind zu bekommen heißt nicht, das eigene Leben einzuengen, sondern dieses eigene Leben durch das Sorgen um ein neues zu erweitern. Reife Elternschaft bedeutet somit auch ein Nachdenken über die inneren Grenzen menschlicher Selbstbestimmung und Selbstgesetzgebung (vgl. Richter 2008; Thomä 2002).

4
Die sensomotorische Wahrnehmungsorganisation

Die vorausgegangenen Abschnitte zeigen, wie stark der Prozess des Heranwachsens in ein psychosoziales Geschehen eingebettet ist. Neben den bisher dargelegten psychobiologischen, psychologischen und emotionalen Bedingungen beeinflussen aber auch basale körperliche Vorgegebenheiten das Interaktionsgeschehen. Es sind sowohl Anlagen als auch Umgebungsfaktoren, die das jeweilige Entwicklungsresultat bestimmen. Von besonderer Bedeutung ist für diesen Entwicklungsstrang die Wahrnehmungsorganisation (vgl. Rass 2002; 2008a).

Anhand eines Beispiels soll verdeutlicht werden, was intra- und interpersonell unter »Wahrnehmungsorganisation« zu verstehen ist: Man führe sich ein mit Vehemenz durchgeführtes Völkerball-Spiel vor Augen. Der Ball wird schnell zwischen den Mitspielern hin- und hergeworfen, um dann letztendlich mit großer Wucht einen Spieler »abzuschlagen«. Das individuelle Mitschwingen im Spielverlauf erfordert ein schnelles visuelles Differenzieren der Spielzüge, der eigene Körper muss sich in Raum und Zeit auf dieses fortwährende interpersonelle Geschehen einstimmen und Visuelles muss mit Motorik synchronisiert werden, um zur richtigen Zeit am richtigen Ort zu sein. Der Bewegungsfluss der anderen muss »gelesen« werden, zumal auch Tricks und Täuschungsmanöver zum Spiel gehören. Der mit Macht geworfene Ball sollte auf jemanden treffen, der über einen guten Gleichgewichtssinn verfügt, um nicht aus der Balance zu geraten. Die Arme haben sich dem anfliegenden Ball im richtigen Moment geöffnet zu nähern und der Handgriff muss fest genug sein, damit der Ball nicht zu Boden fällt. Bei diesen Abläufen genügt es, wenn nur *ein einziger* Aspekt nicht stimmig ist, und schon gelingt die ganze Handlung nicht. Reinhard Lempp (1982) sprach in diesem Zusammenhang von einer »Kette«, die so stabil ist wie ihr schwächstes Glied.

Die Wahrnehmungsorganisation ist das Schlüsselloch, das die von außen eintreffenden Reize passieren müssen. Diese Verarbeitung bestimmt wesentlich das erst *danach* mögliche reaktive Verhalten. Diese Erkenntnis ist nicht neu. Schon

1633 formulierte der große Pädagoge Comenius: »Es gelangt nichts in den Verstand, was nicht zuvor in den Sinnen war.« In der Lebenswelt zu Comenius' Zeiten gab es jedoch im Gegensatz zu unserer heutigen Zeit eine geringere Reizüberflutung (es musste also weniger durch das »Schlüsselloch«). Das Leben verlief im Vergleich zur heutigen Schnelllebigkeit häufig mit größerer Bedächtigkeit, und vor allem war die Anforderung an eine prompte Flexibilität geringer – d.h. die geringeren Reize hatten mehr Zeit zum Passieren dieses Schlüsselloches.

Im mentalen System kann erst *das* zur Verarbeitung gelangen, was diese Schwelle zwischen innen und außen mit einer gewissen Verarbeitungsgeschwindigkeit zu überschreiten vermochte. Nur mit der Erforschung dieser Ausrüstung, mit der der Mensch das Leben in sich aufnimmt, holt man ihn gewissermaßen dort ab, wo er steht (Ratey 2001, S. 14).

Der Mensch versucht die Welt mit seinem Körper und den darin eingebetteten Sinnesorganen zu erfassen – mit dem Gleichgewichtssinn, mit dem Muskelsinn, dem Tastsinn, dem Seh- und Hörsinn, usw. Je genauer, je differenzierter, je geschmeidiger und je schneller diese Verarbeitung ist, umso schneller und adäquater kann der Mensch die von außen eintreffenden Stimuli beantworten – d.h. sich darauf einstellen, um reagieren zu können. Die zuvor angeführte Weisheit des großen Comenius zeichnet sich auch in der deutschen Sprache ab, in der sich aus dem anfänglich handlungsorientierten Begriff »Begreifen« – die Welt »mit den Händen erfassen« – ganz allmählich eine mentale Dimension des »Begriffs« entwickelt und bis hin zum »Wort« reift. Wenn im primären Be-Greifen – im Kontakt der Hände des krabbelnden Säuglings mit den Gegenständen – das Erfasste in seinem Zustand taktil nur wenig erspürt wird, wird nachvollziehbar, dass die lineare Entwicklung anders verläuft als bei einem Krabbelkind, das sich mit feinstem sensiblen Erspüren eine Vorstellung von der Welt erarbeitet. Ist diese basale Sinnesverarbeitung – auch über die anderen angeführten Sinne – von Unzulänglichkeiten geprägt, spricht man von einer primären Wahrnehmungsschwäche (vgl. Warnke 2000, S. 197ff.). Diese konstitutionelle Schwäche darf nicht mit einer Wahrnehmungsschwierigkeit verwechselt werden, die aus einer durch eine Veränderung des Gemütszustandes beeinflussten Wahrnehmung, aus Empathieverzerrungen oder aus psychologischer Dissoziation herrührt.

Schon 1985 beschrieb Daniel Stern in seinem zukunftsweisenden Buch »Die Lebenserfahrung des Säuglings« differenziert die konstitutionellen Unterschiede: »Die Fähigkeiten, die es dem Säugling ermöglichen, seine vielfältigen sozialen

Erfahrungen miteinander zu verbinden, sind zu einem sehr großen Teil konstitutionell – und das heißt genetisch – determiniert. Entweder sind sie von Anfang an vorhanden, oder sie entfalten sich unter der Voraussetzung, dass das Zentralnervensystem ebenso wie die Umwelt intakt ist, nach einem angeborenen Zeitplan. Für die nahe Zukunft könnte sich die Untersuchung der individuellen Unterschiede dieser Fähigkeiten im Hinblick auf *psychopathologische* Entwicklungen sehr kleiner Kinder als das *fruchtbarste* klinische Forschungsfeld erweisen. (…) Man hofft, dass die frühesten Abweichungen in den sozialen und intellektuellen Funktionen sich auf Anomalitäten dieser Fähigkeiten zurückführen lassen. (…) Sehen wir uns kurz die klinischen Konsequenzen an, die Defizite dieser Fähigkeiten zur Folge haben können. Die Fähigkeit, Informationen aus einer Sinnesmodalität in eine andere zu übertragen, ist für die Integration des Wahrnehmungserlebens von so zentraler Bedeutung, dass die Probleme, die aus einem Defizit dieser Fähigkeit erwachsen können, fast unbegrenzt sind. Lernschwierigkeiten sind eines der ersten Probleme, an die man sogleich denkt, da das Lernen zu einem so großen Teil auf der Informationsübertragung von einem Sinnesmodus in einen anderen, vor allem auf Übertragung zwischen Gesichtssinn und Gehör, angewiesen ist. (…) Auch in sozialer und emotionaler Hinsicht *könnten* Kinder durch solche Defizite beeinträchtigt werden; ein reibungsloser intermodaler Informationsfluss trägt in hohem Maße dazu bei, das Sozialverhalten anderer Menschen sowie die integrierten Handlungen, Empfindungen, Affekte usw. des eigenen Selbst *richtig zu erfassen*. Diese Ergebnisse sind einstweilen noch zu neu, als dass man sich von den Grenzen ihrer psychopathologischen Relevanz schon eine Vorstellung machen könnte« (dt. 1992, S. 265f; alle Hervorhebungen E. R.).

4.1 Die rhythmische Synchronisation

Die Basiskompetenz der Rhythmuserkennung (Jäncke 2008, S. 144; Sacks 2007) scheint eine Grundlagenfähigkeit darzustellen. Die meisten Abläufe im Leben stehen damit in Zusammenhang. Einen Rhythmus zu erkennen ermöglicht, ihn biomechanisch und neurophysiologisch nachzuempfinden, was notwendig ist, um sich mit den von außen eintreffenden Reizen zu synchronisieren. Jedes menschliche Zusammensein erfordert dieses Mitschwingen, sei es in der Bewegung, in der Sprache oder im Miteinander-Handeln. Sprachlich geschmeidige

Kommunikation ist nur möglich, wenn sich der Sprachrhythmus der Partner zeitnah begegnet. Gemeinsames motorisches Miteinander verlangt auf der sensomotorischen Ebene einen ähnlichen Synchronisationsprozess, und so ist es nicht verwunderlich, dass in allen Kulturen wichtige Ereignisse von Musik und Ritualen begleitet sind. Es handelt sich um eine elementare Kommunikationsebene, die Einfluss auf Emotion, Motorik und kognitive Funktionen nimmt. Rhythmischer Gleichschritt ermöglicht ein Wir-Gefühl, das es wiederum ermöglicht, aus der Einsamkeit auszusteigen. Synchrones Handeln ist die Voraussetzung für prosoziales Verhalten, was das Gefühl von Zusammengehörigkeit unterstützt. Jaffe et al. erforschten 2001 die »Rhythms of Dialogue in Infancy« und arbeiteten die Notwendigkeit der zeitlich-rhythmischen Abstimmung im frühen körperlichen Mutter-Kind-Dialog heraus. Erwähnenswert sind in diesem Zusammenhang die Untersuchungen von Condon/Sander (1974) und Condon (1975), wo gesunde Neugeborene zu unterschiedlichen Zeitpunkten in den ersten zwei Wochen ihres Lebens beobachtet und ihnen Tonbandkassetten mit amerikanischer und chinesischer Sprache, vereinzelte Vokale und Schlaggeräusche angeboten wurden. Die Babys bewegten sich völlig synchron (Augen, Kopf, Schulter, Augenbrauen, Ellbogen, Füße) mit der vom Erwachsenen vorgegebenen Sprachstruktur. Sie waren somit von Anfang an intensive Teilnehmer an diesem Prozess und bewegten sich im Rhythmus der Sprache. Ein einziges Baby – ein Risikokind – bewegte sich nicht synchron, was damals aber als Einzelfall klinisch noch keine Bewertung erfuhr.

Das Wissen, wie stark Rhythmik die Entwicklung beeinflusst und auch fördert, scheint in allen Kulturen im Umgang mit Säuglingen und Kleinkindern implizit vorhanden zu sein: Das Kind wird zur Beruhigung auf den Armen oder in der Wiege geschaukelt, die ihm vorgesungenen Lieder bestehen aus einfachen sich wiederholenden Rhythmen und Reimen, rhythmische Gebärden werden benutzt (Hoppe Hoppe Reiter …), was je nach Einsatz und Ausdruck belebt, beruhigt und vereint. Wenn die rhythmische Verarbeitung erschwert ist, machen rhythmische Tätigkeiten wie z. B. Laufen und Schwimmen wenig Freude und müssen wie eine Fremdsprache erlernt werden – was, wie bei der Sprache, in der Kindheit leichter fällt. Dieser Sachverhalt erklärt, warum in dieser Hinsicht »unbegabte« Heranwachsende (später auch die Erwachsenen) diese Tätigkeiten eher meiden. Dies wiederum hat zur Folge, dass der Körper nur bedingt oder gar nicht in den Zustand des »Runner's High« gelangen kann, der dann auftritt, wenn der Körper regelmäßig zumindest zwanzig Minuten lang kontinuierlich rhythmisch bewegt wird. Durch dieses Training wird der hirnorganische Stoffwechsel wie durch ein antidepressiv wirkendes Medikament angekurbelt, und so kann selbstwirksam eine bessere Stimmung herbeigeführt werden. Daneben wird aber auch noch die Neubildung von Nervenzellen angeregt, die bei chronischem Stress und Depression eingeschränkt ist (Rüegg 2009).

Der Rhythmus des Gehens, Tanzens, Joggens, Schwimmens, Reitens u.a. stabilisiert aber nicht nur das Gehirn in Bezug auf eine bessere Stimmung. Die Nervenzellen erzeugen ihre elektrischen Impulse im Gleichtakt, was sich positiv auf die Wahrnehmung, auf die Erinnerungs- und die Denkleistung auswirkt. Im Ergebnis der Studie der Universitätsklinik Ulm formulierte der Direktor der Klinik für Psychiatrie: »Sport macht das Gehirn effektiver«. Intensives Lauftraining führt zu deutlichen Verbesserungen im visuell-räumlichen Gedächtnis und in der Konzentration. Rhythmisches Training macht somit nicht nur »schlau«, sondern sorgt auch für »gute Laune« (Rhein-Neckar-Zeitung 19./20. 04. 2008, S. 17; Frankfurter Rundschau – WISSEN & BILDUNG 31. 10. 2006, S. 28; PSYCHOLOGIE HEUTE 8/2007, Titelthema).

Diese Erkenntnisfortschritte belegen, wie weitreichend die Auswirkungen körperlich-rhythmischer Kompetenzen sind. Bei primärem Mangel können diese Kompetenzen mit viel Selbstüberwindung und Ausdauer in gewissem Umfang erarbeitet werden – wozu ein erhebliches Maß an Motivation, Fleiß und Disziplin nötig ist. Mithilfe dieser Sekundärtugenden, die besser in einem vertrauensvollen Umfeld gedeihen, können offensichtlich die Auswirkungen der in diesem Kapitel dargestellten Unzulänglichkeiten gemildert und gleichzeitig vorhandene Stärken »aufpoliert« werden.

4.2 Kontaktaufnahme mit der Wahrnehmungswelt des Kindes

Eine intakte sensorische Verarbeitung ist keine Angelegenheit von Entweder-Oder. Man hat nicht eine optimale Wahrnehmungsorganisation oder gar keine. Die Übergänge sind fließend. Nach statistischer Wahrscheinlichkeit muss angenommen werden, dass die sensorischen Reaktionsmöglichkeiten bei einer großen Zahl von Menschen zwischen guter und manifest schlechter sensorischer Integration streuen. Die Eltern von betroffenen Kindern und deren spätere Partner, die von derartigen Unzulänglichkeiten nichts wissen, können sich nur unzureichend auf die Bedürfnisse ihres diesbezüglich beeinträchtigten Kindes bzw. Partners einstellen.

Die Folgen derartiger Schwächen werden oft in einem überschaubaren, kleineren menschlichen Interaktionsrahmen kaum spürbar, da sich in der Zweier- oder Dreier-Situation die Menschen leichter aufeinander abstimmen können und das Gesamt der interaktionellen Stimuli überschaubar und beantwortbar ist. Daher fallen z.B. auch im Zweierkontakt der Lehrer-Schüler-Interaktion, in der Interaktion mit den Eltern und im therapeutischen Einzel-Setting diese Probleme häufig gar nicht auf. In einem komplexeren Geschehen kommt es aber zu schnellen, zu rivalisierenden und vielschichtigen Interaktionen, deren Bewältigung für schwächer ausgestattete Menschen sehr schwierig ist. Dass das daraus resultierende Erleben in der *Folge* zu psychischen Beeinträchtigungen führen kann, ergibt sich von selbst, doch darf dieses Outcome nicht als das Primäre erachtet werden. »Setzt die Therapie bei seinem (des Menschen, Anm. E. R.) Unglücklichsein an, führt das zu nichts. Unsere heutige Welt ist voll von Menschen mit (…) Wahrnehmungsstörungen, die sich fragen, warum all die Antidepressiva und Analysen nicht gefruchtet haben« (Ratey 2001, S. 14).

Derartige Unzulänglichkeiten sind nicht selten: Die Häufigkeit in der Normalpopulation schwankt je nach Untersuchungsperspektive. Im Deutschen Ärzteblatt vom Juni 2001 wurde eine Studie des Gesundheitsministeriums Baden-Württemberg veröffentlicht. 6000 unausgelesene Kinder wurden bei der Einschulungsuntersuchung auf Wahrnehmungsstörungen überprüft (um eventuelle spätere Lernstörungen, z.B. LRS zu erfassen). Die Ergebnisse zeigten, dass 23 % der Kinder unter optisch-graphomotorischen, akustisch-phonematischen und kinästhetisch-artikulatorischen Verarbeitungs- und Wahrnehmungsstörungen litten. In der Untersuchung ging es dabei ausschließlich um die Erfassung möglicher späterer schulischer Lernstörungen. Dass aber auch das alltägliche Leben eines Menschen – vergleichbar mit dem erwähnten Völkerballspiel – und erst recht das eines Kindes sehr mühsam sein kann, wenn es bei einem dieser Aspekte unter Schwächen leidet, bleibt häufig außerhalb der Aufmerksamkeit. *Psychologische* Belastungen ergeben sich dann als Folge des *sensomotorischen* interpersonellen Scheiterns, da sich im Alltag mehr oder weniger gravierende Misserfolge häufen.

Wenden wir uns nun verschiedenen Wahrnehmungsbereichen und möglichen Erscheinungsbildern von Verarbeitungsschwächen zu. Beeinträchtigend im allgemeinen Lebensvollzug sind vor allem Unzulänglichkeiten in der taktil-kinästhetischen, auditiven und visuellen Wahrnehmungsverarbeitung. Sie können von einem aufmerksamen und sensiblen Beobachter zum Teil gesehen, aber noch viel mehr erspürt und mitempfunden werden. Taktil-kinästhetische sowie auditive Umsetzungsschwächen sind aber auch meist von einem davon betroffenen reiferen Individuum beschreibbar, wohingegen Kinder zu dieser Selbstbeobachtung selten fähig sind. Im visuellen Bereich hingegen sind im Alltag vor allem die Folgen – z.B. Lese-Rechtschreibschwierigkeiten, Unbehaglichkeit bei sich schnell ändernden Handlungsabläufen – leichter nachweis- und beschreibbar.

4.2.1 Die taktil-kinästhetische Wahrnehmung

Von Lebensbeginn an spielt die taktil-kinästhetische Wahrnehmung, d.h. die Verarbeitung der Informationen aus den Tastsinn- und Lagerezeptoren, eine herausragende Rolle (Ayres 1979); alle weiteren Verarbeitungsschemata sind davon beeinflusst. Der Fötus erlebt die Bewegungen der Mutter, und er berührt die Nabelschnur und die Wand der Fruchtblase. Er lutscht am Daumen und mit dem Größer-Werden erspürt er seinen eigenen Körper durch die Enge im Mutterleib immer deutlicher. Ist das Baby in der Außenwelt angekommen, versucht die Mutter, ihr Kind durch Wiegen auf dem Arm, durch Streicheln und zärtliche Berührung zu beruhigen, um ihm zu zeigen, dass es nicht alleine ist. Der Berührungssinn ist eine starke und intime Form der Kommunikation. Das Berührt-Werden und das beruhigende Sich-selbst-Berühren ermöglichen ein Nachlassen von Anspannung. Vielleicht werden jedoch diese mütterlichen Bemühungen, dem Kind das Gefühl von Sicherheit und Bindung zu geben, von einem diesbezüglich konstitutionell anders ausgestatteten Baby abgewehrt, da es nicht in der Lage ist, durch die wiegende rhythmische Bewegung der Mutter und durch ihr Streicheln körperliche Zentrierung, Ruhe und Regulierung seiner Spannung zu erfahren. Vielleicht erlebt es die Bewegung als ängstigend und die zärtliche Berührung eher als unbehaglich und reagiert aversiv, weil es sie als übererregend oder ungenau empfindet. Vielleicht bräuchte ein derartiges Baby eine Fürsorgeperson, die es körperlich herzhaft und fest handhabt, um dadurch ein erlebbares Körpergefühl und Sicherheit zu erfahren. Ein solches Baby stellt ganz andere Forderungen an seine Mutter, die sich möglicherweise dadurch irritiert fühlt. Vielleicht verliert sie beim Andauern dieses missverständlichen Verhaltens das Vertrauen in ihre mütterlichen Bemühungen und ihre Kompetenz. Dieser misslingende Dialog zwischen Mutter und Kind prägt den affektiven Zustand beider und damit auch die künftige Entwicklung der Beziehung.

Das taktil-kinästhetisch schwächere Kind erlebt die Welt quasi »wie mit Boxhandschuhen«, d. h. vage, undeutlich und damit weniger lebendig und freudvoll. Es hat wenig »Gespür« – später vielleicht auch im mentalen Bereich. Es kann Ereignisse nicht so exakt und sicher erfassen wie andere; es spürt Feinheiten nicht, ohne dass es sich selbst dieses Mangels bewusst werden kann. Die Koordination seiner Bewegungen und sein sicherheitsgebendes Gleichgewichtssystem, mit dem es den Raum um sich herum erfährt, sind ebenfalls schwächer ausgeprägt. Wenn »Raum« nicht mit körperlicher Sicherheit erlebt wird, was nur mit einer sicheren Körperwahrnehmung gelingt, die aus einem stabilen Gleichgewichtssystem und einer geschmeidigen fein- und großmotorischen Koordination resultiert, leiden darunter alle spontanen und freudvollen Bewegungen: z. B. krabbeln, schaukeln, klettern, in die Arme der Eltern springen, kindliches Schubsen und Stoßen, wegrennen, die Treppe heruntertoben, auf dem Spielplatz herumtollen, Fahrrad fahren, schwimmen, inlinern oder Ball spielen. Spielerischer Kontakt unter Kindern ist meist körperlich; wenn ein Kind nicht in der Lage ist, dieses Rivalisieren und den Wettbewerb mit Freude zu erleben, reagiert es verstört. Diese Verstörung beeinträchtigt in der Folge sein Streben nach Unabhängigkeit. Wenn ein Kind unter Kindern mit derartigen Beeinträchtigungen zu kämpfen hat, nützt ihm in diesem Augenblick auch die beste Beziehung zu den Eltern nichts. Es wird vorsichtig und skeptisch und versucht, diese an sich gesunde Rivalität zu vermeiden. Dies wiederum bedeutet eine schwere Verletzung seines kindlichen Selbstwerterlebens. Da diese Verletzung durch den eigenen Körper verursacht wird, verliert das Kind Freude und Vertrauen in ihn und der Aufbau von Selbstvertrauen ist schwierig. Ein nächster fataler Schritt in dieser unseligen Entwicklung ist das Auftauchen von Scham. Zuweilen wird ein Kind als ängstlich oder schüchtern beschrieben, was nur den psychischen Aspekt erfasst, während die körperlichen Unsicherheiten, die zu diesen Reaktionen führen, meist unbemerkt bleiben. Allzu oft nehmen Eltern, Ärzte, Lehrer und Therapeuten das Ausmaß der Unzulänglichkeit nicht wahr (Rass 2002, 2008a).

Zu Lebensbeginn tauchen diese Schwierigkeiten in der Familie und in der vertrauten Umgebung zuweilen gar nicht auf. Die Eltern sind zum einen daran gewöhnt und versuchen intuitiv – was richtig ist – zu helfen. Diese Kinder ziehen es vor, mit Erwachsenen oder deutlich jüngeren oder älteren Kindern zusammen zu ein. Jungen spielen lieber mit Mädchen, da körperliches Rivalisieren dabei keine so wichtige Rolle spielt. Hat ein derart belastetes Kind Geschwister, werden auch zuhause die Probleme schneller offensichtlich. Begegnungen außerhalb des vertrauten Rahmens mit ihren unbekannten Interaktionen verursachen große Probleme, da Vorhersagbarkeit und flexibles Reagieren, was in unvertrauter Umgebung höchst wichtig ist, nicht möglich ist. Die Schwellensituation des Kindergartenübergangs kann daher zu einer Krise werden: Gruppenspiele, feinmotorische Anforderungen und vorschulisches Lernen bereiten keine Freude. Später in der Schule verlangen Denkprozesse, Rechnen und Aufsätze-Schreiben die Vorstellung eines sicheren mentalen Raumes, der sich nur entwickeln kann, wenn der Körper des Kindes in der Lage ist, den tatsächlichen Raum, in dem es lebt, mit adäquater Sicherheit zu erobern. »Rückwärts-Rechnen«, z.B. Subtraktion und Division, sind nur möglich, wenn man sich sicher rückwärts bewegen kann. Jemand, der seine Körperbewegung nicht koordinieren kann, hat Schwierigkeiten, komplexe Handlungen zu planen, wie z.B. Zimmer-Aufräumen oder Sich-morgens-im-Bad-fertig-Machen. Das mangelnde Feingespür macht das Schreiben zu einem Problem und Sportunterricht durch die Ungeschicklichkeit zu einem Spießrutenlauf u.v.m. Selbstorganisation – ein machtvolles Wort unseres Zeitgeistes – ist schwer, wenn es einem aus der Sensomotorik heraus nicht gelingt, etwas alleine »auf die Reihe zu bekommen«. Der rote Faden einer sinnvollen Handlung fehlt, der seriale Ablauf wird nicht erkannt und das Kind »zäumt das Pferd am Schwanz auf«. Statt Hilfe erfolgen von außen meist eher Ermahnung und Kritik. Dieses vermeintliche Trödeln, die scheinbare Verweigerung und die penetrante Langsamkeit machen Lehrer – und durch den frühen Übergang in außerfamiliäre Einrichtungen inzwischen auch die sehr bildungsorientierten Kindergarten-Erzieher – meist ungeduldig, kritisierend und ungnädig. Die Langsamkeit ist eines der herausragenden Symptome beim Vorliegen eines solchen Schwachpunktes, was das Gesamt des Lernerfolgs ernsthaft bedroht (Rass 2002, 2008a). Nadolnys Roman »Die Entdeckung der Langsamkeit« (1987) beschreibt eindrücklich die unendlich schmerzlichen Erfahrungen des zweifelsohne zu dieser Menschengruppe gehörenden Protagonisten John Franklin.

4.2.2 Die auditive Wahrnehmung

Akustische Informationen werden großteils – und in weit stärkerem Maß als bei anderen Sinnesorganen – lange bevor wir uns ihrer bewusst werden verarbeitet. In der Zwischenstation entlang der Hörbahn vom Ohr bis zu der Stelle, wo sie ins Bewusstsein vordringt, werden die Lautsignale differenziert und fein abgestimmt (Ratey 2001, S. 112). Im Hirnstamm werden die Geräusche in ihrer Tonqualität unterschieden und entsprechend ihren Klangeigenschaften in Einheiten zerlegt. Ähnlich wie die rhythmische und taktil-kinästhetische Wahrnehmung ist auch die auditive Wahrnehmung ein sehr komplexes Geschehen. Sie besteht u.a. aus Aufnahme, Selektion, Differenzierung, Analyse, Synthese, Ergänzung, Integration, Raum-Lage-Differenzierung und Speicherung. Der Weg vom akustischen Signal zur phonologischen Bewusstheit ist somit ein sehr komplexer, der nur zeitnah und differenziert beschritten werden kann, wenn die verschiedenen Aspekte integrativ miteinander arbeiten (Affolter 1987; Milz 1996; Rosenkötter 2003). Anders als beim zuvor beschriebenen Wahrnehmungsbereich ist davon jedoch außen nichts sichtbar und erschwert somit den Zugang. Die Umgebung nimmt aber ihrerseits wahr, ob das aufnehmende Gegenüber trotz der Geräuschkulisse gut mithalten und ob der Mitmensch im Sprachfluss, im Sprachverstehen und Reagieren »mitschwimmen« kann, und ob er eventuell sogar sehr schlagfertig, »nicht auf den Mund gefallen« ist. Am besten können ältere Erwachsene, die in jüngeren Jahren sehr gut hören konnten und nun auf ein Hörgerät angewiesen sind, nachvollziehen – da sie den Vergleich kennen – welch komplexes Phänomen die Sprachverarbeitung ist, und wie schwierig die Programmierung selbst des sensibelsten Hightech-Computers des Hörgerätes ist, der fortwährend auf die unterschiedlichen Umgebungsfaktoren (z.B. Nähe, Ferne, glatte oder raue Umgebungsgegebenheiten, räumliche Akustik) programmiert werden muss. All diese Leistungen – und natürlich noch viel besser – übernimmt ein funktionstüchtiges auditives Verarbeitungssystem. Um einen Menschen mit einer intakten auditiven Wahrnehmungsorganisation an das Erleben einer unzulänglichen auditiven Wahrnehmungsverarbeitung heranzuführen, soll er sich eine Umgebung vorstellen, die Geräusche »schluckt«, oder leere Hallen, wo Geräusche als schrill und erschreckend laut erlebt werden; oder er sich in einem Land befindet, wo er die ihn umgebende Sprache nicht voll beherrscht und das Umfeld keine Rücksicht auf die ungenaue, langsamere und mühsamere Verarbeitung nimmt und ein schnelles Reagieren verlangt, was noch schwerer ist, wenn trotz intensivstem Bemühen auch noch »Störgeräusche« auftreten, wie z.B. Papier-Rascheln usw. Bei einer Verarbeitungsschwäche können Feinheiten verloren gehen, wie z.B. Anfangs- oder Schlussbuchstaben. Schnell aufeinanderfolgende Konsonanten wie z.B. »dr«, »gr«, »schn«, »str«, »kn«oder »pr«, die fast nicht hörbar sind, »schlüpfen« regelrecht ineinander und stellen in der Hörverarbeitung eventuell eine Art »Leerstelle« dar. Dem Sprachfluss eines anderen Menschen zeitangemessen und flexibel folgen zu können, wird unter diesen Umständen zu einer Schwerstarbeit. Bei einem Kind ist dieser Sachverhalt umso gravierender, da die zu erlernende Sprache »sauber« und nicht »verwaschen« erlernt werden soll. Während der schwerhörig gewordene Erwachsene im Alter eventuell genervt, unwirsch und schnell missgelaunt ist, ist das Kind in seiner Entwicklung eher unsicher, irritiert und – da sein Hörorgan vom Arzt ja als intakt bezeichnet wird – häufig in der Kritik. Redewendungen wie »man redet an eine Wand«, »das Kind hört einfach nicht zu«, »du bist doch nicht taub« bis hin zu, »muss man denn alles zehnmal sagen« gehören häufig zum Alltagserleben. Mit diesem Schwachpunkt findet es vor allem bei einer komplexeren Geräuschkulisse – in der Sporthalle, im Hallenbad, bei Gruppenaktivitäten – nicht seinen Platz, es zieht sich entweder zurück oder reagiert aggressiv auf die häufigen Frustrationen. In der Schule taucht in diesem Zusammenhang meist das Wort »Konzentrationsschwäche« bis hin zur Diagnostik einer »ADHS« auf. Natürlich sind solche Verarbeitungsschwierigkeiten dazu prädestiniert, den Lese-Rechtschreiberwerb zu erschweren. Im Kontakt mit nur *einer* Person ist es weniger problematisch, einzelne akustische Aspekte herauszufiltern. In einer ruhigen Situation tauchen daher diese Probleme häufig nicht auf, zumal sich im Zweierbezug die Partner auf den jeweiligen Verarbeitungsrhythmus und die Verarbeitungsgeschwindigkeit des anderen besser einstellen können. Je größer aber die Menschenmenge und je komplexer das Geräuschangebot, desto schwieriger wird die Verarbeitung. Sehr viele zwischenmenschliche Missverständnisse, die häufig psychologisch interpretiert werden, finden hier ihre Erklärung. Das sprachliche Nicht-Mitschwingen und Reagieren wird häufig als eine Vermeidungsreaktion und als eine psychologische Kontaktproblematik interpretiert (vgl. Rass 2002, 2008a). Bei Wahrnehmungslücken neigt die Verarbeitung im Allgemeinen dazu, diese Leerstellen aufzufüllen, und so kommt es zum »Zusammenreimen«. Visuelle Informationen können dazu dienen, sich trotz auditiver Lücken den Gesamtkontext zu erschließen. So eine ältere Dame bei der Aufnahme im Krankenhaus zum Arzt: »Warten Sie, ich verstehe Sie nicht. Ich brauche meine Brille« (Ratey 2001, S. 118).

4.2.3 Die visuelle Wahrnehmung

Ähnlich wie die beiden vorausgegangenen Wahrnehmungsbereiche ist auch die visuelle Verarbeitung ein komplexes Geschehen. Nach der visuellen Aufnahme müssen die unterschiedlichsten Differenzierungen vorgenommen werden, wobei dem Wahrnehmungs*raum*, den es motorisch zu erfassen gilt (der natürlich auch bei der auditiven Verarbeitung eine Rolle spielt), noch zusätzliches Gewicht beizumessen ist. Neben den Feinheiten des »Durchschauens« spielen Aspekte des Vorder- und des Hintergrunds, die Raum-Lage-Qualität, aber auch der Zeitaspekt eine herausragende Rolle. Ein gelungenes »Durchschauen« einer Situation (wie beim anfangs geschilderten Völkerballspiel) und ein Schnelles-Bedeutung-Beimessen erlauben ein ganz anderes Sicherheitsgefühl, als wenn der »Film des Lebens« in Windeseile »vorbeirauscht« und die Einzelheiten nicht differenziert werden können. Unter solchen Umständen erzeugen neue und unvertraute Situationen eine hohe Anspannung und Angst und erschweren dadurch die Interaktion mit anderen Menschen. Da die anderen – insbesondere im Gruppengeschehen, das sich fortwährend ändert – nicht darauf warten, bis der Betroffene die Situation mit ihren jeweils wichtigen Details zeitnah differenziert und realisiert hat, ist die subjektive Erfahrung meist folgende: »Keiner mag mich, keiner will mich dabei haben«, ohne dass für das Scheitern subjektiv ein Grund gefunden werden kann. Natürlich erschwert dies mit der Zeit auch die Entwicklung eines stabilen Selbstwertgefühls. Vermeidungsstrategien werden entwickelt, um den »Reaktionsschnelleren« nicht fortwährend ausgeliefert zu sein. Jede Gruppe, so auch die Gruppenarbeit in der Schule, jedes Team im Berufsleben, jeder Mannschaftssport, wo es fortwährend gilt, den Ablauf schnell strukturiert zu durchschauen, um sich zeitnah mit den anderen zu koordinieren und zu synchronisieren, bedeutet Schwerstarbeit. In einer Zeit, wo Teamarbeit favorisiert wird, haben es die Umsetzungslangsameren schwer, da ihr Zahnrad langsamer läuft und das Gesamt des Getriebes stört. Auch hier wird fälschlicherweise häufig von einem psychologischen »Vermeiden«, oder von einem absichtlichen »Aufmerksamkeit-auf-sich-Ziehen«, gesprochen. Weiter erschweren visuelle Probleme den Lese-Rechtschreibprozess, wo es fortwährend gilt, das Geschriebene in der Raumlage zu identifizieren und zu differenzieren. Aber auch im kognitiven Bereich (d.h. im Transfer) spielt »Durchschauen« eine große Rolle, da sich keine Textaufgabe, kein lateinischer Satz und keine logische Denkaufgabe ohne diese Fähigkeit bewältigen lässt.

Schwächen in der visuellen Wahrnehmungsorganisation beeinträchtigen somit viele Lebenssituationen, denn dieses »Durchschauen« ist in jeder menschlichen Gruppierung beim Bewältigen komplexer Situationen notwendig. Das Gefühl der Überforderung im Erwachsenenalter, das sich inzwischen in vielen Berufsfeldern breit macht und vielerorts zum Erleben des »Burnout« führt, muss zweifelsohne auch in diesem Zusammenhang gesehen werden, da ein nicht unerheblicher Prozentsatz der Menschen mit einer nicht optimal differenzierenden und/oder langsameren Wahrnehmungsorganisation lebt und somit dem Druck der Flexibilität und des fortwährenden Sich-Einpassens und Selbstorganisierens nicht gewachsen ist. Selbst Vorstellungsgespräche laufen häufig im Team. Bis ein Mensch mit einer schwierigen visuellen und/oder auditiven Verarbeitung erfasst (im Volksmund »geblickt«) hat, welcher Sachverhalt gemeinsam geklärt werden soll (für den der Betroffene eventuell sehr gute Möglichkeiten zur Lösung hätte), ist dieser »Zug« der Ereignisse schon abgefahren, da der sensorische Verarbeitungsapparat zu langsam gelaufen ist. Bedächtigkeit, was in früheren Zeiten einen eher positiven Beigeschmack hatte, wird unter dem herrschenden Zeitgeist zu einem häufig leidvollen Problem (Rass 2008a).

4.2.4 Die Folgen einer unzulänglichen Wahrnehmungsorganisation

Da sich diese Verarbeitungsstörungen in der Regel nicht auswachsen, erschweren sie den gesamten Prozess des Heranwachsens und die Entwicklung kann in ein davon sehr belastetes Erwachsenenselbst münden. Sowohl der frühe dyadische Prozess, sowie das Hineinwachsen in außerfamiliäre Einrichtungen und in den Leistungsbereich der Schule und auch der Ablösungs- und Individuationsprozess in der Pubertät laufen in den beschriebenen Umständen unter anderen Vorzeichen. Der Vergleich mit den anderen, der schon ab dem Kindergartenalter möglich ist, führt zum Erleben des Fremdartig-Seins und häufig zu einem geringeren Selbstwertgefühl, was auf Dauer in depressivem Rückzug, in narzisstischer Wut und/oder psychosomatische Beschwerden münden kann. Wenn die Abstimmung mit den anderen Menschen nicht gelingt, kann dies – insbesondere beim kleinen Kind – Erregung hervorrufen, was – wenn keine Milderung erreicht werden kann – zu verstärkter Unruhe und Irritation bis hin zu Angst führen kann. Wenn Expansion und Lernen fortwährend unter solchen Bedingungen stattfindet, wird nachvollziehbar, dass Menschen mit einer solchen Unzulänglichkeit unter Dauerstress mit all seinen Folgen stehen. Wenn derartige Entwicklungsstörungen nicht erkannt werden, was häufig der Fall ist, fällt es den Eltern unglaublich schwer, sich in die so anders geartete Verarbeitung einzufühlen. Gerade dieses vulnerable Baby, das besonders auf Synchronisation und Resonanz angewiesen wäre, erlebt in der Dyade Brüche, und der Pflegeperson gelingt aufgrund mangelnden Wissens und Einfühlung die interaktive Wiederherstellung eines entspannten Zustandes nicht. Da dieses prozesshafte Geschehen den gesamten Alltag begleitet, muss an eine Akkumulation von fortwährenden Belastungsfaktoren bis hin zu Minimaltraumen gedacht werden. Für den unverstandenen Heranwachsenden ist seine Fürsorgeperson keine ausreichend empathische und Sicherheit bietende Bindungsperson. Er wird immer unglücklicher sein als ein nicht eingeschränktes Kind, er kann die Fähigkeiten seiner Eltern nicht nutzen, und sie in ihren Bemühungen als gute Eltern nicht ausreichend bestätigen. Wenn sensitive Eltern das verborgene Defizit instinktiv erspüren, gelingt ihnen im familiären Rahmen immer wieder Kompensation, Akzeptanz und damit Beruhigung, was dringlich notwendig ist, doch steht diese so wichtige Abgestimmtheit allzu oft in völliger Diskrepanz zum außerfamiliären Umfeld, das Schwierigkeiten hat, die auf das Kind empathisch abgestimmten Reaktionen zu verstehen und nicht als »Verwöhnung« und »Verzärtelung« zu bewerten.

Forschungen zur psychomotorischen Koordination (Gale et al. 2009) zeigen, dass das Vorhanden-Sein von rhythmisch-taktil-kinästhetischen Kompetenzen die psychische Stressverarbeitung generell erleichtert und dass koordinierte Verarbeitungsmöglichkeiten es erlauben, besser und flexibler mit den Belastungen und Anforderungen des Alltags zurechtzukommen. Ein intaktes System, so das Ergebnis, findet nach Stress schneller in die Balance zurück. Dies bestätigt die Untersuchung von Burt (2008), die ergab, dass sozial gut integrierte Kinder seltener unter Ängsten und Depressionen leiden als isolierte Kinder. Die Beliebtheit im Freundeskreis spielt unter Kindern eine große Rolle und wahrnehmungsschwächere Kinder, die in der Gruppe der Gleichaltrigen häufig am Rande stehen und nicht synchronisiert mitspielen können, sind natürlich weniger anerkannt.

Es mehren sich damit die Hinweise, dass zur Entwicklung einer gesunden und stabilen Psyche das Kind nicht nur eine liebevolle und unterstützende Beziehung zu den Bezugspersonen, sondern auch die so wichtige Anerkennung durch Gleichaltrige braucht. Mangelnde Möglichkeiten zur interaktiven Synchronisation erschweren den »Gleichklang« in vielen Formen, und häufig sind Scham und eine hohe Schamsensitivität an Stelle von Selbstwirksamkeitserfahrungen das Ergebnis. Ältere Untersuchungen konnten zeigen, dass Heranwachsende mit derartigen Entwicklungsstörungen signifikant häufiger zu unglücklichen Menschen werden (Esser 1991; Spekman et al. 1992). Im ZEIT/WISSEN report vom 22. 01. 04 zum Thema: »Wie man in Deutschland kriminell wird« führt Rückert u. a. »unerkannte Wahrnehmungsbehinderungen (an), die die Kinder in die Beschämung treiben, sie keine Hilfe finden und sie am Leben scheitern lassen.« (S. 34) In einer Zeit, die keine Unzulänglichkeiten duldet, in der Flexibilität, Teamwork und schnellstes Reagieren oft angesagt sind, sind für diese Heranwachsenden und späteren Erwachsenen ganz offensichtlich nur schwer stimmige Nischen zu finden.

Damit wird aber auch deutlich, dass im Entwicklungsprozess nicht primär die Unzulänglichkeit die seelische Belastung und eventuelle Erkrankung verursacht, sondern dass es vielmehr an ungünstigen Umgebungsfaktoren liegt. Statt Schuldgefühlen, Schuldzuweisungen und Kritik sollte eine einfühlsame und ruhig-konsequente Grundhaltung entstehen und insbesondere der Früherkennung größte Bedeutung zukommen, um durch eine multidisziplinäre Diagnostik einen Beratungs- oder Behandlungsprozess einzuleiten. Die Begleitung könnte stützend und fördernd sowohl für das Kind als auch seine nahen Bezugspersonen sein, die ebenfalls häufig einer Beratung bedürfen.

Das Dargestellte erhält aus der Perspektive der Affektregulations- und der Bindungsforschung eine ganz besondere Brisanz, da eine nicht kleine Gruppe von Menschen – junge und ältere – gerade unter den heutigen Lebensbedingungen sehr häufig unter hoher innerer Anspannung steht, die – um nicht zu Erkrankungen zu führen – selbst- oder fremdberuhigender Maßnahmen bedürfen. Insbesondere in den kindlichen Entwicklungsjahren sollte daher diesem Erlebensbereich höchste Aufmerksamkeit zukommen, damit diese Unzulänglichkeiten nicht auch noch die Entwicklung einer sicheren Bindungsbeziehung erschweren. Die unter 4.1 beschriebenen Möglichkeiten der (mühsamen) Förder- und Trainingsprogramme bringen mehr Zuwachs, wenn emotionale Stützung die dazu notwendige Motivation erzeugt, denn wo keine Motivation vorhanden ist, bringen Übung und Förderung nichts.

TEIL B: Entwicklungsphasen in Kindheit und Jugend

In der Einleitung wurden das Bild eines »Gipfelstürmers« und das dafür notwendige »sicherheitsgebende Basislager« beschrieben. Diesem prozesshaften Bild soll nun ein weiteres folgen: Der Lebensverlauf wird in seinen verschiedenen Phasen mit dem Bau eines Hauses verglichen. Die verschiedenen Stockwerke sollen die aufeinanderfolgenden Phasen mit den dazugehörenden Lebensaufgaben und strukturellen Reifungsschritten symbolisieren. Konsequenterweise muss die Beschäftigung mit dem Fundament beginnen, dem im Lebensverlauf die Schwangerschaft entspricht, um sich von dort Stockwerk für Stockwerk den oberen Etagen zu nähern.

Das in Teil A Beschriebene umfasst somit die Rahmenbedingungen, – quasi den Bauplan –, die notwendig sind, um die unterschiedlichen Aufgabenbereiche zum jeweils angemessenen Zeitpunkt und mit den dazu notwendigen stützenden und förderlichen Umgebungsfaktoren in Angriff zu nehmen.

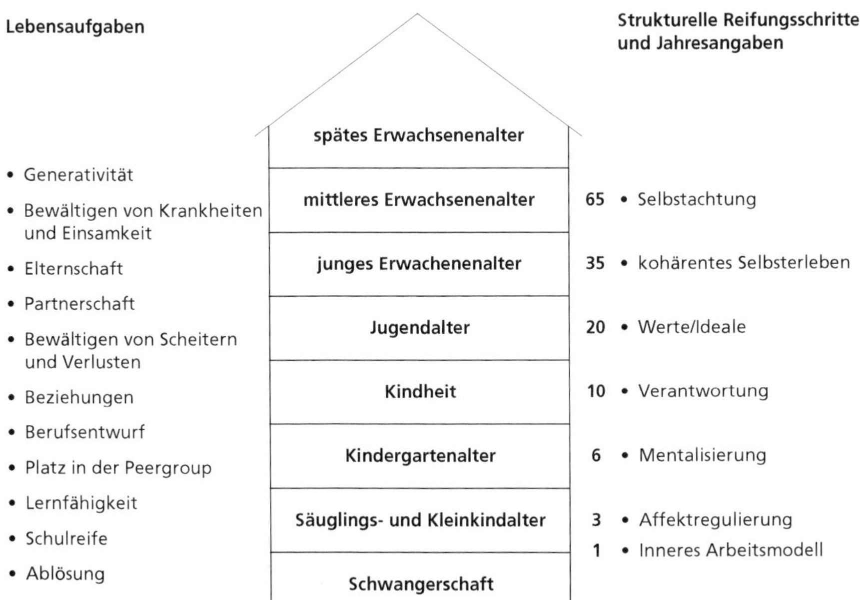

5
Das Leben beginnt

Ein intuitives Wissen um die vorgeburtliche Lebenszeit gibt es in allen Kulturen. Daneben existiert mittlerweile ein wachsender Fundus von wissenschaftlichen Erkenntnissen, die belegen, dass das vorgeburtliche Kind ein lebendiges, wahrnehmendes, sich bewegendes, aus sich selbst heraus agierendes und auf seine Umwelt reagierendes, also ein dynamisches Wesen ist. Über die Ultraschalltechnik kann man heutzutage gleichsam in die pränatale Welt hineinschauen (vgl. Piontelli 1996).

5.1 Die Mutter-Kind-Interaktion in der Schwangerschaft

Die prä-, peri- und postnatale Entwicklung ist als ein Kontinuum zu sehen. Die Beziehung zwischen Mutter und Kind während der Schwangerschaft drückt sich schon in einer Art der Kommunikation und Interaktion aus. Marianne Krüll (1989/2009) spricht von »Tiefenkommunikation«, die auch mit dem ungeborenen Kind möglich ist. Dies geschieht auf verschiedenen Kanälen. Schon auf der zellulären Ebene werden von beiden Seiten Signale geschickt, die den organismischen Zustand des anderen beeinflussen. Ein wichtiges Kommunikationsmittel ist die Hormonausschüttung der Mutter und auch die des Kindes während der Schwangerschaft. Hormone sind verantwortlich für die meisten physiologischen Veränderungen bei der Mutter, die notwendig sind, um die Schwangerschaft aufrechtzuerhalten und dem wachsenden Bedürfnis des Kindes an Nahrungs- und Sauerstoffzufuhr zu genügen. Eine sehr differenzierte Form der Kommunikation findet über die Nabelschnur statt. Die Nabelschnur verbindet über die Plazenta den Blutkreislauf der Mutter mit dem des Kindes. Sie sorgt für die Ernährung und Sauerstoffzufuhr des Kindes, liefert aber auch durch Hormone als Botenstoffe Informationen über die emotionale Befindlichkeit des mütterlichen Organismus. Das Kind trinkt mit, es raucht mit, es isst mit, es vergnügt sich und es leidet mit. Es erspürt die Herztöne der Mutter, es erschrickt, wenn sie erschrickt und sein Leben hängt von ihr und ihrem Leben ab. Über physiologische Äquivalente wie hormonelle Veränderungen im Blut, Qualität der Sauerstoffzufuhr, Veränderungen der Herzfrequenz usw. ist das Kind gleichsam an die Gefühlswelt der Mutter angeschlossen. Wenn die Mutter sich z.B. ängstigt, werden vermehrt Stresshormone wie Adrenalin und Kortisol ausgeschüttet. Ihr Herz beginnt schneller zu schlagen und möglicherweise wird die Sauerstoffzufuhr beeinträchtigt, weil Adrenalin die Blutgefäße der inneren Organe verengt. Alle Stoffe überschreiten ohne Probleme die Plazenta-Schranke und stimulieren im Fötus biochemisch die physiologische Reaktion auf genau dieses Gefühl von Angst und Furcht (Krens/Krens 2006, S. 15–53). Der Uterus ist somit kein abgeschirmter Raum, nach dessen Verlassen das eigentliche Leben erst beginnt. Er ist ein Raum der Interaktion und eine individuelle psychische Umwelt. Im Mutterleib erlernt der Mensch die Melodie des mütterlichen Lebens (Findeisen 2002; Geuter 2003), was nachhaltigste Erfahrungen und Prägungen mit sich bringt. Und so besteht heute kein Zweifel mehr, dass mütterliche Stresserfahrungen nachhaltig die stressverarbeitenden hirnorganischen Areale des Fötus beeinflussen und keine Erfahrung vergessen wird (Janus 1997).

Das körperliche Einnisten des Embryos gleicht einem Wunderwerk der Natur. Die Psycho-Neuroimmunologie hat herausgefunden, dass das Immunsystem der Frau auf den Embryo, der zur Hälfte aus den Genen des Mannes besteht, wie auf ein Organtransplantat oder einen Krankheitserreger reagiert und sog. Killerzellen losschickt, um den Fremdkörper zu vernichten. Der Kampf beginnt wenige Tage nach der Empfängnis, wenn sich der Embryo der Mutterschleimhaut nähert, um sich dort einzunisten. Der mütterliche Organismus reagiert darauf mit Angriff und deswegen müssen im Körper der Schwangeren andere weiße Blutkörperchen gebildet werden – die Ammen- und Helferzellen –, welche die Killerzellen abwehren und den Embryo schützen. Nun kommt es darauf an, die Ammenzellen zu vermehren und zu stärken, um die Anzahl der Killerzellen zu verringern. Wenn sich in der zuvor beschriebenen Tiefenkommunikation die Gebärmutter tief im Unbewussten liebevoll als ein Gastzimmer versteht, dann besteht die Chance, diesen Kampf zugunsten des neu entstehenden Lebens zu gewinnen. Dass dieser »Krieg« im Mutterleib nicht immer glücklich verläuft, mag ein Hauptgrund dafür sein, dass jedes Jahr Millionen von Frauen während der Schwangerschaft schwer erkranken oder es zu Fehlgeburten kommt (vgl. Auhagen-Stephanos 2009; Hauenstein 2008).

Diese Erkenntnisfortschritte belegen, wie stark das affektive Leben der Mutter, eingebettet in ihre Umgebung, den Schwangerschaftsverlauf bestimmt. Eigene affektive Erfahrungen und erworbene Bindungsmuster bestimmen nicht nur die psychobiologische Interaktion des Elternpaares, sondern auch die Interaktion zwischen der Mutter und ihrem Kind. Unbewusste traumatisierende Erfahrungen belasten die Psyche der werdenden Mutter und der kluge Körper und die Gebärmutter verhindern zuweilen die Einnistung des Embryos bei einer Frau, die tief in unbewussten Konflikten steckt. Transgenerationale Traumata mit den eigenen Müttern, wenn die junge Frau etwa selbst ein unerwünschtes oder gefährdetes Kind war, haben in ihr eventuell zu einer starken aber verborgenen Ambivalenz bezüglich aller mütterlichen und weiblichen Funktionen geführt, und der bewusste dringliche Wunsch nach einem Kind ist von der unbewussten Angst vor einem Kind abgespaltet. Die Gefühlwelt gleicht somit einem Hexenkessel, der großes Leid verursacht. Studien verweisen auf die Hintergründe von glücklichen und problematischen Schwangerschaftsverläufen; sie zeigen aber auch – z.B. durch Therapien (Bindungsanalyse) – die Chance auf (vgl. Hidas/Raffai 2002), den frühen Mutter-Embryo-Dialog schon vor der Zeugung als freudvoll vorzubereiten, wenn traumatisierende Vorerfahrungen sie zunächst verunmöglichten, weil die Seele »nein« sagte (Auhagen-Stephanos 1991; Rosen/Rosen 2005).

In diesem Zusammenhang ist auf nicht unproblematische Aspekte der Reproduktionsmedizin hinzuweisen, die zum einen neue Chancen eröffnet und noch bis vor Kurzem Undenkbares zu bewerkstelligen vermag. Doch hat der medizinische Fortschritt bei Fertilitätsbehandlung nicht nur positive Seiten, da der »Erfolg« häufig mit schweren sowohl körperlichen als auch seelischen Belastungserfahrungen einhergeht (Sonnenmoser 2006), die – sofern die Behandlung erfolgreich ist – auch vom Fötus mitgetragen werden, was sich wiederum auch in seinem Verarbeitungsnetzwerk niederschlagen kann (Hüther 2006b).

Damit wird nachvollziehbar, dass die Erfahrungen in der Schwangerschaft unumgänglich die primäre psychobiologische Matrix des neuen Lebens prägen, und diese kann wiederum erhebliche Auswirkungen auf den Übergang zum extrauterinen Leben haben. Die affektiven Zustände der Mutter führen zu spezifischen biochemischen/physiologischen Profilen, die sich nach der Geburt – insbesondere bei Frühgeburten – in denen des Kindes wiederfinden lassen. Die erhöhten Kortisol-Werte und die niedrigen Niveaus an Serotonin und Dopamin haben ihren Einfluss auf die neurologische Entwicklung des Kindes, was natürlich die nach der Geburt hinzukommenden extrauterinen Belastungen verstärkt. Das vom mütterlichen Organismus ausgehende hohe Stressniveau ist signifikant mit dem schwierigen Temperament eines Kindes, das schwer zu regulieren ist, verbunden. Besonders diese Babys sind auf die ko-regulierende Unterstützung seitens der Eltern angewiesen, um selbstregulatorische Kompetenzen zu entwickeln.

Wünschenswert wäre daher natürlich eine sorgfältige Begleitung aller Eltern in dieser wichtigen Zeit, was noch bedeutsamer wäre, wenn Belastungen und Traumatisierungen bei ihnen vorliegen. Ein Beispiel erfolgreicher Prävention ist das BabyCare-Programm (Friese/Kirschner 2000; Friese et al. 2003; Kirschner 2004; Dudenhausen/Kirschner 2003), das im September 2000 bundesweit gestartet wurde und an dem bis zum August 2004 ca. 25000 schwangere Frauen mit Kinderwunschbehandlungen Teilnehmerinnen waren. Dieses Programm hatte auch die psychosozialen Belastungen als Risikofaktoren für eine mögliche Frühgeburt im Blick. Erste Ergebnisse zeigen eine signifikante Minderung der Frühgeburten-Rate.

5.2 Die Geburt und der Prozess des Bondings[4]

Die Geburt stellt einen tiefgreifenden Erlebenseinschnitt im bisherigen Entwicklungsverlauf dar. Der schützende und versorgende Raum – im Idealfall als paradiesisch erlebt – muss verlassen werden, um nun als verfrühter Nesthocker und »extrauterine Frühgeburt« (s. S. 115) (Portmann 1951) das extrauterine Frühjahr, d.h. das erste Lebensjahr außerhalb des Mutterleibes, zu überleben, das mit der Schwangerschaft ein Kontinuum darstellt.

In diesem neuen Lebensabschnitt geschieht aber nichts mehr wie von selbst; bei allem, was nun geschieht, ist auch schon der Säugling ein aktiver Teilnehmer. Die Geburt ist begleitet von intensiven psychobiologischen und somatischen Prozessen: Körperstress, Druckveränderungen und Schmerzen sowie körperliche Umstellungen in den Funktionen des Herzens, der Lungen und des Kreis-

4 Unter »Bonding« versteht man die erste Bindungsphase nach der Geburt, in der sich die Mutter mit ihrem warmen und nährenden Körper – im Idealfall in Anwesenheit des Vaters – als Bindungsperson anbietet und sich diese drei Menschen ineinander verlieben, als sichere Basis für alles Weitere.

laufes. Die Geburt stellt für Mutter und Kind eine Gefahr dar und insbesondere in früheren Jahren ging es dabei ums Überleben. Dieser Extrembelastung fühlen sich inzwischen viele Frauen nicht mehr gewachsen und so kommt es nicht nur bei Risikogeburten zum Kaiserschnitt. Während nach Schätzungen der WHO nur bei jeder zehnten Geburt medizinische Gründe für diesen Eingriff bestehen, ist diese Art des Übergangs inzwischen bei jedem dritten Kind der Fall (Rhein-Neckar-Zeitung 29. Juli 2008).

Angeborene Auslösemechanismen ermöglichen es dem Säugling, die Fülle der Umstellungsaufgaben und die Trennung von der Mutter zu bewältigen, z.B. atmen, saugen und anklammern. Mutter und Kind sowie nahe Angehörige können sich in den ersten Minuten nach der Geburt in dieser postpartalen hochsensiblen Phase besonders intensiv aneinander binden. Dieser Prozess des Bondings geht von den Fürsorgepersonen aus, die sich mit hoher Feinfühligkeit psychobiologisch mit dem Kind abstimmen, das dann mit einer Bindung an seine Fürsorgeperson reagiert. Da bis zur Geburt die verschiedenen Biorhythmen vom mütterlichen Körper übernommen wurden, ist das Kind, dessen Körper- und Hirnfunktionen bei weitem noch nicht ausgereift sind, auf die Mutter zur äußeren Koordination z.B. des Schlaf-Wach-Rhythmus', der Wärmeeinstellung oder des Fütterungs- und Saugrhythmus', angewiesen. Für Mutter und Kind bedeutet dieser Schritt des Leben-Schenkens und des Ins-Leben-Eintretens eine existenzielle Grenzerfahrung. Der Säugling tritt mit den in der Schwangerschaft entstandenen Erwartungen in das Leben ein – d.h., er will umsorgt werden und er will wachsen. Er ist dabei völlig vom ihm Resonanz schenkenden, vertrauten Erwachsenen abhängig, ohne den er nicht in den lebenslangen Prozess von Reifung und Entwicklung eintreten kann.

5.3 Exkurs: Frühgeburtlichkeit

Weltweit gelingt es inzwischen vielen Fötus-Mutter-Dyaden nicht, die im Mutterleib notwendige Reifezeit von ca. 40 Wochen durchzustehen. Es ist schwer zu beurteilen, ob die Frühgeborenen-Rate tatsächlich derart angestiegen ist – wie vielerorts beschrieben wird – oder ob heute viel mehr Frühgeborene als früher aufgrund medizinischer Möglichkeiten überleben und daher die Statistik verstärkt bevölkern. In Deutschland werden derzeit jährlich ca. 10 % der Kinder zu früh geboren, davon mehr als 10 000 mit einer Schwangerschaftsdauer von weniger als 32 Wochen. »Frühgeburt« ist definiert als Geburt vor Beginn der 37. SSW. Auch die Prognose der sehr kleinen Frühgeborenen hat sich in den letzten Jahren durch medizinisch-technische Fortschritte in Geburtshilfe und Kinderheilkunde stetig verbessert. Unter natürlichen Bedingungen überlebt ein Baby, das innerhalb der 34. bis 42. Woche geboren wird. Lebensfähig kann es nach der 28. Woche sein. Eine weitere Definition einer Frühgeburt geht vom Geburtsgewicht aus: Unter 1250 Gramm gilt ein Baby als unreif und unter 2500 Gramm als nicht voll ausgreift. Das Geburtsgewicht von Mehrlingskindern korreliert negativ mit der Anzahl der Mehrlinge, wobei sich die Schwangerschaftsdauer verkürzt. Zwillinge mit 35 Wochen sind demnach noch Normalgeburten (Beckmann 2001, S. 102 ff.).

Die Entwicklung der neonatalen Intensivmedizin hat in den letzten 20 Jahren einen Quantensprung vollzogen. Die Fortschritte in der intensivmedizinischen Technologie und die Anwendung verschiedenster Techniken haben zu einer deutlichen Senkung der Mortalitätsrate von Frühgeborenen geführt. Mit der Verringerung der Sterberate und dem intensiven Einsatz von Medizintechnik ist nun die Frage nach der Lebensqualität von Frühgeborenen bei den Eltern und dem medizinischen Team in den Vordergrund gerückt. Ziel ist nicht mehr nur, das Überleben zu sichern, sondern die Pflege so zu gestalten, dass sie zu einem optimalen Entwicklungsoutcome führt. Die Forderung nach individualisierter Pflege wächst. Ansätze zur individualisierten Pflege wurden hauptsächlich in den USA entwickelt und verwirklicht (Als 2008).

Die Frühgeburt ist *das* Problem in der Geburtshilfe und ein unterschätztes Public-Health-Problem. Daher sollten alle Anstrengungen darauf hinauslaufen, Frühgeburten zu vermeiden, da sie mit schweren Belastungen verbunden sind und – dieser Aspekt darf nicht vergessen werden –, die Frühgeburtmedizin sehr teuer ist und zudem Lifetime-Kosten nach sich zieht (Friese et al. 2003, S. 478).

5.3.1 Die Ätiologie der Frühgeburt

Die Ätiologie der Frühgeburt ist bisher nicht gewiss. Allerdings hat die epidemiologische Forschung eine ganze Reihe gesicherter Zusammenhänge zwischen medizinischen und nicht-medizinischen Faktoren und der Frühgeburt ermittelt. Als medizinische Risikofaktoren der Frühgeburt gelten multiple Schwangerschaften, Diabetes, vorausgegangene Frühgeburten, Infertilitätsbehandlungen (d.h. auch In-vitro-Fertilisation), Plazenta-Ablösung, Blutungen, vorausgegangene Tod- oder Fehlgeburten, und als nichtmedizinische Risikofaktoren gelten u.a. Alter, Arbeitsbelastungen, Ernährungsfehler, Alkoholkonsum, Rauchen, starkes Übergewicht und psychische Belastungen ohne Unterstützung und Partnerschaftsprobleme. Schweres Schwangerschaftserbrechen, vorzeitige Wehentätigkeit und Hypertonie weisen auf eine psychische Mitverursachung hin, da sie häufig mit unregulierten Ängsten und depressiven Gestimmtheiten einhergehen. Ein nicht unerheblicher Teil der Frühgeburten wäre vermeidbar, da die Mehrzahl der epidemiologisch gesicherten Risikofaktoren einer Intervention und Prävention zugänglich sind, wie das zuvor erwähnte BabyCare-Programm zeigt (Kirschner 2004). Durch allgemeine Verhaltensempfehlungen, individualisierte Gesundheitsberatung und vor allem psychische Stützung könnten bestehende Risikofaktoren für eine Frühgeburt vermindert und die Ressourcen der Schwangeren gestärkt werden.

Komplizierte Schwangerschafts- und Geburtsverläufe zählen zu den bedeutendsten Risikofaktoren für die Gesundheit der Mutter und ihres Kindes. Vorzeitige Wehen, Geburtskomplikationen, Geburtsgewicht, Gestationsalter bei der Geburt und der neurologische Zustand des Neonaten sind allgemein akzeptierte Indikatoren für den Geburtsausgang. Lobel et al. (1992) zeigten in einer Prospektivstudie unter Kontrolle des Einflusses medizinischer Risiken, dass Zustandsangst, wahrgenommene chronische Belastungen und unerwünschte Lebensereignisse ein geringeres Geburtsgewicht und eine kürzere Schwangerschaft erwarten lassen. Psychosoziale Stressbelastungen und Angst der Mutter in der Schwangerschaft können auch im Falle einer regulären Schwangerschaftsdauer zu vermindertem Geburtsgewicht und zu disproportionaler Körperentwicklung führen (in Wurmser 2007, S. 135). Interessanterweise scheinen psychische Stressoren vor allem in jener

Zeit der Embryonal- und Fetalentwicklung wirksam zu sein, in der ein Kortisol abbauendes Enzym noch nicht gebildet wird und Kortisol die Plazenta-Schranke noch leicht durchdringt (ebd. S. 138).

Somatische Risikofaktoren für die Entwicklung des Fötus werden in Deutschland durch ein dichtes Netz an gynäkologischen Vorsorgeuntersuchungen kontrolliert. Biomedizinische Risikofaktoren erklären jedoch nur die Hälfte aller ungünstigen Geburtsausgänge. Dagegen werden psychosoziale Risikofaktoren auf Seiten der Schwangerschaft für die körperliche Entwicklung des Kindes, für die Reifung seiner selbstregulatorischen Fähigkeiten und für die Entstehung von Störungen der adaptiven Verhaltensregulation in der frühen Kindheit nicht ausreichend und verlässlich erfasst (ebd. S. 147). Tierexperimente und Studien an Schwangeren belegen, dass pränataler Stress zu Früh- und Mangelgeburten wie auch zu einer Beeinträchtigung der emotional-behavioralen Entwicklung des Säuglings führen kann. Die vorliegenden Ergebnisse weisen darauf hin, dass hierbei die Aktivierung der physiologischen Stresssysteme von Mutter und Kind sowie der damit verbundene Anstieg der Stresshormonkonzentration Einflussfaktoren darstellen können (ebd. S. 148).

Bei Studien an Menschen interpretiert man daher notwendigerweise natürliche, reale Ereignisse. Z. B. sind Naturkatastrophen wie Erdbeben oder der Verlust von wichtigen Menschen natürliche Stressoren, die Einfluss auf schwangere Frauen haben. In diesem Fall können die Forscher die Wirkung eines Stressors während der Schwangerschaft auf die spätere Säuglingsentwicklung beobachten, ohne die schwangeren Frauen selbst einem Stressor auszusetzen. In den meisten Fällen kann dabei der Zeitpunkt des Stressors während der Schwangerschaft bestimmt werden. Lynn et al. (2002) konnten nachweisen, dass der in der Schwangerschaft durch ein Erdbeben mit der Stärke 6,8 ausgelöste Stress mit einer verkürzten Schwangerschaftsdauer verbunden war (in Huizink 2006, S. 86). In einer epidemiologischen Studie, an der mehr als 7000 schwangere Frauen und ihre Säuglinge teilnahmen, kam man zu ähnlichen Ergebnissen. Mütterliche Angst und Depression wurden während der Schwangerschaft und nach der Geburt untersucht. Im Alter von 47 Monaten wurden das Verhalten und die emotionalen Probleme der Kinder durch Elternberichte unter Miteinbeziehung eines Index kinderpsychiatrischer Störungen erhoben. Es fanden sich Korrelationen zwischen der pränatalen mütterlichen Angst und Hyperaktivität/Unaufmerksamkeit bei Jungen, emotionale Probleme bei Jungen und Mädchen und Störungen des Sozialverhaltens (ebd. S. 92). Die umfangreichen Studien von Field et al. (2006) zeigen ebenfalls deutlich, dass pränatale Depression und Angst vermehrt zu Schwangerschafts- und Geburtskomplikationen und zu Frühgeburten führen und dass die biochemisch-physiologischen Profile des Kindes die der Mutter widerspiegeln, ebenso deren erhöhten Kortisol-Spiegel, niedrigere Niveaus an Dopamin und Serotonin, höhere rechtsfrontale EEG-Aktivität und einen niedrigeren Vagustonus (ebd.). Stresshormone wie Kortisol und Katecholamine führen zu einem Zusammenziehen der Blutgefäße. Bei mütterlichem Stress gelangt daher weniger Blut in die Plazenta, was Folgen für die fötale Sauerstoff- und Nahrungszufuhr hat und das fetale Stressniveau erhöht. Denselben Effekt können vermehrte Uterus-Kontraktionen haben, die auch mit mütterlichem Stress korrelieren.

Trotz der methodischen Probleme, die die pränatale Stressforschung zu überwinden hat, gibt es somit eine überwältigende Anzahl von Daten, die konsistent darauf hindeuten, dass Stressoren während der Schwangerschaft Folgen für die weitere Entwicklung des Kindes haben (ebd. S. 38), und dass zu hohe Kortisol-Konzentrationen im fetalen Organismus bestimmte Hirnstrukturen schädigen können (Marshall 2007, S. 134). Und so beeinflussen Blutdruckschwankungen, Veränderungen des Blutzuckerspiegels oder der Sauerstoffsättigung, ansteigende oder abfallende Hormonspiegel über die Kreislaufversorgung schon lange vor der Geburt das sich entwickelnde Gehirn. Sie erzeugen in bestimmten, für derartige Störungen besonders empfindliche Nervenzellenverbänden charakteristische Aktivierungsmuster (Hüther 2006b, S. 53). Dies gilt nicht nur für Frühgeborene, sondern auch für andere Föten, die ausgetragen werden und die trotz Termingeburt entsprechende Stresserfahrungen im Mutterleib gemacht haben.

5.3.2 Das frühgeborene Kind

Durch die vorzeitige Entbindung wird das zu früh geborene Kind von seiner natürlichen Umgebung im Körper der Mutter getrennt und während der notwendigen intensivmedizinischen Versorgung einem Reizumfeld ausgesetzt, das sich in Art und Intensität grundlegend von der mütterlichen Gebärmutter unterscheidet. Während Bewegungen und Lageveränderungen des Kindes in der Gebärmutter durch das Schwimmen im Fruchtwasser erleichtert werden, wirkt nach der Geburt die Schwerkraft auf den Körper ein und erfordert eine größere muskuläre Anstrengung.

Die Grundaffekte wie Freude, Wut, Trauer und Angst entwickeln sich in dieser Sequenz des Säuglingsalters. Der Ausdruck von Freude und Wut ist primär mit lebhafter Spontanmotorik verbunden, die mit der geringen Vitalkapazität des Frühgeborenen kaum vereinbar ist. Im Extrem kommt es bei Zuwendung zum Vermeiden des Blickkontaktes durch den Säugling, was als eine Schutzreaktion gegen Erregung verstanden werden kann, aber die Entwicklung der Sensomotorik gravierend beeinträchtigt. Die Atemnot der Frühgeborenen erfordert eine Abschirmung gegen Stimulation, die motorische Aktivitäten hervorruft. Hier wird insbesondere bei Dauerleistung viel Sauerstoff verbraucht. Erregungen führen sie an die Grenzen ihrer Vitalkapazität und gegen diese Überforderung hilft dem Baby eine generalisierte Abwehr von Affekten, um das Erregungsniveau niedrig zu halten. Dies entspricht der erschwerten Stimulierbarkeit des Frühgeborenen, und diese frühe Selbsterhaltungsstrategie prägt das psychobiologische Regulationssystem, das auch im späteren Leben eine schwerere affektiv-emotionale Erreichbarkeit nach sich ziehen kann. Die generelle anfängliche Irritierbarkeit führt somit häufig zu spezifischen Interaktionserfahrungen, die das Kind später besonders bei Stress, bei Leistungsanforderung und in größeren Gruppen belasten.

Das frühgeborene Kind wird in der Regel gesund geboren. Erkrankungen in der Frühgeborenenperiode sind auf die Unreife der Organsysteme zurückzuführen, die für das Leben außerhalb der mütterlichen Gebärmutter noch nicht ausreichend entwickelt sind. Neben der Lunge, dem Verdauungssystem und den Augen befindet sich vor allem das Gehirn in einer sehr verwundbaren Phase seiner Entwicklung. Die Unreife des ZNS wirkt sich primär auf eine instabile Wärmeregulation und auf die noch unrhythmische Atmung aus. Frühgeborene nehmen im Vergleich zu Normalgeborenen erheblich weniger Sauerstoff auf. Sie werden deshalb in der Regel beatmet.

5.3.3 Das Schmerzempfinden des Frühgeborenen

Besondere Beachtung muss der Schmerzempfindung des Frühgeborenen zukommen (Hünseler 2005, S. 28–33). Das frühgeborene Kind wird im Grunde genommen in ein lebensfeindliches Umfeld hineingeboren. Die Geborgenheit und Dunkelheit der Gebärmutter, die niederfrequenten Darm-, Herz- und Atemgeräusche sowie die Stimme der Mutter, die schmerzlose Schwerelosigkeit und Wärme des Fruchtwassers, die Versorgung mit Sauerstoff und Nährstoffen über die Plazenta entfallen plötzlich und werden ersetzt durch Helligkeit, Schwerkraft, ungewohnte und z. T. hochfrequente Geräusche, Kälte und Luftzug, einen leise rauschenden Inkubator – das alles ohne Begrenzung und Halt –, die Abwesenheit der einzigen Bezugsperson Mutter und die Notwendigkeit, Körperfunktionen übernehmen zu müssen, die noch nicht ausgereift sind. Dazu gehört auch die Schmerzverarbeitung, denn leider ist die intensivmedizinische Betreuung eines frühgeborenen Kindes nahezu unausweichlich mit einer Vielzahl von schmerzhaften Maßnahmen verbunden. Das schmerzleitende Nervensystem ist bereits bei Frühgeborenen angelegt; es entwickelt sich in einem Schwangerschaftsalter von 24 bis 26 Wochen. Diese sehr unreifen Kinder sind in der Lage, Schmerzen wahrzunehmen, sie scheinen schon auf leichte Schmerzreize oder zarte Berührungen mit einer heftigeren Schmerzantwort zu reagieren als beispielsweise termingerecht Geborene. Dieser Umstand hängt unter anderem damit zusammen, dass bei unreifen Frühgeborenen zwar das schmerzleitende Nervensystem ausgebildet ist, die sog. körpereigene Schmerzabwehr aber nur unzureichend entwickelt ist. Die körpereigene Schmerzabwehr ist ein System von Nervenbahnen, die vom Gehirn ins Rückenmark hinabführen und die auf Rückenmarksebene von der Haut oder den inneren Organen eingehende Schmerzreize unterdrücken und damit die Fortleitung ins Gehirn unterbinden. Diese körpereigene Schmerzabwehr ermöglicht es, viele alltägliche Dinge ohne Schmerz zu ertragen, denn viele Berührungen und Belastungen reizen zwar die Schmerzrezeptoren der Haut, werden aber vom Gehirn nicht als Schmerz wahrgenommen. Die unvollständige Entwicklung der körpereigenen Schmerzabwehr bedeutet für ein frühgeborenes Kind, dass Schmerzreize nahezu ungefiltert zum Gehirn weitergeleitet und wahrgenommen werden. Für ein ungeborenes Kind ist diese Schmerzabwehr noch bedeutungslos, da es sich in der Gebärmutter in einer vollkommen geschützten Umgebung befindet, in der es keine Schmerzen erfahren muss. Mit Ausnahme der Geburt beginnen schmerzhafte Erfahrungen für das Kind erst dann, wenn es anfängt, sich fortzubewegen und seine Umgebung zu erkunden, sprich: wenn es sich stößt oder fällt. Zu diesem Zeitpunkt (mit ca. vier bis sechs Monaten) ist das gesamte schmerzleitende und schmerzmodulierende Nervensystem vollständig ausgebildet. Das Frühgeborene erlebt neben zahlreichen Blutabnahmen und dem Anlegen von Venenkathetern und anderen Gefäßzugängen auch Inkubation, das Absaugen der Luftröhre, des Rachens und der Nase, das Legen von Magensonden, Rachentuben und Drainagen und viele andere Maßnahmen. Dies alles trifft auf ein unreifes Kind mit unvollständiger Schmerzabwehr und einem sich in der Entwicklung befindlichen Gehirn. Bei ehemaligen Früh- und Neugeborenen mit frühen Schmerzerfahrungen konnte man in der späteren Kindheit beispielsweise ein verstärktes Schmerzempfinden bei Impfungen oder zahnärztlichen Behandlungen feststellen.

Die Vermeidung von Schmerzen hat daher oberste Priorität, und die Behandlung von Schmerzen, wenn sie denn auftreten, sollte mit vertretbaren Mitteln immer versucht werden, da Frühgeborene noch nicht für die Verarbeitung von Schmerzen ausgestattet sind. Schmerzerfahrungen führen zu negativen akuten und langfristigen Auswirkungen.

5.3.4 Die entwicklungsfördernde Pflege

Auch auf der Intensivstation sollte früher Kontakt zwischen Mutter und Kind selbstverständlich sein. Besonders effektiv für die Verbesserung der Bindung sind die Känguru-Pflege und die individuelle entwicklungsfördernde Pflege. Bei der Känguru-Pflege ist die pflegende Fürsorge von Haut zu Haut für die Eltern hilfreich, das Kind extrauterin weiter »auszubrüten«. Dieser intensive Kontakt ermöglicht einen Bonding- und Bindungsprozess, da das Kind sofort positive Resonanz liefert. Sein Herzschlag, seine Temperatur und der Rhythmus der Atmung werden stabil und bei einer täglichen Känguru-Pflege von ca. ein bis zwei Stunden treten kaum Atemstillstände auf. Das frühgeborene Kind durchlebt lange Tiefschlaf-Perioden, was bei Brutkastenföten nicht vorkommt. Die dabei auftretenden Delta-Wellen sind für die Synapsen-Bildung wichtig und zudem gibt es auf Seiten der Mutter eine signifikante Steigerung der Milchmenge. Babys mit Känguru-Pflege zeigen im ersten Jahr längere Phasen von Aufmerksamkeit im Kontakt mit den Müttern und sind an Exploration interessiert. Dieser intensive Körperkontakt »leiht« dem unreifen Kind die regulatorischen Möglichkeiten seines reifen Gegenübers, was beim Kind zur Reifung der psychischen, emotionalen und regulatorischen Fähigkeiten beiträgt. Die Schmerzschwelle wird bei dieser Pflege angehoben, die Kortisolspiegel fallen, die Sauerstoffsättigung des Blutes nimmt zu und die Atmungsparameter werden verbessert. Die bindungsausgerichtete Interaktion des Kindes mit Mutter und Vater gestaltet sich sehr intensiv. Durch das Gefühl, ihrem Frühchen hilfreich zur Seite stehen zu können, werden ihre Anpassungsleistungen stabiler. Wie beim Normalgeborenen führt auch diese Pflege zu einer Produktion des Vertrauenshormons Oxytozin, was bei beiden Partnern der Dyade seine Wirksamkeit entfalten kann (Uvnäs-Moberg 2007, S. 203; Bergman et al. 2004).

Ein weiters international weit verbreitete Pflegekonzept für Frühgeborene ist das von Heidelise Als (2008). Das frühgeborene Kind ist dabei ein aktiver Mitarbeiter und Mitgestalter seiner Pflege mit dem Ziel, die vor der Geburt begonnene normale Entwicklung weiterzuführen. Sein Verhalten dient als kontinuierlicher Ausdruck seiner Hirnfunktionen und als Informationsquelle, ob und wie das Gesamt der Eindrücke vom Frühgeborenen verarbeitet und genutzt wird. Das Verhalten ist die Sprache des frühgeborenen Kindes, die »gelesen« werden muss (Linderkamp 2006, S. 106ff.).

Eine Frühgeburt hat sowohl für die Eltern als auch für das Kind potenziell traumatisierende Aspekte, da Lebensbedrohung, Hilflosigkeit, ernsthafte Verletzungen und große Angst dazugehören. Viele Mütter haben auch noch lange Zeit nach der Geburt traumatische Symptome, was natürlich auch Auswirkungen auf das Kind hat. Feinfühlige Unterstützung ist daher von größter Wichtigkeit, um sie affektregulierend und unterstützend zu begleiten, was ihnen wiederum hilft, Fähigkeiten zu entwickeln, die Signale des Kindes besser wahrzunehmen, richtiger zu interpretieren und angemessen darauf zu reagieren. Unter günstigen Umständen kann sich dadurch nachweisbar auch zwischen einem Frühchen und seinen Eltern eine sichere Bindung entwickeln (Brisch 2007; Brisch et al. 2003, 2005).

6
Perspektiven auf die frühe Kindheit

Nachdem das kleine Menschlein nach Schwangerschaft und Geburt – ob als reif oder unreif geboren (und eventuell bis zu seinem errechneten Geburtstermin extrauterin per Känguru-Pflege nachträglich ausgebrütet) – in seiner neuen Heimat außerhalb des Mutterleibes angekommen ist, ist es eingebettet in eine Umgebung, die ihm hoffentlich die zuvor beschriebene affektive Regulierung und die damit einhergehende ebenfalls beschriebene Bindungssicherheit anbieten kann. Umsorgt von seinen wichtigen Bindungspersonen – deren Anzahl begrenzt sein muss, da sonst die Anpassungskompetenzen des Säuglings überfordert werden – macht es sich auf seinen langen Entwicklungsweg und hat vor allem in den ersten drei Jahren bedeutsame Schwellensituationen zu bewältigen.

6.1 Die Notwendigkeit abgestimmter und »markierender« Resonanz

Unter günstigen Umständen gehen die elterlichen Reaktionen meist der Reifung und der Konsolidierung des Selbst ihres Kindes ein kleines bisschen voraus. Die Eltern meinen, es sei stabiler als es tatsächlich ist. Mit anderen Worten: Sie erleben, da sie der tatsächlichen Entwicklung des Kindes immer ein wenig vorauseilen, die Freude, durch ihre eigenen Erwartungen diese Entwicklung fördern zu können. Sie »markieren« (vgl. Gergely 2002) und geben dabei dem Erleben und den Äußerungen des Kindes mimisch, prosodisch und verbal Resonanz – meist freudig überhöht, um dem Kind den Unterschied zwischen Ich und Du zu erleichtern. So die Mutter zu ihrem lustvoll schmatzenden Baby: »Daaaaas schmeckt dir aber gut!« Das gleiche gilt auch für heftige, z.B. unmutsvolle Affektäußerungen des Babys oder Kleinkindes, von denen sich das reifere Gegenüber nicht »anstecken« lassen sollte. Es ist die Regulation der eigenen Spannung, die dem Kind bei der Modulation selbst heftigster Erregungen helfen kann

(Schore 2003). Reagiert die Mutter prosodisch, mimisch und gestisch bei aller Heftigkeit stabil und beruhigend – z.B. bei ihrem ärgerlich schreienden Baby: »Oh je, was ist mein hungriger Schatz jetzt wütend und schimpft mit seiner bösen Mama!!« –, dann hilft sie ihm über diesen Weg der Externalisierung seine innere emotionale Verfassung, seine intensiven Spannungszustände und affektiven Impulse kennenzulernen und allmählich selbst zu regulieren. Ist das Kind etwas größer und versucht selbst etwas zu erreichen, was vielleicht noch etwas zu schwer ist, können seine Eltern es nahe an seinem Erleben begleiten: »Oh, ist das aber mühsam, an den Ball unter dem Stuhl zu kommen!« Sie »teilen« mit dem Kind die hohe Gefühlsanspannung und erleichtern sie ihm dadurch. Dieses kann sich in der Folge wie ein kleiner König erleben, wenn die kleinen, aber für das Kind großen Schritte aus eigener Kraft unter der affektteilenden und affektregulierenden »Sonne« der Eltern gemeistert wurde. Die Eltern transformieren die unangenehmen nach außen projizierten Empfindungen und verschaffen dem Kind Erleichterung, das dann den abgemilderten modifizierten Affekt wieder in sich aufnimmt: Meist ist es die Mutter, die quasi »als Entgiftungszentrale« (Stern 1995) dient. Wenn Erwachsene untereinander dergestalt kommunizieren würden, erschiene das seltsam und bizarr. Das sehr kleine Kind ist aber auf diese erhöhte Resonanz angewiesen, weil es dadurch lernt, dass es sich bei den Eltern um einen Als-ob-Affekt handelt – um einen Affekt, der nicht wirklich der ihre ist. Nur so kann das Kind erkennen, dass es sich bei dem markierten Affekt um den eigenen handelt. Es kann den elterlichen Affekt von dem eigenen entkoppeln und als Ausdruck seines eigenen Erlebens wahrnehmen. Dabei vermitteln die Eltern dem Kind, dass sie – selbst in der heftigsten Erregung – nicht unterzugehen drohen und sie den seelischen Zustand ihres Kleinkindes in ihre reife seelische Organisation aufnehmen, dort abwägen und dann realistisch einschätzen, was im Interesse des Kindes zu tun ist. Sie leihen dem Kind in seinem psychischen Zustand ihre eigenen reiferen psychischen Strukturen und helfen durch einfühlsames Handeln, das homöostatische Ungleichgewicht zu beheben (A. Ornstein/P. Ornstein 1994). Diese empathische Resonanz schafft Bedingungen, in denen das Kind phasengerecht eine intensive Verbundenheit mit den scheinbar allmächtigen Eltern erlebt.

6.2 Die Teilhabe des Kindes an der entwickelten psychischen Organisation der Bindungsperson

Die unreife Psyche des Kindes hat somit an der hoch entwickelten psychischen Organisation seines elterlichen Gegenübers teil. Dieser aus zwei Schritten bestehende Ablauf ist ungemein wichtig, denn er ermöglicht dem Kind die Teilhabe an der kohärenten psychischen Struktur der Beziehungsperson. Das reifere Gegenüber erlebt statt einer Affektausbreitung ein Affektsignal und nimmt eine regulatorische und Bedürfnis befriedigende Handlung vor. Wenn während der Kindheit dieser Ablauf der Spannungsregulierung immer wieder erlebt wird, bleibt dieser während des ganzen Lebens als eine Säule psychischer Gesundheit bestehen. Wenn umgekehrt aber die Fürsorgepersonen beim Kind versagen, dann werden die daraus resultierenden psychischen Defizite und Verzerrungen eine lebenslange Bürde bleiben. Wenn z.B. die Fürsorgeperson hypochondrisch auf die milde Angst eines Kindes reagiert, dann führt die große Nähe zu ihr nicht zur nützlichen Erfahrung einer sich mildernden Angst, die sich sogar in Ruhe verwandelt, sondern vielmehr zu dem schädlichen Erfahrungsablauf, dass milde Angst sich in Panik umwandelt. Das Endergebnis ist ein Mangel an gesunder spannungsregulierender Struktur (Kohut 1977). Im günstigen Fall erlaubt in der Kleinkindzeit die vorhersehbare emotionale Anteilnahme der Eltern an diesem Prozess die reiche Entfaltung der kindlichen mentalen Fähigkeiten. Es erlernt die non-verbale Kommunikation mit anderen Menschen, die es ihm ermöglicht, die Affektzustände anderer Menschen intuitiv zu erkennen und Empathie zu empfinden. Das Ziel dieser Beziehung ist jedoch nicht permanente Übereinstimmung. Vielmehr muss es zwischen dem Baby und seinen primären Bezugspersonen auch immer wieder Momente von Dissonanzen geben. Jedoch dürfen diese Zustände nicht allzu lange andauern; das Baby muss wieder herausgeführt und ein gegenseitiger Einklang wiederhergestellt werden. Dieses Muster der »interaktiven Wiederherstellung« ist dabei wichtig. Nur über das »interactive repair« lernen Kinder auch negative Emotionen auszuhalten und nur so kann die schon beschriebene Resilienz erworben werden. Kinder müssen nicht nur lernen, mit Gefühlen wie Freude und Aufregung, sondern auch mit Gefühlen wie Angst, Wut, Traurigkeit oder Scham umzugehen (Schore 2009). Diese Verfehlungen in der gegenseitigen Verständigung mit den damit einhergehenden Verzerrungen und Missverständnissen gehören notwendigerweise zur Entwicklung und diese Momente zwingen das Baby zu Anpassungsmaßnahmen, die seinen eigenen Spielraum erweitern. Wenn sich die Wünsche eines Kleinkindes über das erste Lebensjahr hinaus fast immer wie von Zauberhand erfüllen würden, dann hätte das kleine Kind keine Chance, sich dieser Bedürfnisse bewusst zu werden und einen Umgang damit zu erlernen (ebd.). Die Eltern (meist die Mutter) sind bei diesem Prozess schöpferisch, da sie mit dieser für ihr Kind passgenauen Vorgabe *seine* Fähigkeiten zur Entfaltung bringt, was für das kreative Gedeihen des Kindes unerlässliche Voraussetzung ist (Rass 2007a).

6.3 Der Ablösungs- und Individuationsprozess

Mit der körperlichen Aufrichtung kann sich der Ablösungs- und Individuationsprozess anbahnen und das Kind entwickelt die Bereitschaft, sich von der Mutter zu entfernen, während sie emotional verfügbar bleibt. Diese emotionale Verfügbarkeit ist der wichtigste Faktor der erwartbaren Umgebung. In der Zeit zwischen dem neunten und 18. Monat, in der sich das subjektive und verbale Selbst entwickelt (Stern 1985), keimen erste Ansätze der Selbstrepräsentanz des Kindes, und der damit verbundene Schritt kann als eine intensive Übungsphase beschrieben werden (Mahler 1979). Diese Phase, die mit dem zusammenfällt, was Greenacre (1957) das »Liebesverhältnis des Kindes mit der Welt« nennt, führt zur Meisterung gewisser Fortbewegungsfähigkeiten, kognitiver Fähigkeiten und anderer partieller autonomer Ich-Funktionen. Die aufrechte Haltung und die Möglichkeit zur eigenen Fortbewegung unterstützen die ersten Schritte in die Unabhängigkeit des Kindes, dem quasi die Welt zu Füßen liegt. Wo es vorher darauf angewiesen war, dass seine Fürsorgepersonen seine Gesten, seine Mimik und sein Verhalten richtig interpretierten, ist nun auf die begehrlichen Objekte scheinbar freier Zugriff möglich. Entsprechend intensiv sind die Gefühle von Großartigkeit, von unermüdlichem Eroberungsdrang und fast ununterbrochener aufgeregter Neugier. Unvermeidlich stößt das kleine Kind jedoch an reale Grenzen: Gefahrenquellen, eigenes Unvermögen und gesetzte Grenzen durch die Fürsorgepersonen. Dem berauschenden Hochgefühl wird durch diese Realitäten ein jähes Ende bereitet, wofür das kleine Kind natürlich noch keine eigenen Regulationsmöglichkeiten hat. Dies deckt sich mit jener Zeit, die »Mama am meisten nervt« (Rhein-Neckar-Zeitung 2./3. 10. 2006), da die damit einhergehenden Trotzanfälle eine große Herausforderung an die elterliche affektive Erregung und deren Meisterung stellen. Die Fürsorgepersonen sind dabei gefordert, den Absturz von der erlebten Grandiosität nicht in tiefe Beschämung münden zu lassen. Zudem sind sie gefordert, wenn es darum geht, das fassungslose Kind zu trösten und gleichzeitig die Eigenregulation aufrechtzuerhalten, um damit beruhigende Rahmenbedingungen – zum unmittelbaren Schutz des Kindes und gleichzeitig als Entwicklungsanreiz – herzustellen. Der englische Begriff für dieses zweite Lebensjahr »The Terrible Two« verweist schlaglichtartig auf die mühsame Gratwanderung, einerseits das Kind in diesem Gefühl der Selbstbehauptung und des Selbstbewusstseins zu stützen, ihm aber gleichzeitig ohne Irritation zu ermöglichen, hinter den notwendigen Einschränkungen zu stehen, da dieses zweigleisige Vorgehen zur Entwicklung stabiler Persönlichkeitsstrukturen notwendig ist. Diese »Auseinander-Setzungen« stärken trotz allem Abbau der Illusionen das kleine Kind, das sehr zielstrebig seine Ziele verfolgt. Auch die Eltern realisieren die Quantensprünge seiner Entwicklung und verlangen schrittweise mehr von ihm, was auf beiden Seiten Ambivalenz erzeugt.

Nach Margaret Mahler (1979) folgt nun eine Phase, in der ein neues Annäherungsverhalten zu beobachten ist, und die sich etwa vom 18. Monat bis weit in das dritte Lebensjahr hineinerstreckt. Diese Phase mit ambivalent erlebten Wiederannäherungswünschen – regressiv klein bleiben und/oder lustvoll groß werden – ist wichtig für die Grundlegung späterer psychischer Gesundheit oder psychischen Leidens. Diese sehr entscheidende Entwicklungsphase geht allmählich in eine Phase über, in der ein gewisses Maß an Objektkonstanz erreicht wird: d.h. die psychischen Repräsentanzen der Eltern werden intrapsychisch verfügbar, auch wenn sie außen nicht real vorhanden sind. Diese Gedächtnisspuren der Liebesobjekte befähigen das Kind, eine gewisse Zeit von ihnen getrennt zu sein und doch emotional beruhigt zu funktionieren – vorausgesetzt, es befindet sich in einer einigermaßen vertrauten Umgebung. Mit dem Erwerb dieser Fähigkeiten wird sich das Kind seiner psychischen Getrenntheit immer mehr bewusst, und es erkennt dadurch die Hindernisse, die seinen magischen Allmachtswünschen und Phantasien entgegenstehen: D.h., das »Liebesverhältnis« mit der Welt bekommt – notwendige – Risse. Es dämmert dem kleinen Kind, dass die Welt nicht ihm gehört, dass es sich immer wieder als ein relativ hilfloses, kleines, einsames und getrenntes Individuum mit ihr auseinandersetzen muss. Wie sehr es auch seine Mutter zu bedrängen versucht: Sie und das Kind funktionieren nicht mehr wirkungsvoll in der Nähe der alten innigen Zwei-Einheit. Wenn die Eltern, insbesondere die Mutter, diesen Prozess emotional nicht erfühlen kann, wenn es nicht zu einer Zweisamkeit auf einem reiferen Niveau kommt, verringert sich das Selbstwertgefühl des Kindes und führt zu einer hohen psychischen Verletzbarkeit. Die aktive Unterstützung durch die verlässlichen Fürsorgepersonen während dieser Wiederannäherungsphase ist daher notwendige Vorbedingung, damit das Kind allmählich erkennen und anerkennen kann, dass auch die Eltern nicht allmächtig sind; dies wiederum hilft, den eigenen Autonomieprozess – »Dann versuche ich es eben alleine!« – positiv zu besetzen. Der notwendige Zusammenbruch des kindlichen Glaubens an die eigene Allmacht zusammen mit der Abgegrenztheit von den Eltern erzeugt ihnen gegenüber eine feindselige Ambivalenz. In dieser Zeit der Zerrissenheit und des Unglücklich-Seins erscheint das kleine Kind zuweilen fast »depressiv«. Dieser Reifungsschritt gelingt jedoch, wenn das Kind die eigene Autonomie realistisch zur Kenntnis nimmt, an sie glaubt und sie auch genießen kann. Ein bedeutsamer Aspekt ist dabei das Gefühl, etwas, was zunächst die Integrität sicherte, verloren zu haben und eines scheinbaren Idealzustandes beraubt worden zu sein. Einige Kinder erleben selbst geringe Diskrepanzen zwischen Idealzustand und Realität als extrem schmerzlich, während andere eine ganz beträchtliche Differenz zwischen dem aktuellen Zustand und dem Ideal mühelos ertragen können. Es liegt auf der Hand, dass die Fähigkeit, eine derartige Spannung zu ertragen, für die Entwicklung des Kindes wichtig ist.

6.4 Die Grundlagen für stabile Selbst- und Objektrepräsentanzen

Somit wird deutlich, dass zu dem kontinuierlichen Prozess einer normalen psychologischen Entwicklung bei jedem Kind auch der Verlust früher erlebter befriedigender Zustände gehört. Im Normalfall ist das ein Ansporn zur Anpassung; die Anziehungskraft, die von der neuen Entwicklung und Erfahrung ausgeht, macht es dem Kind möglich, die Besetzung von den verlorenen Idealzuständen mit einem Minimum an Schmerz abzuziehen. Der selbstpsychologische Analytiker Kohut sprach in diesem Zusammenhang von »optimaler Frustration« (1977, S. 111). Die freigewordenen Kräfte werden nunmehr im Zuge der Reifungsprozesse und des Vorwärts-Drängens in neue Ideale und in die nächste Entwicklungsphase investiert.

Zu diesem Prozess, d.h. die Suche nach einem neuen inneren strukturellen Gleichgewicht, gehört z.B. eine zunehmende Unabhängigkeit von den Bindungspersonen der frühen Kindheit und eine wachsende Autonomie der Ich-Funktionen. Für diese Strukturbildung ist ein vorhersehbares rhythmisches Abwechseln zwischen Befriedigungs- und Versagungserlebnissen erforderlich. Die Vorhersehbarkeit dieses Rhythmus legt in Verbindung mit der Verfügbarkeit des Liebesobjektes die Grundlage für die Entwicklung einer stabilen Selbst- und Objektkonstanz, d.h. sowohl die eigene kleine Persönlichkeitskonfiguration als auch die der Bezugspersonen bekommen klarere Konturen. Bei einem solchen Reifungsprozess geht es für das Kind darum, allmählich realitätsangepasstere Ideale zu entwickeln und frühkindliche Ziele aufzugeben. Glückt diese Arbeit, ist die Voraussetzung für eine fortschreitende Entwicklung und wachsende Autonomie während des ganzen Lebens erfüllt. Die frühe Entwicklungszeit liefert somit die Bühne, auf der sich alle weiteren Phasen des zukünftigen Lebens in vielschichtigen Aspekten andeutungsweise darstellen.

7 Spielen als Grundform kreativen Lebens und konzentrierten Lernens

»Der Mensch ist nur ganz Mensch, wo er spielt« – so unser Dichterfürst Friedrich Schiller. Und so gehört das selbstgewählte Spiel einzig um des Vergnügens willen in allen Kulturen zu Grundbedingungen des Menschlichen. Evolutionär hat sich das Spiel bereits schon bei Säugetieren herausgebildet (vgl. H. Papoušek 2003). Aber gerade bei unseren menschlichen Kindern ist das selbstvergessene, von jeder Absicht und jeglichem Zweck freie Spiel nicht wegzudenken. Kinder lernen im Spiel, aber sie spielen nie um zu lernen.

7.1 Der »Spielraum« als Raum der Selbstorganisation und Entwicklung

Im »Spielraum« seiner Als-ob-Welt, die eine kreative Mischung aus Phantasie und Realität darstellt, erschafft sich das Kind – aber auch der kreative Erwachsene – eine eigene Welt, die nach ganz spezifischen individuellen Regeln funktioniert. Dabei wird ausprobiert, wie man mit Gefühlen und Impulsen fertig werden kann, wie man sie meistert und wie man Lösungsstrategien für Probleme und Konflikte entwickelt. Insofern ist das freie und selbst bestimmte Spiel notwendiger Bestandteil einer gesunden Entwicklung und beinhaltet in der Folge eine wichtige Lernressource zur Stressbewältigung in verschiedensten Lebenssituationen. Ein Kind, das sich im Streit, im Konflikt, in der Übererregung und in überwältigender Freude in seine Spielwelt zurückzieht, »ver-äußert« dort auf eigene kreative Weise seinen innerlichen Zustand. Es kann in einer Art früher Selbstreflektion dieses Äußere in bewältigter Form wieder verinnerlichen und dieser Prozess entspricht modernsten Erkenntnisfortschritten in der Neurobiologie und Affektregulation. Scheinbar unlösbare Probleme finden durch die Freiheit der Gestaltung eine Entwirrung und die Reorganisation geschieht nach ureigensten Regeln. Im »Spielraum« bleibt Platz für Überraschung, für Unvorhergesehenes und somit für völlig Neues (vgl. Resch/Maywald 2009, S. 3). Die vor allem beim späteren schulischen Lernen so stark erforderliche Konzentration ereignet sich wie von selbst. Zeit spielt keine Rolle, und Beeinflussung von außen wird eher als Zudringlichkeit erfahren. Gerade die dabei entwickelten Fertigkeiten helfen Belastungen des Alltags zu meistern, zumal im Spiel ganzheitliche Erfahrungen gemacht werden, die neben bewussten und unbewussten Phantasien auch körperliche Aktivitäten miteinschließen. Das Kind erwirbt dabei Fähigkeiten in der sensomotorischen Integration und erlebt Selbstwirksamkeit, da es sich eine Welt erschaffen kann, in der die eigenen Regeln funktionieren (vgl. Streeck-Fischer 2009). Im Spiel werden eventuell nicht bewältigte Erfahrungen und hochproblematische Situationen nicht nur wiederholt, sondern als Thema mit Variationen neu inszeniert und all dies dient dem »Verdauen« des eigentlich Unverdaulichen. Wenn ein bestimmtes Lebensthema abgehandelt ist und das Kind sich einer anderen Erlebenswelt zuwendet, spricht man von »Spielsättigung« (Erikson 2003, S. 224). Der jeweilige Spielprozess mit der jeweiligen im Spiel verhandelten Thematik ist nicht planbar und gerade deswegen fühlt sich das Kind, wenn es dabei beobachtet wird, in seinem intrinsischen und sehr intimen Vorgehen gestört.

Die Freiräume des Kindes und somit sein »Spielraum« und sein »Recht auf Spiel« (Artikel 31 der UN-Kinderrechtskonvention) haben jedoch in den letzten zwei Jahrzehnten eine gewaltige Veränderung erfahren. Die Anziehungskraft der virtuellen Welt lässt – insbesondere bei den männlichen Kindern – das kreativ-aktiv motorische Spielinteresse erlahmen und zum anderen führten die Ergebnisse der PISA-Studie, in der die deutschen Jugendlichen weniger gut abschnitten, zu einer Art »Sputnik-Schock«. Seither werden die Kinder schon in den frühesten Lebensjahren mit Lernangeboten und pädagogisch wertvollem Material überflutet. Die herausragende und heilsame Funktion des selbstorganisatorischen Spiels wird vernachlässigt und tritt in den Hintergrund. »Bildung von Anfang an!« hallt es aus den unterschiedlichsten Lagern und die Hintergründe und Motive für die aktuelle Aufmerksamkeit bezüglich der Elementarbildung sind vielschichtig. Von Seiten der Wirtschaftspolitik handelt es sich um die Sorge, dass der High-Tech-Ort Deutschland langfristig in Gefahr sein und das intellektuelle und damit das Innovationspotenzial versiegen könnte, weil das Interesse an Naturwissenschaften, Technik und Mathematik nicht mehr so groß ist (Göppel 2007). Innerfamiliär spiegelt sich eine ähnliche Angst wider: nämlich die, dass das Kind, wenn es nicht von Anfang an intellektuell gefördert wird, den Anforderungen des späteren Berufslebens mit seinem Wettbewerb nicht gewachsen sein könnte und somit auf dem Arbeitsmarkt nicht den angestrebten und angemessenen Platz findet. Verwunderlich ist aber, dass bei dem schlechten Abschneiden der Jugendlichen in internationalen Vergleichsstudien vergessen wird, dass deutsche Grundschüler bei der international vergleichenden Iglu-Studie recht gut abschnitten und dass die Grundlagen für das schlechte Abschneiden nicht primär in der Kindergarten-, Vorschul- und beginnenden Grundschulzeit zu suchen ist. Vielmehr sollte sich die Aufmerksamkeit auf jenes Alter richten, in dem die Weichen für die weitere Beschulung gestellt werden (d.h. Ende der Grundschulzeit). Somit ist es nicht damit getan, die schwachen PISA-Befunde bei den deutschen 15-jährigen Schülern mit einer mangelnden Förderung während der Kindergartenzeit zu begründen (ebd.); diese Sicht versperrt eher den Blick auf die eigentlichen Hintergründe.

Fatalerweise werden zudem die Erkenntnisse der Neurowissenschaften nur sehr einseitig in den Blick genommen. Man beruft sich auf die Plastizität und die enorme Lernfähigkeit des sich entwickelnden Gehirns, was durch die bildgebenden Verfahren belegt werden kann. Dies führt jedoch zu einseitigen Vorgehensweisen, denn es ist gerade die affektiv ausgerichtete Neurowissenschaft, die der bindungs- und affektregulierenden Betreuung in der frühen Lebenszeit höchste Priorität beimisst und die darauf verweist, dass jeder Bildungsprozess ohne vorherigen Bindungsprozess kaum oder gar nicht funktioniert (vgl. K. Braun 2008; K. E. Grossmann/K. Grossmann 2006). Jede freudig besetzte Exploration, zu der beim Kleinkind auch das Spiel, womit es die Welt erobert, gehört, setzt zunächst einen sicherheitsgebenden und schützenden emotionalen Hafen voraus, und erst mit der dabei erworbenen Bindungssicherheit kommt echte Neugierde und die Freude an Expansion auf (vgl. Bowlby 1969; Brazelton/Greenspan 2000; Marvin et al. 2003).

7.2 Bindungssicherheit als Voraussetzung des kreativen Spielens

Während das Entwickeln und die Bereitstellung von Lernprogrammen, Spielprogrammen, Lernideen und pädagogisch wertvollem Spielzeug machbar und somit relativ einfach sind, ist die Bereitstellung sicherer Bindungsbeziehungen durch die nahen Bezugspersonen, aber auch durch professionelle Erzieher, weitaus schwieriger, da Elternschaft – und in diesem Sinn auch professionelle sekundäre »Fürsorgeschaft« – einen Reifungsprozess bei den Erwachsenen erfordert, der weit über Erziehungskompetenz hinausgeht. Bei der Herstellung dieser Basis ergeben sich die eigentlichen »Probleme«, da der Erwachsene an sich selbst arbeiten müsste, was offensichtlich viel schwerer und unbequemer und damit unerwünschter ist als »die Bearbeitung« der Kinder. Das Schicksal der intellektuellen und schulischen Bildung hängt bei weitem nicht allein von der Qualität der frühen Pädagogik in Krippe, Kita, und Schule (auch der weiterführenden) ab, sondern in hohem Maße von familiären und sozialen Faktoren. Und insbesondere die frühen Erfahrungen mit ihrem Spiel- und Neugierverhalten im Austausch mit der Lernumgebung bestimmen das spätere Outcome.

Diese Sichtweise und somit auch die Beurteilung des Spiels hat in den Konzepten zur seelischen Gesundheit noch keine angemessene Beachtung erfahren. Dies überrascht angesichts der faszinierenden Erkenntnisse der interdisziplinären Frühentwicklungsforschungen umso mehr – insbesondere in der zuvor erwähnten Bindungs- und Affektregulationsforschung, die in der Interaktion und im Spiel eine wichtige Voraussetzung für die Entwicklung des Menschen in Bezug auf seine Fähigkeiten, d. h. Kreativität, Symbolisierung, Sprache und kulturelle Integration sieht.

7.3 Phasen der Spielentwicklung

Wenden wir uns nun der Entwicklung des Spiels zu und kehren noch einmal zu den Anfängen zurück.

Detaillierte Analysen und Beschreibungen der Anfänge des Bewegungs- und Erkundungsspiels bis zum späteren Spielverhalten mit Symbolcharakter und kategorisierendem Spiel veranschaulichen das Wesen des Spiels als selbstbestimmendes Lernen und verdeutlichen einen engen Zusammenhang des Spiels mit individuellen mentalen Entwicklungsschritten (M. Papoušek/v. Gontard 2003, S. 13). In diesem Zusammenhang stellt sich die Frage, ab welchem Alter Kinder spielen können. Die moderne Säuglingsforschung zeigt, dass ein Baby bereits mit erstaunlichen Kompetenzen zur Welt kommt. Es verfügt von Anfang an über eine Reihe von Fähigkeiten, seine Umwelt wahrzunehmen, sowie diese Wahrnehmung zu speichern und nach Ursache-Wirkung-Zusammenhängen zu sortieren (vgl. Dornes 1992). Es bildet daraus Erwartungen, die ständig überprüft und korrigiert werden. Dabei werden Regeln entdeckt und auf das eigene Verhalten abgestimmt.

7.3.1 Das Nachahmungsspiel und die Entdeckung von Urheberschaft

Schon kurz nach der Geburt imitiert ein Baby seine Eltern (vgl. Meltzoff 1999). Diese Nachahmung – eine frühe Form von Empathie – ist ein wichtiger Baustein der Kommunikation, denn damit versucht das Kind, sich den Eltern anzunähern und ihnen in einer sehr frühen Form nachzuspüren. Es nimmt deren Verhaltensmuster – mimisch, gestisch, prosodisch – in sich auf und auch die Gefühle, die dadurch in ihm ausgelöst werden (Perry et al. 1995). Die zunächst einfache Ausstattung mit spezifischen Bewegungsmustern erweitert sich allmählich und das Kind erreicht dadurch komplexere Möglichkeiten. Intuitiv nehmen Eltern im Kontakt mit ihrem Baby einen Sichtabstand von ca. 20 cm ein, bei dem die Neugeborenen über eine optimale Sicht verfügen. Ähnlich selbstverständlich sprechen sie in einer höheren Tonlage und tragen einfache Sätze und Melodien in häufiger Wiederholung vor. Die Anregungen variieren zwischen Wiederholung und Abwechslung, Bekanntem und Unbekanntem. Sie werden dadurch zu einer Quelle fortwährender Attraktion, die scheinbar nie abreißt. Der Säugling entwickelt recht bald bestimmte Erwartungen vom Ablauf des Spiels, aber auch Freude über deren Erfüllung und über die Verfremdungseffekte – mit einer Spur von Angstlust, wenn die Eltern neue Reize einbringen (vgl. H. Papoušek 2003). Gerade das einfache Guck-Guck-Da-Spiel enthält alle diese Bausteine. Das Baby wird allmählich in die Lage versetzt, Zusammenhänge zwischen Ereignissen aus der Umwelt und seinem eigenen Handeln zu entdecken. Es macht dabei auch die Entdeckung von Urheberschaft und spürt: »Ich kann etwas bewirken«.

7.3.2 Die Bedeutung der dialogischen Abgestimmtheit

Wenn man den frühen spielerischen Dialog zwischen Kindern und Eltern beobachtet, tauchen Vergleiche mit der Schönheit eines Tanzes – eines sehr individuellen Tanzes – auf (vgl. Jaffe/Beebe et al. 2001). Bei dieser dialogischen Abgestimmtheit kommt das Kind durch das Hin und Her von Anreizen und gegenseitiger Nachahmung in einen optimalen Erregungszustand; doch selbst dieser ist von den Eltern mit größter Feinfühligkeit sorgfältig zu dosieren und auch hier müssen sie sich mit seinem Entwicklungsalter und seiner momentanen Stimmung und Befindlichkeit abstimmen – nach dem Muster: Kind führt, Mutter folgt. Wenn dieser spielerische und glückselige Dialog über Blicke, über Lächeln, über angenehme Töne und Spielgeräusche seinen Höhepunkt erreicht hat, benötigt der Säugling einen Erholungsmechanismus – er schaut weg, wendet den Kopf ab und signalisiert, dass er Erholung braucht (Schore 2003). Dies ist ein erster Akt der Selbstbehauptung beim Kind, der bei den Eltern voraussetzt, dass sie abwarten, bis das Kind zu einem neuen Spielzyklus bereit ist. Bei diesem Spiel – bei diesem Auf und Ab der Erregungsniveaus – ist der Säugling darauf angewiesen, dass ein reiferes Gegenüber sein Selbsterleben reguliert und er sich bei Andauern dieser feinfühligen Interaktion im Laufe der Entwicklung selbst zu regulieren lernt. Gefühle, die das Baby überreizen oder verängstigen, werden von den Eltern aufgenommen – vergleichbar mit einem Container oder einer Entgiftungszentrale – und sie werden in verträglicher Weise wieder an das Kind zurückgespiegelt, so dass sein emotionales Gleichgewicht wiederhergestellt ist. Die Spielpartner müssen lernen, sich abzuwechseln, abzuwarten und zu beobachten, was der jeweils andere tut. Es braucht Zeit und Muße, bis Eltern und Kinder sich gut kennen und ein eingespieltes Team sind. Manche Babys und Kleinkinder sind weniger eindeutig in ihren Signalen und haben Schwierigkeiten, über eine längere Zeit aufmerksam die Reize der Umwelt zu verarbeiten. Sie nehmen vielleicht zu viel und zu schnell auf und brauchen viel Zeit zur jeweiligen Verarbeitung. Andere sind vielleicht etwas stumpfer und brauchen ein geduldiges Gegenüber, das jenen Kontaktkanal sucht, der dem Kind bekommt (vgl. M. Papoušek et al. 1994). Kinder sind somit in ihrem Temperament sehr unterschiedlich, zudem haben auch sie ihre Stimmungen und sind daher nicht immer gleich empfänglich. Eltern machen dabei die Erfahrung, dass – wenn sie mehr als ein Kind haben – ihre jeweiligen Bemühungen unterschiedlich ausgestaltet werden müssen. Es ist für die Eltern *immer* eine Gratwanderung, die jeweilige Frustrationstoleranz ihres Kindes auszuloten: es zum einen auszuhalten, wenn das Kind etwas noch nicht, es aber scheinbar bald kann, aber rechtzeitig einzuschreiten, wenn die Spannungstoleranz des Kindes überschritten ist. Wichtig ist, dass die Eltern das kindliche Erleben sprachlich begleiten: »Oh mein Schatz, du strengst dich jetzt so sehr an und dennoch klappt es nicht. Das macht dich aber ärgerlich.« Das Baby versteht den Inhalt der Worte nicht, doch spürt es am Klang der Stimme, dass sich die Eltern entlang seines Erlebens bewegen, dass sie sein Erleben und seinen körperlichen Ausdruck »gelesen haben« und beides – quasi parallel – in

Worte fassen. Sprechen die Eltern mit stimmigen Tönen und einem dazu stimmigen Gesicht, fühlt sich das Kind in seinem Sein gesehen und akzeptiert, es hat das Gefühl, dass die Eltern bei ihm und seinem Erleben sind und nicht in eigenen Spannungen und Ängsten hängen. Eine gelungene Abstimmung ist somit ein wichtiger Bestandteil dieses frühen betonten spielerischen Umgangs mit den Gefühlen des Babys. Diese Interaktionen vermitteln eine Ahnung über den eigenen Gefühlszustand und führen somit zur Ausbildung von komplexen inneren Bildern über sich selbst und die Umwelt. Auf der Grundlage dieser inneren Bilder entwickelt das Kind in der Folge ein basales Selbstempfinden (vgl. Stern 1985).

7.3.3 Spielerisches Erkundungsverhalten

Durch die weitere Reifung der Sinne und der Motorik werden zielgerichtete Handlungen möglich. Mit dem Greifen und Heranziehen (»be-greifen«) von Gegenständen und durch das Sich-Bewegen im Raum erforscht das Kleinkind seine Umwelt und baut sich ein Verständnis von der vorhandenen Wirklichkeit auf. Schon 1633 formulierte der große Pädagoge Comenius: »Es gelangt nichts in den Verstand, was nicht zuvor in den Sinnen war«. Unermüdlich und als beständiger kleiner Forscher erweitert und verfeinert das Kind das jeweilige Bild seiner Welt.

Das frühe Spiel ereignet sich somit im Wesentlichen in der Affektabstimmung zwischen Mutter/Eltern-Kind und stellt die Grundlage kindlicher Spielfähigkeit dar. Aus diesem Erleben schöpft das Kind die Kraft für die nächsten Herausforderungen. Es lernt dabei aber auch in angemessener Form, dass negative Gefühle zum Leben gehören, dass gequengelt und geschimpft werden darf und dass dieser Prozess des Voranschreitens gelegentlich ein mühsamer ist. Wenn das Kind durch Eigeninitiative dann aber doch zum Erfolg kommt, es z. B. sein Spielzeug erreicht oder ein Hindernis bewältigt hat, erlebt es wie ein König diese positive Erfahrung, welche Selbstvertrauen und Zuversicht vermittelt. Das Kind entwickelt dabei die Fähigkeit, Zusammenhänge zwischen seinem eigenen Verhalten und Ereignissen in der Umwelt wahrzunehmen und es durchlebt die dabei ablaufenden Gefühle, die die Eltern als Freude, Spannung, Stolz, Ärger, Traurigkeit usw. erspüren und sprachlich begleiten. Es entdeckt in diesem Kommunikationsspiel Regelhaftigkeit und Voraussagbares. Es stellt z. B. fest, dass der Löffel grundsätzlich nach unten fällt und niemals nach oben schwebt. Es lauscht nach dem Geräusch, das der Löffel macht, wenn er fällt. Wenn andere Gegenstände fallen und Geräusche machen, entdeckt es Unterschiede. Das Kind bekommt Lust darauf, neue Handlungen zu planen und wenn möglich durchzuführen und neue Fertigkeiten und Lösungen und Strategien für immer komplexere Phänomene zu finden.

Sobald das Kind etwas Neues, Aufregendes findet, etwas, das es bis dahin noch nicht erforscht hat, wird es begleitet von Gefühlen der Anspannung und Erregung; hier braucht es gelegentlich wieder einen Begleiter, der diese Erregung mitträgt.

Welterkundung auf Mutters Schoß

Die Filme der Universitäts-Kinderklinik Zürich zum Erkundungsverhalten in den ersten Lebensjahren (Kienz et al. 1999) zeigen anschaulich und eindrücklich, zu welch intensivem, höchst aufregendem und dennoch lang andauerndem konzentriertem Erkundungs- und Spielverhalten selbst sehr junge Kinder in der Lage sind, wenn sie dabei auf dem Schoß der Mutter sitzen und über den Körperkontakt Regulation erfahren. Der mütterliche Körper ist ihr sicherer Hafen und deswegen können sie hellwach, neugierig und zielstrebig mit allen Sinnen die Welt erkunden. Auf sich alleine gestellt müssten sie sich selbst um die Binnenregulation des hohen Erregungsniveaus durch die zu verarbeitenden Reize kümmern und könnten sich in der Folge nicht »unbekümmert« der Außenwelt zuwenden.

Um eine neue Erfahrung integrieren zu können, bedarf es häufig einer Rückversicherung, z.B. über den Blick. Im ersten Jahr braucht der Säugling wenig Spielzeug: etwas, das sich bewegt, ein paar bunte Rasseln, Klanghölzchen und kleine Stofftierchen reichen vollkommen aus. Viel wichtiger ist das gemeinsame Spiel über den Körper, über die Mimik, Gestik und die Prosodie, die sog. Protokonservation, in den aktiven Wachzeiten des Kindes. Zu viel Spielzeug ist reizüberflutend und stört den direkten Kontakt zwischen Eltern und Kind.

In diesem Spiel, in dem das Kind zu neuem Wissen gelangt, spielen Leistungsanforderungen überhaupt keine Rolle, ausschließlich Freude an der Gemeinsamkeit, am Erleben von Bewegung und das Hochgefühl von Wirksamkeit sind bedeutsam. Das Kind hat dabei sein eigenes Tempo; es möchte beim Spiel – sei es beim Verarzten oder auf dem Bauteppich – den Ton angeben und die Eltern sollen ihm folgen. Es hat seine eigenen Vorstellungen vom Ablauf, und seine Vorstellungen davon, *wie* mit einem Gegenstand gespielt werden soll, weichen häufig von den erwachsenen Ideen ab. Anfangs nimmt es die Dinge in den Mund und versucht dadurch Informationen über deren Beschaffung zu erhalten. Dieses orale Erkunden ist ein Spielverhalten, das etwas später von manuellem Erkunden abgelöst wird. Noch später kommt visuelles Erkunden hinzu und allmählich lernt das Kind die verschiedenen Sinnesmodalitäten geschickt miteinander zu verbinden. Mit Ausdauer und Intensität werden in körperlicher Nähe zu wichtigen Bezugspersonen Aspekte und Beschaffenheiten der materiellen Welt untersucht; dieses intrinsische, konzentrierte und unermüdliche Explorieren bildet die Basis für die spätere Freude an kognitiver Expansion. Das Spiel gibt aber auch den Eltern die Möglichkeit, Einblick in die innere Welt ihres Kindes zu gewinnen und bietet ihnen die Chance, ihrem Kind eine abgestimmte Unterstützung zu geben. Interessen werden spürbar, Aufnahmebereitschaften, unterschiedliche Stimmungslagen und Toleranzgrenzen. Dieses Erfassen setzt bei den Eltern ein nahes Beim-Kind-Sein und gleichzeitig ein abgegrenztes Erleben voraus, um die Grenzen zwischen Ich und Du erlebbar zu machen. Wenn allmählich eine größere Beweglichkeit hinzukommt, balanciert das Kind im Spiel sein Bindungs- und Erkundungsverhalten aus. In der Anwesenheit der für das Kind wichtigsten Menschen fühlt es sich sicher und diese Sicherheit ist notwendig, um mutig auf Entdeckungsreise gehen und spielen zu können. Das Bindungsverhalten ist somit für das Erkundungsverhalten des Kindes wichtig, und dieses Erkunden wiederum ermöglicht Lernen und das Sammeln von Erfahrungen. Ein Kind, dessen Bindungsbedürfnisse zuverlässig erfüllt werden, wird daher selbstbewusst und neugierig sein. Ganz spielerisch, ohne dass bewusst übers Lernen nachgedacht wird, erleben Eltern im Spiel, wie viel Unterstützung ihr Kind benötigt und was ihm schon zugetraut werden kann. Sie lernen seine Bindungsbedürfnisse nach Schutz und Zuwendung ebenso kennen wie seinen Drang nach Erkundung und Spiel. Für das Entstehen einer sicheren Eltern-Kind-Bindung gehört somit auch das Zugeständnis eines Freiraumes zur Exploration mit der Möglichkeit der Rückkehr zur sicheren Basis.

7.3.4 Spielverhalten mit Symbolcharakter

Wenn in der frühen Säuglingszeit und im ersten Lebensjahr dieser »Eltern-Kind-Spieltanz« ausreichend und die orale, manuelle und visuelle Welterkundung sättigend verlaufen sind, findet das Kind allmählich in das von den Eltern abgesetzte und abgegrenzte kindliche Symbolspiel hinein. Kindliches symbolisierendes Spiel entwickelt sich somit nicht von allein, sondern es bedarf dieses zuvor beschriebenen Fundaments. Während das Spiel im ersten Lebensjahr zunächst überwiegend durch sensomotorische Abläufe gekennzeichnet ist, entsteht nun das symbolisierende »Als-ob-Spiel«, in dem der anfangs beschriebene »Spielraum« zwischen Realität und Fantasie ausgefüllt wird.

Der Weg dahin ist – wie dargestellt – etappenreich: Er beginnt mit den frühen Blick- und vergnüglich juchzenden Zwiegesprächen, mit den Nachahmungs- und rhythmischen Interaktionsspielchen bis hin zu jenen Momenten – vielleicht gegen Ende des ersten Lebensjahres – in denen eigene Initiativen, z. B. das Spiel mit der Stimme, das Erkunden von Schubladen, das krachmachende Bearbeiten von Töpfen – auch ohne elterliche Begleitung – an Reiz gewinnen. Gerade wenn dieses Stadium erreicht wird, ist es von großer Bedeutsamkeit, dass das Spiel seinen intrinsischen und individuell-symbolischen Charakter weitgehend bewahren darf, dass es seitens des Erwachsenen nicht zum bloßen Beschäftigungsprogramm degradiert wird, und das Kind nicht mit Spielzeugen überfüttert und es einem permanenten Unterhaltungs- und Lernprogramm ausgesetzt ist. Das Kind hat sonst keine Chance mehr, Alltagssituationen durch eigene Initiative zu erkunden und diese individuell im Zeitmaß und im eigenen Rhythmus zu bewältigen und zu steuern.

In der Ausgestaltung von Als-ob-Situationen – ich tue so, als wenn ich einkaufen gehe, indem ich Mamas Schlüssel, ihre Schuhe und eine Plastiktüte als Handtasche nehme – macht sich das Kind nun eine weitere Realität verfügbar. Mit symbolischen Gesten und Handlungen setzt es Erfahrungen und Ereignisse in Szene, die von realen Ereignissen und Gegenständen entkoppelt sind. Das Spiel ist geprägt von Intensität, Ernsthaftigkeit, Freude, Kreativität und Konzentration; es folgt einem inneren »Faden« und führt zu Zufriedenheit und Sättigung. Gerade wenn das Leben manchmal schwer ist und es zu »Auseinander-Setzungen« mit wichtigen Menschen kommt, vermag das Kind mittels dem Spiel sowohl zu »Er-Lösungen« zu gelangen als auch die Eigenbesetzung zu erhöhen, was der psychischen »Abnabelung« dient, da das Spiel die Erfahrung mit sich bringt: »Ich schaffe es auch alleine!« Ängste können »abgearbeitet«, Wut und Enttäuschung abgebaut und in diesem »Spiel-Raum« heilsam bewältigt werden (vgl. Streeck-Fischer 2009).

7.3.5 Das Symbolspiel mit anderen Kindern

Wenn Kinder in den frühen Jahren mit anderen Kindern zusammenkommen, ist es eher ein »Nebeneinander-« als ein »Miteinander-Spielen«, da die Perspektive des anderen noch nicht verstanden wird. Ganz allmählich entwickelt sich die kommunikative Form des Symbolspiels. Wenn diese Stufe erst einmal erreicht ist, gewinnt das Spiel mit anderen Kindern eine große Bedeutung, da nun verschiedene Rollen des realen Lebens im »Als-ob« agiert und nach kindlichen Vorstellungen in Szene gesetzt werden können. Dabei gewinnt das Sich-hinein-Versetzen in den anderen allmählich an Bedeutung, denn letztendlich müssen zwei Vorstellungswelten miteinander – zumindest teilweise – in Abstimmung gebracht werden. Es kommt zu einem kreativen Austausch: symbolisch wird gekämpft, geliebt und die Welt erobert, was gemeinsam – auch wenn nur »als ob« – noch viel schöner sein kann. Man stelle sich beispielsweise zwei Kinder vor, die miteinander Cowboy und Pferdedieb spielen, die sich verfolgen und bei dem einer den anderen »totschießt«. Der, der »getötet wurde«, wird das Sterben auf dramatische und übertriebene Weise spielen und dabei deutlich machen, dass er nicht wirklich stirbt, sondern er wird den Kampf triumphierend weiterführen. Auf diese Weise bewältigen die Kinder die Konkurrenz- und rivalisierenden Impulse, die als Phantasien und nicht als Realität begriffen werden. Wenn ein Erwachsener in ein derartiges Spiel mit hineingezogen und mit Ärger oder Furcht auf die Spielanforderung reagieren würde, erhielten diese aversiven Phantasien eine spezifische reale Qualität und beim Kind würde in dieser Situation die Differenz zwischen Phantasie und Realität verschwimmen. Wenn die Erwachsenen in derartige Spiele verbietend eingreifen, nehmen sie den Kindern die Möglichkeit, den Unterschied zwischen Realität und Phantasie zu erkennen, was ein ureigenstes Element des kindlichen Spiels ist. Diese Form des symbolischen Spiels hat aber auch affektregulierende Funktion, da intensive Gefühle und Erregungen in eine Gestalt gegossen werden, in der sie authentisch und gleichzeitig etwas entfremdet sind; Letzteres hat entängstigende Funktion. Dadurch wird eine Überflutung vermieden und das Kind schafft in angemessener Form eine Selbstregulation.

7.3.6 Das Heranführen an Regelspiele

Die immer größer werdende Dezentrierung und die daraus resultierende Distanz zu den Dingen ermöglicht das langsame Heranführen an vorgegebene Spiele, z. B. an Regelspiele, wobei es von größter Bedeutsamkeit ist, die Spannungstoleranz des Kindes sowohl in Bezug auf die Zeit als auch auf die Fülle der Aufgaben und vor allem auf das Gewinnen und Verlieren im Spiel nicht zu überreizen. Nicht umsonst heißt eines der berühmtesten Spiele »Mensch ärgere dich nicht« – kein Spiel, das zunächst für Kinder gedacht war. Im Kindesalter ist es für das Kind fast unmöglich, innerhalb der Familie zu verlieren, da es die Erwachsenen ohnehin im Besitz so vieler Möglichkeiten sieht. Insofern arten gemeinsame Regelspiele in der Familie – noch dazu wenn dann mehrere Kinder vorhanden sind – häufig in heftigste Streiterei aus, weil die kindliche Bewältigungskompetenz bei Niederlage und Frustration häufig überschätzt wird. »Verlieren« kann ein Mensch erst dann, wenn er über ein altersentsprechendes Selbstbewusstsein verfügt, das dem Gefühl der Niederlage standhalten kann. Aber auch das konkurrierende Rollenspiel ist quasi ein »Symbolspiel«, da im Leben außerhalb der Kinderstube das Streben nach Erfolg nicht ohne Rivalisieren und Konkurrieren abläuft.

Das Erlernen dieser notwendigen Strategien für den Lebenskampf beginnt in angemessener Form in der späten Kindergartenzeit – und vor allem auch an diesem Ort. Auch bei diesen Spielen – selbst beim schon etwas größeren Kind – ist die behutsame und affektregulierende Begleitung eines Erwachsenen meist vonnöten, da die Bewältigungskompetenz des Konkurrenzstresses bei den meisten Kindern – insbesondere bei Jungen – relativ schnell ausgereizt ist.

7.4 Vom frühen kreativen Spiel hin zum bindungsorientierten außerfamiliären Lernen

Nachgezeichnet wurde im vorausgehenden Abschnitt die Entwicklung der kindlichen Spielfähigkeit, die ihre Ursprünge im intimen körperlichen, freudvollen Umgang mit nahen Bezugspersonen hat; dieses emotionale Miteinander – als abgestimmter Tanz beschrieben – ist gleichzeitig Voraussetzung für die ersten intensiven Lernerfahrungen im Leben. Der Raum und die spielerischen Möglichkeiten erfahren immer größere Differenzierung und Ausgestaltung und werden von Lernprozessen begleitet.

Wenn sich die vertrauten Fürsorgepersonen auf diesen »Tanz« mit dem Kind, auf seinen Erkundungsernst, seine Vehemenz beim Welterobern und auf seine Kommunikationsmöglichkeiten einstellen (was Zeit und Geduld erfordert), können sich im Kind die Fähigkeiten zur Konzentration und Frustrationstoleranz entwickeln, die nötig sind, um den späteren – schulischen – sehr anspruchsvollen Anforderungen in Bezug auf Selbstorganisation und schulisches Lernen gerecht zu werden.

Die entwicklungsorientierte Pädagogik – beginnend im Kindergarten und später in der Schule –, die die Erkenntnisfortschritte der Bindungs- und Affektregulationstheorie mit in Betracht zieht, sollte um die Bedeutung der Bindungssicherheit als Voraussetzung für produktives und kreatives Lernen wissen. Die heute als so wichtig erachtete Bildung ist für den sich entwickelnden Menschen nur dann erstrebenswert und entwicklungsbereichernd, wenn sie in einer sicheren Bindung verankert ist. Späteres außerfamiliäres Lernen setzt die beschriebenen familiären Prozesse voraus und sollte auf deren Grundlagen bindungspädagogisch aufbauen (Rass 2010). Fast jedes Kind wird spätestens ab dem Grundschulalter, meist jedoch schon in der Kleinkindzeit aufgrund der tendenziell zunehmenden Erwerbstätigkeit der Mütter immer früher einer außerfamiliären Erziehung zugeführt. Die Fremdbetreuung beträgt täglich (die Schlafenszeit ausgenommen) fast mehr Stunden, als die familiäre Betreuung. Dem entsprechend müssten die aus der Bindung- und Affektregulationsforschung gewonnenen Einsichten auch in das Feld der professionellen Erziehung hineingetragen werden. Das Wissen, dass Bindungssicherheit und Entwicklungs- bzw. Explorationsstreben und konzentriertes Lernen in Wechselwirkung miteinander stehen, lässt die Tragweite bindungstheoretischer und affektregulierender Maxime für die Arbeit im Großrahmen der Pädagogik erahnen (vgl. Rass 2007b). Die Herstellung einer guten Beziehung zur pädagogischen Betreuungsperson, d.h. eine bindungspädagogische Beziehung, die immer auch Aspekte des spielerischen und abgestimmten Tanzes beinhalten sollten, ist notwendig, da nur mit dieser emotionalen Verankerung Lernen Freude macht und wirklich Zuwachs bringt. Das heutige pädagogische Betreuungsfeld, vor allem das Schulsystem, ist eher bindungsvermeidend angelegt (Brisch 1999), was insbesondere für einen Heranwachsenden aus einer Familie, die ihn emotional nicht gestärkt hat zum Schaden werden kann. Leider ist auch schon die frühe Kindheit verstärkt auf Bildungsvermittlung ausgerichtet, und die Erzieherin versteht sich häufig als »frühe Lehrerin« und weniger als die beständig anwesende »Tante«, d.h. die vertraute Bindungsperson der früheren Kindergarten-Generationen. Nannte man noch vor nicht allzu langer Zeit die Kinder im letzten Kindergartenjahr »Vorschulkinder«, so werden sie heute als »Schulanfänger« bezeichnet. Lernen in jeder Form – so auch das soziale Miteinander – wird schwer, wenn der Heranwachsende sich über weite Strecken des Tages, in denen er sich vor vielfältige und schwierige Lebens- und Lernaufgaben gestellt sieht, und statt in einem emotionalen Raum in einem bindungs- und beziehungslosen Niemandsland bewegt, dass ihm sowohl Sicherheit als auch die Regulation und somit grundlegende Aufwuchsbedingungen vorenthält. Ein Kind, das in den vorausgegangenen Entwicklungsjahren nicht die emotionale Stützung erfahren hat, die mit den allerersten spielerischen Interaktionen zwischen Eltern und Kind beginnt, trägt somit nur ein wenig sicherheitsgebendes Fundament für den späteren sehr anspruchsvollen Prozess der Konzentration und des Lernens mit sich, und somit wird deutlich, wie unendlich wichtig die verschiedenen Formen des kindlichen Spiels für die Ausgestaltung des mentalen Systems sind. Die Wiederbelebung der »altmodischen« Vorstellung von der Wichtigkeit des kindlichen Spiels sollte stärker ins Bewusstsein der Erwachsenen geraten, und das Spiel als bedeutsamer und wesentlicher Baustein in der kindlichen Kultur eine Reorganisation erfahren.

Die heutige Welt der Kinder, die von der Macht der virtuellen Bilder (Hüther/Pfeiffer 2009), von der Schnelllebigkeit eines von Erwachsenen konzipierten und an ihnen orientierten Bildungs- und Leistungsbild geprägt ist, kann Unbehagen erzeugen (vgl. Bickel/Hierdeis 2009), da Entwicklungsräume, die für das Kind unbedingt notwendig wären, somit enorm geschrumpft sind. Erinnert sei an dieser Stelle an Michael Endes »Kinderdepots« in seinem »Momo« (1973), wo der sensible Kinderbuchautor die Kinder als »Zeitsparer« beschrieb, denen – seither immer mehr – ihr intrinsisches und die Zeit vergessen lassendes Spielen abhanden zu kommen droht.

8
Von Natur aus anders – geschlechterspezifische Unterschiede

Die bisherigen Ausführungen machen deutlich, wie notwendig die Beschäftigung mit dem Thema Mutter und Mütterlichkeit sowie mit Vater und Väterlichkeit ist. Während seit den 1970er Jahren weibliche Konzepte und weibliche Identität, Mutterschaft und Mütterlichkeit in vielen Studien thematisiert wurde, haben die Themen »Mann« und »Vater« erst in den letzten Jahren große Bedeutung in der Wissenschaft und in den Medien gefunden. Lange haben sich die Humanwissenschaften auf die Erforschung der Mutter-Kind-Beziehung konzentriert und den Vater außen vor gelassen. Dieses Defizit wurde im Laufe der umfangreichen Säuglings- und Bindungsforschung erkannt und es wurden zunächst Untersuchungen zur schädlichen Wirkung von Vätern durch Gewalt und Missbrauch (Seiffge-Krenke 2001c, S. 391) durchgeführt. Relativ wenige Studien befassten sich mit der »normalen« Beziehung zwischen Vätern und ihren Kindern, dennoch setzte sich allmählich der Gedanke durch, dass nicht eine gute Mutter allein das Gelingen der Erziehung und ein glückliches Leben der Kinder garantiert. Dieser Perspektivenwechsel, nämlich neben der Mutter auch den Vater zu sehen, führte zur Verschiebung der Verantwortung auf die Gemeinschaft der Eltern. Entwicklungspsychologische Befunde belegen, wie wichtig Väter für die Entwicklung ihrer Kinder sind. Sie ergänzen die Mutter in ihrem Beitrag zu Erziehung und Versorgung, sie sind Rollen-Modelle, Spielpartner, Lehrer, und sie stellen immer noch häufig den Lebensunterhalt sicher.

Der Vater ist neben der Mutter meist die wichtigste frühe Bindungsperson des Kindes. Intensive Bindungserfahrungen mit mehr als einer primären Bezugsperson vermitteln dem Kind ein größeres Spektrum an affektiven Erlebensmöglichkeiten. Von den Kindern werden die Väter von klein auf in der Regel als primäre Bezugspartner erlebt, die anders als die Mütter sind und die durch die Vermittlung von Alternativerfahrungen im Alltag zur Relativierung innerfamiliärer Beziehungsbedingungen beitragen. Daneben prägen sie die Kommunikationsformen mit, die für das Kind als Modell bei der Etablierung von Umgangsformen auch außerhalb der Familie von großem Einfluss sind. Die Existenz eines zweiten Sozialisationsmodells erweitert den Erfahrungshorizont des Kindes, was nicht unterschätzt werden darf. Dem Kind wird somit die Erfahrung des Unterschiedes von mütterlichen und väterlichen Kommunikationsmodi in der jeweiligen Mutter-Kind- oder Vater-Kind-Beziehung ermöglicht.

So wundert es nicht, dass das Thema »Vater« innerhalb der empirischen Familienforschung nunmehr einen eigenständigen Forschungsgegenstand darstellt, was an zahlreichen Veröffentlichungen (z. B. Fthenakis 1999; Bürgin 1998a; H. Walter 2002, 2008; DJI Bulletin 83/84 2008) bis hin zur Europäischen Väterkonferenz im September 2004 in Wien abzulesen ist.

In dem Maße, in dem das Thema »Mann«, »Männlichkeit«, »Vater« und »Väterlichkeit« zum Forschungsgegenstand wurde, geriet ein anderes Problemfeld verstärkt in den Fokus der sozialpsychologischen Aufmerksamkeit: Immer mehr Jungen stellen sich als besorgniserregend und auffällig dar, und somit kommen auch Fragen auf, welche Ursachen sich hinter diesem Phänomen verbergen.

Dies macht es notwendig, multidisziplinäre Erkenntnisforschritte bezüglich der Geschlechterunterschiede heranzuziehen, um geschlechtstypische Verhaltensweisen sowohl beim Mann als auch beim männlichen Kind erklären zu können. Forschungsbefunde belegen, dass die aktive und verantwortungsvolle väterliche Mit- und Ausgestaltung des Lebensalltages des Sohnes für die Entwicklung einer stabilen und stimmigen Persönlichkeitsstruktur dringlich notwendig ist. Diese verantwortungsvolle Väterlichkeit ist natürlich auch für die heranwachsende Tochter von Bedeutung, doch soll in diesem Kapitel die besondere Rolle der Vaterbeziehung für die Identitätsentwicklung des Jungen herausgehoben werden, da es in den letzten Jahren verstärkt die Jungen sind, die scheinbar zum Problem werden. In der feminisierten Erziehungs- und Bildungswelt haben die heranwachsenden Mädchen einen deutlich »besseren Stand«, was natürlich auch einer Erklärung bedarf. Doch sind es die Jungen, die in den letzten Jahren verstärkt ins Blickfeld der psychologischen und pädagogischen Aufmerksamkeit geraten sind.

8.1 Heldendämmerung? Der Zeitgeist und die Krise der Jungen

Schon im Kindergarten wirken die kleinen Buben mal rüde, mal überempfindlich; sie verhalten sich, wie frühere Kindergenerationen dies erst in der Pubertät taten. Sie sind wild, hyperaktiv und ungesteuert. Das Thema »Jungen« ist sowohl in den Medien als auch in der Wissenschaft zunehmend präsent; mehr und mehr Bücher und Aufsätze erscheinen dazu im wissenschaftlichen und populären Bereich (z.B. Tast/Romberg 2003; Beuster 2006; Sax 2007; S. Pinker 2008; Sauter 2008; Familienministerin Schröder/M. Spiewak, 2010; Brinck 2010).

Von einer »Krise der Jungen« (Dammasch 2008) oder sogar »Jungenkatastrophe« ist inzwischen die Rede. Hinter diesem Phänomen verbirgt sich bei näherer Betrachtung eine andere Krise: eine Krise unserer Gesellschaft. Das Männliche per se ist in die Diskussion und Kritik gerückt. Dabei findet eine historisch bislang beispiellose kritische Auseinandersetzung bis hin zu einer starken Abwertung statt (vgl. Matzner/Tischner 2008, S. 9). In dieser zweifelsohne notwendigen Diskussion, in der es um die Bedeutung von »Mann«, »Vater«, »Väterlichkeit«, »männlichem Kind« und »männlichem« Heranwachsenden geht, ist es nicht einfach, die Spreu vom Weizen zu trennen. Insbesondere der Neurobiologie gelang es jedoch, geschlechtsspezifische Unterschiede aufzuzeigen. Zudem konnte nach und nach die psychische Disposition der Geschlechter (entlang der Evolution) herausgearbeitet werden (vgl. Bischof-Köhler 2002, 2008).

Nach wie vor ist es nicht einfach, vergleichend über beide Geschlechter zu sprechen, da sich sehr schnell Widersprüche ergeben und die Emotionen hochkochen. Dennoch ist es ungemein wichtig, dass mit dem Emanzipations-Prozess der Frau und der nun durchgesetzten Gleichberechtigung in individueller, rechtlicher und wirtschaftlicher Hinsicht ein Prozess in Gang kommt, der sich mit dem in diesem Zuge entstandenen Problem des veränderten Rollenverhältnisses zwischen Mann und Frau beschäftigt (ebd.) (vgl. auch H. Walter 2008).

Die starke Aufmerksamkeit, die männliche Heranwachsende seit geraumer Zeit in der Forschung und Bildungspolitik erfahren, ist vor allem durch die internationalen Schulleistungsstudien angeregt worden. Viele Berichte (z.B. PISA) verweisen dezidiert darauf, dass die Mädchen die Jungen in vielen Bildungsbereichen inzwischen überflügelt haben (Schultheis 2008, S. 366). NC-relevante

Fächer werden verstärkt von jungen Frauen studiert, da ihre Abiturabschlussnoten den diesbezüglichen Notenerfordernissen eher entsprechen. Generell fallen schulische Leistungen und Schulabschlüsse zu ungunsten der Jungen aus. Doch lässt das aktuelle Interesse an den Leistungsdefiziten der Jungen vergessen, dass es sich hier um kein neues Problem handelt. Historisch gesehen zeigen Jungen seit jeher schwächere schulische Leistungen, was aber früher nie als Jungenproblem behandelt worden war. Bis in die 1970er Jahre ist zurückzuverfolgen, dass Jungen in Sonderschulen überrepräsentiert und im Primär- und Sekundarstufenbereich stärker von Klassenwiederholungen betroffen und insgesamt die schlechteren Schüler sind (ebd. S. 367). Die Tendenz der Jungen, Schule als Zeitverschwendung zu erachten, wird bereits in der Einstellung von »Tom Sawyer« liebevoll dargestellt. Auch Astrid Lindgren beschreibt in »Michel aus Lönneberga« sensibel nachempfunden die Psyche eines Jungen voller intuitiver Einfälle, die in den Augen der Erwachsenen im Wesentlichen Unfug bedeuten (Singer 2008, S. 95). Es scheint der nun sichtbar werdende »Erfolg« der Frauen und Mädchen zu sein, der das schon seit vielen Jahren in der Bildungsforschung vorhandene Wissen, dass Jungen leistungs- und bildungsschwächer sind, für alle erkennbar macht. Durch länderübergreifende Untersuchungen wird deutlich, dass Jungen scheinbar sozialisatorisch für die Erfordernisse der Moderne – egal, ob es um Bildung, um Beziehungsgestaltung oder um den Beruf geht – schlechter ausgestattet sind. Schon seit Jahrzehnten ist bekannt, dass Jungen psychotherapeutische und psychiatrische Ambulanzen und Erziehungsberatungen mit ihren störenden externalisierten Verhaltensauffälligkeiten weitaus zahlreicher füllen als Mädchen (vgl. Schultheis 2008; S. Pinker 2008); und dass junge Männer mehr Autounfälle verursachen und häufiger in kriminelle Delikte verwickelt sind (DER SPIEGEL 39/2008, S. 62). Dieses nun deutlicher ins Bewusstsein der Verantwortlichen geratene Wissen führt zwangsläufig und konsequenterweise zur Erforschung der dahinterliegenden Gründe.

8.2 Geschlechtstypische Verhaltensweisen

Beobachtungen in einem spanischen Hotel: Eine Großmutter steht mit einem etwa zwei Jahre alten zweigeschlechtlichen Zwillingspärchen vor einem Fahrstuhl, dessen Knopf sie gedrückt hat. Der Fahrstuhl kommt, die Tür geht auf und ein Wäscheboy des Hotels schiebt auf einem großen rollenden Gestell einen Berg von Handtüchern aus dem Fahrstuhl heraus. Der Wagen rattert lärmend über den Betonboden. Die Großmutter mit den beiden Enkelkindern an der Hand will in den Fahrstuhl einsteigen. Doch der kleine Junge reißt sich los, um fasziniert und freudig erregt hinter dem Wäscheboy mit seinem lärmenden Rollgestell her zu rennen – das Geschimpfe seiner Großmutter nicht beachtend –, während die Schwester immer noch brav an deren Hand ist.

Frühlingsszene im Park: Eine Mutter schlendert mit ihrem etwa eineinhalb Jahre alten zweigeschlechtlichen Zwillingspärchen über eine Wiese. Während das kleine Mädchen ein Gänseblümchen entdeckt und sich niederbeugt, um es zu pflücken, vertreibt ihr kleiner Bruder schreiend und jagend eine grasende Ente.

Die Frage, ob geschlechtsspezifische Verhaltensunterschiede in erster Linie genetisch programmiert oder sozial erworben sind, führt immer noch zu Grabenkämpfen, obwohl die inzwischen vorhandenen multidisziplinären Erkenntnisfortschritte zu diesem Thema neue Wege eröffnen (vgl. Baron-Cohen 2003; Jones 2003; Strüber 2008; Hüther 2008, 2009). Man sollte sich demnach hüten, traditionelle Rollenvorstellungen als unreflektiert übernommene Stereotype zu verdammen, denn es gibt sowohl lebensbejahende Rollenvorstellungen – z.B., dass der Vater mit seiner Körperkraft die Familie schützt – als auch solche, die schädlich und entwicklungshemmend sind – z.B. die Frau als Heimchen am Herd. In der Folge der vorherrschenden Besetzung dieses Themas durch die Sozialwissenschaften galten lange Zeit Sozialisationseinflüsse als allein verantwortlich für die Entstehung geschlechtstypischen Verhaltens. Obwohl derartige

Effekte zweifelsohne eine Rolle spielen, kann die Bedeutung evolutionär erworbener geschlechtsspezifischer Verhaltensdispositionen nicht länger geleugnet werden. Es ist davon auszugehen, dass den Geschlechtsunterschieden im Verhalten *immer* eine Wechselwirkung zwischen Anlage- und Umweltfaktoren zugrunde liegt. In der dominierenden Gendertheorie wurde das Geschlecht als biologische Tatsache durch einen simplen Trick aus dem Verkehr gezogen. Es wurde gegen das »soziale Geschlecht« ausgetauscht, welches ausschließlich erlernt sei, während das biologische Geschlecht fortan nicht mehr relevant ist (vgl. Matzner/Tischner 2008, S. 12; Bischof-Köhler 2008; Strüber 2008). Das biologische Geschlecht wurde zur »sozialen Konstruktion« erklärt. Doch erlaubt die von den eher feministisch orientierten Erziehungs- und Sozialwissenschaftlern wenig geschätzte Evolutionstheorie einen Blick auf die gattungsgeschichtlichen Wurzeln geschlechtstypischen Verhaltens, die viele Tausende von Generationen zurückreichen, was in der Bedeutung die relativ kurze Kultur- und Zivilisationsgeschichte des Menschen weit überwiegt (Matzner/Tischner 2008, S. 12). »Die genetischen Unterschiede zwischen Männern und Frauen stellen alle anderen Unterschiede im menschlichen Genom in den Schatten« (Page zitiert nach Brinck 2005, S. 33). Eine Betrachtung der Geschlechterdifferenz kann heute nicht mehr von einer Wissenschaftsdisziplin alleine geleistet werden. Vor dem Hintergrund neuer biowissenschaftlicher Erkenntnisse sollte ein interdisziplinärer Zugang erfolgen.

Bestimmte geschlechtstypische Verhaltensweisen sind bereits von Geburt an nachweisbar: Jungen sind sogar schon im Mutterleib aktiver als Mädchen, sind vom ersten Lebenstag an impulsiver, störbarer, schlechter zu beruhigen, emotional rascher aufgedreht und auch schneller überdreht. Gleichzeitig sind sie mit sechs Monaten durchsetzungsorientierter und nehmen anderen Kindern schneller ein Spielzeug weg als gleichaltrige Mädchen. Jungen sind schon in dieser frühen Zeit explorativer, nähern sich eher einem neuen Spielzeug und lassen sich von Unbekanntem nicht so leicht ängstigen. Die Vorliebe für alles Technische und für alles, was mechanisch funktioniert, zeigt sich bereits bei zehn- bis zwölfmonatigen Jungen. Schon früh zeichnet sich die Vorliebe für spielerisches Raufen und eine Tendenz zu riskanten Verhaltensweisen ab. Sie probieren vieles impulsiv aus, ohne Gefahren zu berücksichtigen (no risk – no fun!) (Bischof-Köhler 2008, S. 19; Singer 2008, S. 87). Jungen entwickeln schon von klein auf ihre Identität durch motorische und körperliche Entfaltung im Spannungsfeld von Begrenzung und Grenzüberschreitung, was nicht nur ihre Interaktion mit anderen Kindern, sondern auch die mit Erwachsenen prägt[5].

Mädchen sind von Geburt an emotional ausgeglichener, leichter zu beruhigen, zeigen häufiger und längeren Blickkontakt und bevorzugen schon in den ersten Lebenstagen ein menschliches Gesicht, während Jungen eher vom Anblick sich bewegender Gegenstände angezogen werden (Bischof-Köhler 2008, S. 19). Dies zeigte sich bei Untersuchungen mit Neugeborenen, deren Geschlecht dem Wissenschaftler unbekannt war: Den Babys wurde einmal ein lächelndes Gesicht und ein anderes Mal ein Mobile gezeigt. Während die Jungen die Mobiles bevorzugten, wurden die Mädchen von den Gesichtern angezogen (Baron-Cohen 2003). Weiter ist zu beobachten, dass neugeborene Mädchen auf das Schreien anderer Babys häufiger als Jungen mit Gefühlsansteckung reagieren, was auf ihre spätere Neigung hindeuten könnte, im stärkeren Ausmaß mitfühlend zu reagieren. Schon als Einjährige spielen sie am Liebsten mit Stofftieren und Puppen und überhaupt mit Objekten, die eine pflegerische Aktivität ermöglichen. Diese Vorliebe der Mädchen ist kulturübergreifend und tritt auch in Kulturen auf, in denen Kinder keine vorgefertigten Spielsachen erhalten, sondern sich diese selbst gestalten (Bischof-Köhler 2008, S. 19). Dahingegen zeigen zwölf Monate alte Jungen kaum Interesse an Puppen, selbst wenn sie ihnen vom Vater angeboten werden (ebd. S. 12). Offensichtlich ist, dass Kinder in diesem frühen Alter sehr selbstbestimmt an geschlechtsbezogenen Ausrichtungen festhalten.

Der unmittelbare motorische Erkundungsdrang und das weniger mittelbare symbolische Nachvollziehen bleiben auch im Kindesalter weiter bestehen; und so schießen die Jungen lieber mit Pistolen und Fußbällen als in Ruhe zu malen oder zu lesen. Ihre Rivalitäten tragen sie lieber konkret und körperlich aus und weniger im sprachorientierten Diskurs. Sie attribuieren Erfolge vorzugsweise auf das eigene Können, Misserfolge eher auf äußere Umstände oder (scheinbar) mangelnde Anstrengung. Später schauen sie lieber Horrorfilme als Pferdebücher zu lesen. Wenn Erstklässler auf den Schulhof strömen, neigen die Mädchen selbst nach 30 Jahren Feminismus und bemühter geschlechtergerechter Erziehung zu eher gesitteten Spielen, halten Händchen und schnattern viel. Derweil rotten sich die Jungen zu Bolzgemeinschaften zusammen, brüllen, rennen und rempeln (vgl. Brinck 2005). Das bubenhaft-männliche Herangehen nimmt Zer-

5 Schon bei den alten Römern schufen Jungen Erziehungsprobleme – »sunt pueri, pueri« (Brinck 2010, S. 11).

störung gelegentlich in Kauf. (»Müssen denn Buben immer alles kaputt machen?«) Bei dieser impulsiven Jungennatur spielen auch moralische Überlegungen keine Rolle: Dass bei einer derben »Schandtat«, wie der Zerstörung eines Briefkastens nebenbei auch wichtige Post vernichtet werden könnte, wird erst im Nachhinein realisiert (Goethe: »Es war getan fast eh' gedacht«).

Es kann heute als gesichert gelten, dass Geschlechtsunterschiede im Verhalten auch mit entsprechenden Unterschieden in der Struktur und/oder der Funktionsweise des männlichen und weiblichen Gehirns einhergehen. Da das Gehirn unser Fühlen, Denken und Handeln steuert, hält die Hirnforschung immer stärker Einzug in die Untersuchung geschlechtsspezifischer Unterschiede. Mittlerweile existiert eine Fülle von Erkenntnissen über strukturelle, chemische und funktionelle Unterschiede zwischen dem weiblichen und dem männlichen Gehirn. Das zunehmende Interesse an diesen Ungleichheiten liegt darin begründet, dass sich Geschlechtsunterschiede im Hirn keineswegs nur auf jene Regionen beschränken, die mit dem Fortpflanzungsverhalten zu tun haben. Vielmehr sind auch Strukturen betroffen, die mit verschiedenen Aspekten des Denkens, Fühlens und Handels befasst sind, so dass die Befunde für zahlreiche Anwendungsbereiche von großer Bedeutung sein können, z.B. in klinischen und pädagogischen Kontexten.

Die Tatsache, dass Geschlechtsunterschiede im Verhalten eine hirnbiologische Grundlage haben, wird fälschlicherweise oft mit Unveränderlichkeit gleichgesetzt. Männliche und weibliche Gehirne unterscheiden sich zwar in vielen Aspekten, aber die Plastizität und damit Lernfähigkeit ist davon nicht betroffen. Diese Plastizität ist jedoch die Voraussetzung dafür, bestehende Unterschiede in den kognitiven und anderen Fähigkeiten ausgleichen zu können. Um von einer prinzipiellen Lernfähigkeit Gebrauch machen zu können, muss das Gehirn aber auch lernen wollen. In Anbetracht der seit mehreren Jahren im Vergleich zu den Mädchen stetig abfallenden Schulleistungen der Jungen scheint somit besonders das männliche Geschlecht vor Motivationsproblemen zu stehen. An der basalen Hirnfunktion hat sich innerhalb dieses Zeitraumes – wie schon seit 100000 Jahren – kaum etwas geändert (Strüber 2008, S. 45ff.).

Jungen kommen im Durchschnitt bereits empfindlicher und verletzbarer auf die Welt als Mädchen. Sie geraten dadurch zwangsläufig in Gefahr, durch die Probleme, mit denen sie nach der Geburt konfrontiert sind, stärker als die Mädchen verunsichert und verängstigt zu werden. Dies bedeutet, dass sie von Anfang an größere Schwierigkeiten bei der Aneignung und neuronalen Verankerung komplexer Denk-, Gefühls- und Verhaltensmuster haben. Was unter diesen Umständen in ihrem Gehirn mit großer Wahrscheinlichkeit aktiviert werden kann, sind einfachere, z.T. schon vorgeburtlich angelegte, stärker durch die Wirkung genetischer Programme geformte Verschaltungsmuster. Im Lebensalltag heißt das, dass schon kleine Jungen angesichts einer neuen, von ihnen zu bewältigenden Herausforderung mit einer größeren Wahrscheinlichkeit als kleine Mädchen auf präformierte Muster, z.B. auf die Aktivierung einfacher motorischer Leistungen, zurückgreifen bzw. zurückfallen (Hüther 2008, S. 35). Sie sind somit in Situationen, die Spannung jedweder Art hervorrufen, auf die erregungsregulierende Hilfe ihrer Fürsorgepersonen angewiesen, um auf Dauer die Fremdregulation in eine Selbstregulation überführen zu können. Diverse Studien zeigen zudem, dass der zeitliche Ablauf der Gehirnentwicklung bei Jungen und Mädchen unterschiedlich ist. Die verschiedenen Gehirnfunktionen bei Jungen und Mädchen entwickeln sich in unterschiedlicher Reihenfolge und Geschwindigkeit (Hanlon et al. 1999), was z.B. zur Folge hat, dass die meisten fünfjährigen Mädchen der zunehmenden Verschulung im Kindergartenalter eher als die gleichaltrigen Buben gewachsen sind: Sie können länger ruhig zuhören, springen nicht auf und rufen nicht dazwischen; stattdessen bringen sie feinmotorisch geschickt, sauber und geduldig Gemaltes oder Geschriebenes zu Papier (Sax 2007, S. 42).

8.3 Väterlichkeit und Mütterlichkeit: Die Bedeutung der stimmigen Differenz

Elternschaft – ob bei Söhnen oder Töchtern – heißt, stützende Bezogenheit dem Kind gegenüber auszuüben und als Erwachsener auf die phasenabhängigen verschiedenen Beziehungs- und Entwicklungsbedürfnisse einfühlsam reagieren zu können. Die Erwachsenen benötigen die Fähigkeit, die Signale, die Bedürfnisse und die Entwicklungsaufgaben ihres Kindes wahrnehmen und entschlüsseln zu können, die – wie das bisher Dargelegte zeigt – bei Jungen und Mädchen anders gelagert sein können. Die zunehmende Differenzierung der emotionalen und kognitiven Fähigkeiten des Heranwachsenden müssen in das jeweils zuvor bestehende System, das ein System in fortwährender Entwicklung ist, integriert werden; und so muss sich die Pflegeperson auf die rasch wachsende und sich schnell ändernde psychische Organisation des Kindes einstellen. Die Fähigkeit des Erwachsenen, empathisch zu handeln, hängt von seiner Möglichkeit ab, sich weitgehend als abgegrenzte Person erleben zu können und die eigenen Bedürfnisse und Gefühle (z. B. Angst und Aggression) nicht mit denen des Kindes zu vermischen oder zu verwechseln. Da der Heranwachsende verschiedene Stufen der Entwicklung durchläuft, sind die Eltern immer wieder auf diesen verschiedenen Entwicklungsstufen gefordert (A. Ornstein/P. Ornstein 1994). Elternkompetenz umfasst viel mehr als nur Erziehungskompetenz, da es bei ersterem auf eine optimale Passung zwischen den jeweils altersgemäßen Bedürfnissen des Kindes und der Gestaltung der kindlichen Umwelt durch die Eltern ankommt. In der ersten Lebenszeit geht es vor allem um eine sicherheitsgebende und auf das Kleinkind abgestimmte Eltern-Kind-Beziehung, die sich vornehmlich an den Spannungszuständen des sehr kleinen Kindes orientiert und ihm neben der Befriedigung zentraler psychischer Bedürfnisse ein Fundament von Urvertrauen im Sinne emotionalen und sozialen Aufgehoben-Seins vermittelt. Mit zunehmendem Alter gewinnt darin eingebettet der Aspekt eines aktiven und kompetenten Umgangs im Sinne von Erziehung und Bildung an Bedeutung. Zu den elterlichen Kompetenzen für diesen Prozess zählen Empathiefähigkeit, Selbst- und Fremdregulation, Respekt, Unterstützungsbereitschaft sowie das Zugestehen individueller Eigenständigkeiten. Es gilt somit, Kindern einerseits positive Entwicklungsumwelten zu schaffen und andererseits schädliche Einflüsse fernzuhalten oder potenzielle Gefahrenmomente zu entschärfen (vgl. Rass 2009).

Die Bindungsforschung zeigt, dass schon sehr kleine Kinder Beziehungen aktiv gestalten und frühzeitig zu einigen wenigen kontinuierlich anwesenden Personen Bindungen mit differenzierten und spezifischen Qualitäten entwickeln können. Der Vater ist als zweites Bindungsobjekt eine alternative Bezugs- und Bindungsperson für das Kind und unterstützt es bei der Herstellung einer sicheren Bindung zur Mutter. Zudem ermöglicht er dem Kind ergänzend zur Mutter-Kind-Dyade die Konstruktion eines weiteren psychischen Systems in Form der Vater-Mutter-Kind-Triade, womit er gleichzeitig die Individuation des Kindes fördert (Matzner 2008). Dabei sind die unterscheidenden Charakteristika des Vaters immer mehr in den Fokus der Forschung gerückt. Er geht mit dem Kind anders als die Mutter um; er unterscheidet im Umgang zwischen den kleinen Töchtern und Söhnen, während diese bei der Mutter zunächst einfach »Kinder« sind (Seiffge-Krenke 2001a, S. 54). Die väterliche Betonung der spielerischen Aktivität spricht die Motorik des Kindes an; Väter stimulieren ihre Babys visuell und akustisch stärker und haben mit ihnen einen eher vehementen, zupackenden und aufregenden Körperkontakt, während die Mütter vor allem fürsorglich interagieren und auf Nähe bedacht sind. Mit Söhnen sind Väter im Spiel tendenziell wilder und direktiver und mit ihren kleinen Töchtern eher weicher, vorsichtiger und unterstützender, womit sie offensichtlich feinfühlig auf die unterschiedlichen kindlichen Bedürfnisse reagieren. Generell sind sie herausfordernder, konfrontieren eher mit Risiken und Gefahren und belassen größere Freiräume, was dem Selbständigkeitsstreben entgegenkommt (Matzner 2008, S. 317). Väter neigen demnach eher zu größerer Heftigkeit und zu harmonieunterbrechenden, erregungssteigernden und waghalsigen Spielen mit ihren Säuglingen und Kleinkindern, während die Mütter eher das Gleichgewicht und die Kontinuität zu sichern suchen. Bedeutsam ist diese Differenzerfahrung, um die Fähigkeit zum Wechsel von dyadischen zu komplexeren triadischen Beziehungsmodi zu erlangen. Entsprechend wird dem Vater bereits eine die Triade transzendierende Funktion zugeschrieben, da er durch seinen Interaktionsstil das Kind immer wieder aus der dyadischen Beziehungsbalance herausholt (King 2002, S. 526).

Diese unterschiedlichen Verhaltensmerkmale von Vätern und Müttern sind partiell (wie schon zuvor beschrieben) vom biologischen Geschlecht bestimmt und sind – entgegen anders lautender Behauptungen – mit Blick auf eine optimale Förderung von Jungen und Mädchen nicht einfach austauschbar. Somit erhält »Vater-Sein« seine Bedeutung durch einen zweifachen Unterschied: Der Vater unterscheidet sich von der Mutter und er bekennt sich zur Ungleichheit der Geschlechter (Seiffge-Krenke 2004, S. 208f.).

Die Entwicklung der männlichen Identität geschieht sowohl über eine Abgrenzung zur Weiblichkeit in bestimmten Situationen und Phasen als auch über die Orientierung am Vater, an anderen Männern und anderen männlichen Kindern. Der Junge versucht, die positiven und negativen Gefühle seines Vaters sowie seine Zärtlichkeit und Unterstützung zu erspüren: Wie reagiert er bei Konflikten und Problemen und wie geht er mit anderen Menschen um? Welche Fragen hat er an das Leben und wie übernimmt er Verantwortung für Beruf, Familie und Freizeit? (Vgl. Matzner 2008, S. 320).

Eine große Bedeutung wird dem Vater entwicklungspsychologisch bei den wichtigen Schritten im Individuationsprozess im zweiten Lebensjahr zugesprochen. Das Kind wird sich zunehmend der Getrenntheit von der Mutter bewusst; diese wird sowohl gefürchtet als auch ersehnt. Teilweise sucht das kleine Kind den Abstand, um sich dann wieder durch das Gewahrwerden der Getrenntheit anzunähern. Gleichzeitig macht die neu erfahrbare Außenwelt neugierig und lockt zur Expansion (Mahler 1979). In diesem schwierigen und von Ambivalenzen durchzogenen Prozess spielt der Vater sowohl für den kleinen Sohn als auch für die

Tochter eine herausragende Rolle. Von großer Bedeutung ist dabei die Beziehung des Paares; vor allem auch wie der jeweilige Partner das Bild des anderen in sich trägt. So ist die Beziehung von Mutter und Sohn durch das innere Bild vom Vater bei der Mutter zu einer Triade erweitert, und der liebevolle Bezug zum Mann und seiner Männlichkeit fließt auch in die Liebe zum Sohn und zu seiner Männlichkeit ein. Die Mutter muss den Vater ihres Sohnes schätzen und ihn im Zusammensein mit ihrem Sohn als den willkommenen Dritten im Bunde betrachten. So ist der Vater auch dann anwesend, selbst wenn er körperlich nicht präsent ist. Diese zugeneigte Bejahung des Männlichen ist deshalb so wichtig, weil der Sohn eben fremdgeschlechtlich ist und die Mutter nicht einfach – wie bei der Tochter – die eigenen psychobiologischen Erfahrungsmuster als Grundlage des fantasierten und realen Zusammenseins nehmen kann (vgl. Dammasch 2008, S. 23ff.).

Verunsicherung in der psychosexuellen Identität

Es gibt aber auch Fälle, in denen der Mutter aufgrund tiefer psychosexueller Probleme der Zugang zur eigenen Weiblichkeit versperrt und sie somit in ihrer psychosexuellen Identität stark verunsichert ist. Eine solche Mutter kann es als große Bedrohung erleben, ein weibliches Kind im Arm zu halten, da dies die Verdopplung oder vielleicht sogar die Verschlimmerung der eigenen Probleme bedeuten kann. Somit kann es Situationen geben, in denen ein weibliches Kind in der Mutterbeziehung benachteiligt ist und zusehen muss, wie der Kontakt zwischen dem Bruder und der Mutter stimmiger verläuft. Umgekehrt kann es natürlich auch sein, dass der Vater in seiner eigenen Vatergeschichte viel unverarbeitetes Unglück erfuhr und er aufgrund dieses Problemfeldes keinen väterlichen Zugang zur Männlichkeit seines Sohnes hat. Da geschlechtspezifische Beziehungsaspekte nur bedingt – wenn überhaupt – identitätsfördernd vom anderen Elternteil kompensiert werden können, ist eine kontinuierliche Verfügbarkeit bedeutsamer gleichgeschlechtlicher Beziehungspersonen notwendig.

Da die Betreuung des Kleinstkindes im Wesentlichen durch die Mutter geschieht, wird in der Beziehung zum kleinen Sohn das positiv gefärbte Innenbild des Vaters umso wichtiger. Die Identifizierungsmöglichkeit der Mutter mit ihrem kleinen Sohn kann durch dessen Andersgeschlechtlichkeit nicht vollkommen gelingen. Daher gibt es schon sehr früh Differenzerfahrungen, die auf die Notwendigkeit des männlichen Dritten verweisen. Dringlich bedarf es daher des basalen Gemeinsamkeitsgefühls mit dem Vater, das die sich entwickelnde Männlichkeit des kleinen Sohnes schützt.

Vielen Männern ist nicht klar, welche Extremsituation Schwangerschaft und Geburt für die Frau darstellt. Indem sie ein Bewusstsein für die Bedürfnisse des Säuglings entwickeln, entlasten sie die erschöpfte Mutter und schenken ihr Zeit und Raum zur Erholung. Erlebt die Partnerin ihren Mann als sensibel für ihre Ängste und Nöte, und spürt sie, dass er sie stützt und schützt, dann ist es ihr wiederum möglich, auch seine Bedürfnisse zu verstehen. Nicht zuletzt profitiert dadurch auch der Mann, wenn er seine fürsorgende Vaterrolle annimmt und ausfüllt. Die innige Bindung und der intensive Hautkontakt zu seinem Baby regt auch in ihm den Brutpflegetrieb an, was dazu führt, dass in ihm Hormone (vor allem Vasopressin) ausgeschüttet werden, die diesen Instinkt verstärken. Der Testosteron-Spiegel wird dabei »heruntergefahren«

Dadurch wird das väterliche Verhalten aktiviert und die sexuelle Bedürftigkeit verringert. Der gemeinsame liebende Blick auf das Kind führt zu einer sehr befriedigenden Nähe zwischen den Partnern, die nun auch ein Elternpaar sind und bei dem das sexuelle Bedürfnis nicht im Vordergrund steht (Schore 2008; Salzman 2010). Der emotionale Zusammenhalt zwischen den Partnern wird intensiver und stabilisiert die Triade. Der Vater ist dadurch in der Lage, für Mutter und Kind ein Umfeld mit optimalen Rahmenbedingungen zu schaffen. Seine Ruhe und Zuversicht tragen auch zu einem guten Stillstart bei (vgl. Heindel 2009).

Die Geburt aus väterlicher Sicht

Testosteron ist u.a. mitbeteiligt an der »typisch« männlichen Reaktion auf großen Stress – d.h. die Aktivierung von kämpferischem, verstärkt motorischem bis hin zu aggressivem Verhalten – allesamt Verhaltensweisen, die wenig hilfreich beim Umgang mit dem sehr bedürftigen Kind und der damit identifizierten Mutter sind. Diese Stressreaktion erklärt vermutlich auch, warum viele Väter die Geburt ihres Kindes weniger positiv als bisher angenommen erleben. In einer Studie der Universitätsklinik Bonn wurde festgestellt, dass von den 171 Männern, die die Geburt miterlebt hatten, fast ein Viertel der Väter von einem »sehr schrecklichen« Geburtserlebnis sprach (Arnu 2009/2010). Für viele Männer ist ganz offensichtlich die Ohnmacht, der Frau in ihren Schmerzen und ihrer Erschöpftheit nicht wirklich helfen zu können, schwer zu ertragen. Auf die männliche Not und Ohnmacht reagiert wiederum auch die gebärende Frau, was sich nicht unbedingt positiv auf den Geburtsprozess auswirkt. In einer Studie der Universität Toronto mit insgesamt 13000 Frauen wurden Komplikationshäufigkeiten bei der Geburt analysiert. Die Anwesenheit des Vaters wirkte oft belastend. Vermutlich übertrug sich seine Hilflosigkeit und Verkrampftheit auf die Gebärende, die sich dadurch nicht mehr ausschließlich auf ihren eigenen ungemein geforderten Körper konzentrierte. Hilfreich hingegen war die Anwesenheit einer sicherheitsgebenden und zugeneigten Frau (DER SPIEGEL 40/2003, S. 168).

Diese frühe Beziehungs- und Bindungserweiterung durch einen männlichen Dritten ist für die Ausbildung der männlichen Identität des kleinen Sohnes grundlegend und stellt die Basis für die Entwicklung späterer flexibler Anpassungsfähigkeiten an wechselnde soziale und kognitive Anforderungen der außerfamiliären sozialen Realität dar. Möglicherweise ist diese positiv besetzte Beziehungserfahrung im Mutter-Vater-Sohn-Dreieck auch Grundlage für die subjektive Erfahrung von Mentalisierungs- und Reflexionsfähigkeiten (Dammasch 2008, S. 25). Die frühe Erfahrung des Getrennt-Seins des männlichen Kindes von der Mutter führt bei einem fehlenden Gemeinsamkeitsgefühl, das mit dem Vater verbinden sollte, zu partiell verarmten Beziehungserfahrungen, die die Entwicklung einer reifen männlichen Identität erschweren. Es bedarf aber der Integration männlich-väterlicher und mütterlich-weiblicher Bausteine in die Selbstrepräsentanz. Erst diese Integration ermöglicht, die Perspektive des jeweils anderen Geschlechts probeweise einnehmen zu können. Wie frühe Interaktionsbeobachtungen zeigen, scheint die Triangulierungskompetenz beim Jungen stärker als beim Mädchen von einer flexiblen, triangulierenden Beziehungsmatrix der Eltern abzuhängen (ebd. S. 26).

Dreisamkeit – Zweisamkeit – Alleine-sein-Können

Unter Triangulierungskompetenz versteht die entwicklungsorientierte Psychoanalyse die Fähigkeit, mehr als eine affektiv bedeutsame Beziehung aufrechterhalten zu können. Es ist die Fähigkeit, zwischen mindestens zwei Beziehungen hin- und her pendeln und auch ertragen zu können, zeitweilig aus der gegenseitigen Beziehung der beiden anderen beteiligten Liebesobjekte ausgeschlossen zu sein, ohne gleich das Gefühl des Verlustes zu erleben. Erst dadurch eröffnet sich für den Menschen – und insbesondere für das Kind – die autonome Selbstbeschäftigung als attraktive Alternative zur Zweisamkeit.

8.4 Die Vaterbeziehung und die Persönlichkeit des Jungen

Nach dem Meistern der frühen Entwicklungsaufgaben, die bei beiden Geschlechtern die gleichen sind – d.h. die Entwicklung einer Bindung an die vertrauten Fürsorgepersonen und die Verinnerlichung derer Möglichkeit, den Säugling zu vitalisieren und zu beruhigen[6] –, schreitet die Entwicklung fort. Beim Jungen zeichnet sich immer deutlicher Männlich-Bubenhaftes ab, was ebenfalls die kontinuierliche Anwesenheit einer männlichen Fürsorgeperson notwendig macht.

Ein physisch »anwesender« Vater muss nicht per se ein verantwortungsbewusster männlicher Elternteil sein. Insofern gilt es, »Väterlichkeit« davon abzugrenzen. Väterlichkeit bedeutet die verantwortungsvolle eigenständige Übernahme einer Funktion innerhalb der Elternschaft, in die neben der allgemeinen Elternschaft ganz spezifisch männlich-väterliche Aspekte, z.B. bei kindlicher Erregungsüberflutung, miteinfließen. Nur auf dieser Basis kann es die Mutter zulassen, dass der Vater mit seinem anders gearteten Erleben auf das Kleinkind zugeht – sich z.B. von dessen affektiver Übererregung nicht »anstecken« lässt, daher gelassener und ruhiger reagiert und so dem Kind ein affektives »Herunterfahren« ermöglichen kann – ohne ihn und diesen Vorgang zu entwerten: »Der macht es sich immer leicht!« Sein Anteil an der Bindungssicherheit des Kindes ist somit nicht nur der körperlich-erregende und vitalisierende, sondern auch der der häufig unkomplizierteren und dadurch beruhigenderen Responsivität bei kindlicher Erregung. Da der männliche Säugling in Bezug auf Erregung empfindlicher und vulnerabler ist, wird hier schon sehr früh die Bedeutung dieser Vater-Sohn-Interaktion ersichtlich.

Verantwortungsvolles männlich-väterliches Verhalten sollte sich aber nicht alleine auf den biologischen oder sozialen Vater erstrecken. Dieses Erfordernis gilt für alle anderen erwachsenen Männer gleichermaßen, die das Kind in seiner Entwicklung bindungs-, affektiv- und pädagogisch orientiert begleiten, was insbesondere für das männliche Kind höchst bedeutsam ist. Deshalb sollten sich neben den primären männlichen Fürsorgepersonen auch die sekundären Erzieher in der institutionellen Erziehung dieser Bedeutsamkeit umfassend bewusst sein. Immer lauter wird daher der Ruf nach Männern im Bereich der Frühpä-

6 Sowohl die Beruhigung hoher stressvoller Spannungszustände als auch die Anhebung und Vitalisierung der Stimmung wird als »Affektregulation« beschrieben (vgl. Rass 2007a).

dagogik, damit dem tendenziell einseitigen Angebot an weiblichem Fürsorgeverhalten ein männliches Identifikationsangebot zur Seite gestellt werden kann. Das entwicklungspsychologisch notwendige spielerische Grenzüberschreiten und Erproben wird in den feminisierten Erziehungs- und Bildungsinstitutionen – auch beobachtbar in den Betreuungseinrichtungen für sehr kleine Kinder – selten positiv beurteilt, da sich die gelegentlich etwas fantasielos erscheinende pädagogische Ausrichtung – an weiblichen Kompetenzen orientiert.[7]

Kinder orientieren sich auf der Suche nach Entwicklungsmöglichkeiten und bei der Bewältigung ihrer Entwicklungsaufgaben zunächst an den Erwachsenen in ihrer Umgebung. Mädchen beobachten Frauen, die sie kennen, sowie die Bilder, die sich ihnen in den Medien präsentieren. In gleicher Weise sind Jungen dem Einfluss der Männer in ihrem unmittelbaren Lebensumfeld, aber auch dem der Medien ausgesetzt. Durch Nachahmung entwickeln sie sich zum Mann; um aber ein verantwortungsbewusster Mann zu werden, muss man einen verantwortungsbewussten Mann erlebt und gesehen und man muss durch ihn klare Strukturen und Regeln erfahren haben. Zu den Schlüsselwerten eines Mannes sollten neben dem beschriebenen Verantwortungsbewusstsein auch Handlungsfreude, Toleranz, Fairness und ein gewisses Maß an Selbstdisziplin gehören. Doch selbst wenn ein Sohn in seinem Leben von einem starken Vater oder einer starken Vaterfigur begleitet wird, bedarf er der Gewahrwerdung anderer Männer, die ihm unterschiedliche positive Modelle von Männlichkeit und Väterlichkeit im erweiterten Sinn vermitteln können. Wenn Jungen während ihres Entwicklungsweges keine geeigneten realen und lebendigen Rollenvorbilder zur Verfügung gestellt bekommen, dann schaffen sie sich ihre eigenen. Sie suchen sie in den Medienhelden und in der Peergroup, und das dabei Gefundene muss nicht immer menschlich wertvoll sein.

Gilmore (1990) betont, dass Männlichkeit nicht alleine durch physische Eigenschaften bestimmt wird und nicht automatisch Folge eines biologischen Reifungsprozesses ist, sondern vom Jungen mithilfe von Vorbildern – gelegentlich gegen die eigene impulsive Vehemenz – mühsam errungen werden muss.

7 ADHS? Während eines Elterngespräches zu einer laufenden Kindertherapie äußerte seufzend eine Mutter: »Immer muss mein Sohn malen, was er gar nicht gerne tut. Viel lieber würde er an einer Werkbank arbeiten.« Weiter schilderte sie, wie das sechsjährige Kind beim Beobachten eines Crossrad-Rennens über eine Stunde lang fasziniert mucksmäuschenstill, fast bewegungslos und hochkonzentriert dem Geschehen folgte, während seine Erzieherin bei ihm ADHS »diagnostizierte«.

Männlichkeit in ihrer wertvollen Form stellt sich nicht alleine kraft Natur automatisch ein. Ein Junge bedarf der sinnvollen Führung, um sich zum Mann zu entwickeln. Schon früh haben die meisten kleinen Jungen Spaß an Konkurrenzsituationen. Sie suchen sie förmlich und fangen an, andere Jungen herauszufordern. Sie provozieren aber nicht nur andere Jungen, sondern natürlich auch ihre Bezugspersonen, Erzieher und Betreuer. Sie loten aus, wie weit sie gehen können und warten dabei auf schützende Rahmenbedingungen. Eine »Kuschelpädagogik« ist hier entschieden kontraproduktiv und gerade deswegen sind männliche Bezugspersonen notwendig, um neben der Bedeutung als spezifische Spielpartner auch eine effiziente Disziplinierungsinstanz darzustellen. Je weniger ein Junge zunächst bei seinem Vater, vielleicht erweitert bei seinem Großvater und anderen bedeutsamen männlichen Bezugspersonen Halt und Schutz findet, desto mehr tendiert er zu überschießender Externalisierung und einer meist damit einhergehenden Hyperaktivität durch Defizite in der Impulskontrolle. Die Vorbilder sollten über stabilisierende Metakompetenzen verfügen, um das Imitationslernen zu fördern (Hüther 2009).

In früheren Generationen konnten Jungen schon von früh an ihre Väter bei der Bewältigung wichtiger Lebensaufgaben beobachten und sie imitierend und lernend begleiten. Gemeinsames Jagen, Fischen und handwerkliches Tun in seinen unterschiedlichen Formen waren sehr gut dazu geeignet, Beharrlichkeit und Geduld zu fördern. Der Junge lernte dabei, seine Sinne – alle Sinne – zu gebrauchen, was für alle wichtigen körperlichen Arbeiten in Wald, Feld und Haus galt. Die gemeinsam verrichtete Arbeit ermöglichte wechselseitigen Stolz, und das Erleben des Erfahrungsvorsprunges des Vaters konnte als Entwicklungs- und Identifikationsmotor dienen. Noch vor wenigen Jahrzehnten, wo körperlich betonte Berufsausübung positive Bedeutungsbeimessung erfuhr, war es daher für einen jungen Mann keine Schande, einen handwerklichen Beruf zu ergreifen. Diese typisch männlichen Tätigkeiten – oft eine Übernahme, Fortführung oder Erweiterung väterlicher Vorstellungen – erlaubte das notwendige Erleben von Selbstwirksamkeit, da diese anspruchsvollen Arbeiten zu schnell sichtbaren Ergebnissen führen. Die herausragende Bedeutung der Körperlichkeit und des Körpererlebens des Mannes bleibt im heutigen Denken weitgehend außen vor[8].

8 Mit Beginn der 1980er Jahre entwickelte sich in der westlichen Welt ein allgemeiner Anspruch, dass alle jungen Menschen, so auch die jungen Männer, einen höheren Schulab-

> ***Traktor mit Kindersitz***
> Im Praxisalltag, der in einer ländlichen Gegend stattfindet, ist immer wieder zu beobachten, mit welchem »Feuereifer« die kleinen Buben mit auf dem Bulldog (im angeschweißten Kindersitz) sitzen oder als kleine »Schaffer« dem Vater bei anderen Arbeiten im Haus oder Wald voll stolzem Tatendrang beiwohnen. Dabei bedarf es viel väterlicher Geduld, da die Buben gelegentlich den Arbeitsvorgang, der zügig ablaufen sollte, »stören«, wobei das väterliche Durchhalten durch ein tragendes Zusammengehörigkeitsgefühl belohnt wird.

Es gibt Hinweise darauf, dass Jungen und Männer sowohl sozialisatorisch als auch neurobiologisch schlechter als Mädchen und Frauen für die Anpassung an diese veränderten gesellschaftlichen Anforderungen ausgerüstet sind (Bischof-Köhler 2008; Hüther 2009). Die Fähigkeit zur persönlichen Integration des psychosozialen Wechselspiels von Veränderung und Konstanz, von Abhängigkeitstoleranz und Separation, von Auflösung und Integration, von Individualität und Gemeinsamkeit, die eine reife Persönlichkeitsstruktur in einer modernen Gesellschaft mit starkem sozialen Wandel kennzeichnet, scheint (manchmal zu) hohe Anforderungen an die großen und kleinen Männer zu stellen (Bischof-Köhler 2008). Das erklärt wiederum – nicht nur bei den Heranwachsenden – den Rückzug in die virtuelle Welt, da sie hier das vermeintliche Gefühl von Macht und Kontrolle, nach dem sie sich sehnen, erleben (Hüther/Pfeiffer 2009; Pfeiffer et al. 2007). Die Krise der heutigen männlichen Heranwachsenden basiert auch auf einer Krise ihrer Väter, die häufig mit der Integration flexibler Rollenanforderungen in einer sich schnell wandelnden Kultur nur schwer identitätserweiternd umgehen können und eine inhaltsgebende Vorbildfunktion nur bedingt bereitzustellen vermögen.

Es scheint eine Neigung des männlichen Geschlechts zu geben, sich gerade bei Grenzerfahrungen – auch wenn sie bedrohlich erscheinen – als besonders authentisch und mit sich im Reinen zu erleben. In unserer heutigen Lebenswelt findet der durchschnittliche Mann in seinem Beruf und in seiner Wohnung nur noch bedingt die notwendigen Erlebensfelder, und so muss er das Fitnessstudio und riskante Sportarten nutzen, um diesem Bedürfnis gerecht zu werden: um zu erleben, wie der Körper sich anfühlt und riecht, wenn er »ins Schwitzen

---

schluss oder Hochschulabschluss anstreben sollten. Die körperlich betonten Berufsausbildungen verloren ihr Prestige – so auch »der goldene Boden des Handwerks«.

kommt«, wie stark er ist und wie er pulsiert, wenn er eine Anstrengung hinter sich gebracht hat und todmüde ist. Diese notwendigen Körpererfahrungen finden in unserer durchtechnisierten und durchzivilisierten Welt kaum noch Raum und muten heute eher wie ein freizeitpädagogisches Abenteuer an, das »eigentlich« viel mehr Platz und Raum auch im Alltag eines heranwachsenden Jungen einnehmen sollte.

Kleiner Exkurs zur Männlichkeit

Männliches Expansionsstreben und die Tendenz zur Grenzüberschreitung – bedeutsam für das Erleben männlicher Authentizität?

Krieger waren meist Männer; so auch Seeleute, Welteroberer und Forscher, die sich in bis dahin unbekannte Gefilde wagten. Auch Komponisten, die mit ihrer Musik und Dichter, die mit ihren Worten den Himmel zu stürmen versuchten, sind meist Männer gewesen – auch die Raumfahrer und Nobelpreisträger. Die aggressive Seite der Grenzüberschreitung wird gleichermaßen von Männern besetzt: 2007 waren 89 % der Straffälligen in Deutschland Männer; ebenso wird die Mehrzahl der Verkehrsunfälle von ihnen verursacht; das Gleiche gilt für die Unfallquote bei Risikosportarten (DER SPIEGEL 39/2008)

Jungen, die viel sitzen und beispielsweise beim Computerspiel nur noch den Zeigefinger oder den Daumen bewegen, leben somit in einem desaströsen Zustand. Ein Vater, der diesen Zustand zulässt, verhindert die Entwicklung wertvoller Persönlichkeitsanteile bei seinem Sohn. Die aktive Übernahme dieser unmittelbaren Verantwortung im Beziehungs- und Erziehungsprozess ist ungleich schwerer als sich vom Facharzt mitteilen zu lassen, dass der unruhige, unsoziale und scheinbar pädagogisch unerreichbare Sohn an einer biologisch bedingten Verhaltensstörung leidet, die man medikamentös behandeln sollte (Sax 2007, S. 110). Neueste Untersuchungen (Helmeke et al. 2009) belegen, dass selbst bei Kleinsäugern, die biparental großgezogen werden, die väterliche Fürsorge positiven Einfluss auf die Entwicklung des Gehirns hat: Durch die Pflege beider Elternteile entstehen dichtere Netzwerke im orbitofrontalen Kortex (und damit bessere neuronale Verarbeitungsmöglichkeiten); ein fehlender väterliche Beistand führt hier zu einem Mangelzustand. Natürlich können diese Befunde nicht eins-zu-eins auf den Menschen übertragen werden, doch scheinen sie zu den Beobachtungen zu passen, dass Kinder, die vaterlos groß werden, ein viermal höheres Risiko in sich tragen, psychisch krank, suchtkrank, leistungsschwach und kriminell zu werden (vgl. Baskerville 2002) – alles Problembereiche, die verstärkt von Jungen besetzt sind (Meier 2008).

Väterlichkeit und Mütterlichkeit erweisen sich aus den beschriebenen Perspektiven als eine spezifische Verbindung von Anerkennung, Engagement, schützenden Rahmenbedingungen und Identifizierungs- und Trennungsfähigkeit. Diese beiden Aspekte von Elternschaft sind wiederum im vollständigen Sinne nur im Rahmen einer ausreichend erfüllten, von gegenseitiger Anerkennung geprägten Geschlechter- und Elternbeziehung vorstellbar. Wichtig ist in diesem Zusammenhang die Integration evolutionären Wissens: Die Schwangerschaft unserer weit zurückliegenden Vorfahren dauerte 21 Monate. Das Kind kam somit in einem reiferen Zustand auf die Welt und konnte mit dieser Ausstattung früher und gefahrenloser in die nähere Umwelt außerhalb der Mutter-Kind-Dyade entlassen werden. Die Evolution des Menschen erfuhr eine gravierende Veränderung, nachdem einerseits der Beckenumfang der Frau – bedingt durch den aufrechten Gang – kleiner und andererseits der Schädelumfang des ungeborenen Kindes durch die progressive Entwicklung des Gehirns größer wurde. Dies machte eine Verkürzung der Schwangerschaft notwendig, was dazu führte, dass der Mensch heute statt nach 21 bereits nach 9 Monaten geboren wird. Er ist biologisch gesehen eine extrauterine Frühgeburt und noch ein Jahr außerhalb des Mutterleibes – im extrauterinen Frühjahr – auf uterine Pflege und Schutz angewiesen (Portmann 1951). Aus dieser Perspektive scheint die intensive Mutter-Säugling-Dyade in ihrer unmittelbaren Körpernähe durch das Stillen eine psychobiologische Selbstverständlichkeit zu sein. Gerade in dieser frühen Zeit der existenziellen Abhängigkeit des kleinen Kindes bedarf die Mutter-Kind-Dyade eines väterlichen Schutzes und der väterlichen Mithilfe, um die Mutter in diesem ungemein verantwortungsvollen und sie extrem fordernden Geschehen zu ergänzen und zu unterstützen, was (wie schon erwähnt) insbesondere für die Identifikation mit dem männlichen Säugling dringlich notwendig ist. Als gesuchter »Dritte im Bunde« ist er auch dann anwesend, wenn er es körperlich nicht ist und durch seine Arbeitskraft und dem damit verdienten Geld seiner Familie Lebensqualität ermöglicht.[9]

9 Väterliche »Anwesenheit« ohne körperliche Präsenz: Während einer Mutter-Kleinkind-Therapiesitzung klingelte außerhalb des Behandlungsraumes ein Telefon. Erwartungsvoll

In seiner tatsächlichen Anwesenheit ist dann der Vater durch die *Verkörperung* von Väterlichkeit gefragt, die aus all dem besteht, was bisher formuliert wurde. Insbesondere der dem Säuglingsalter entwachsene kleine Junge braucht einen väterlichen Begleiter, der ihm »vormacht«, wie man impulsives Handeln und die Neigung zu Grenzüberschreitung sinnstiftend in den Griff bekommt. Vehemenz und Impulsivität dürfen dabei aber nicht entwertet werden, müssen vielmehr schützende Rahmenbedingungen erhalten, dann erst können sie kanalisiert und in Fähigkeiten und Fertigkeiten integriert werden, die in der menschlichen Gemeinschaft dringlich gebraucht werden. Dergestalt ist der Vater für sein Kind identitätsstiftend, was insbesondere für sein gleichgeschlechtliches Kind eine unabdingbare Notwendigkeit darstellt.

8.5 Andersartigkeit bei Gleichwertigkeit als Entwicklungsspielraum

In der Diskussion um die Geschlechterrollen und Geschlechterunterschieden soll es daher nicht um »Gleichheit«, sondern um »Gleichwertigkeit« gehen. Die Umsetzung gelingt aber wiederum nur dann, wenn dem Gesamt der Veranlagung im jeweiligen Geschlecht Rechnung getragen und von Anerkennung begleitet wird. Gerade wenn die Kinder aus der Säuglingszeit herauswachsen, ist eine »dramatisch anwachsende Bedeutung der Geschlechterkategorien« festzustellen (Trautner in Strassmann, DIE ZEIT 2007, S. 27), da die Kinder bis dahin erfahren haben, dass das Geschlecht eine sehr zuverlässige Kategorie und zur Groborientierung in einer unübersichtlichen Welt geeignet ist. Weiter machte Trautner die interessante Beobachtung, dass diejenigen, die als Kleinkinder ihre Welt besonders klar in männlich versus weiblich aufteilten, später selbstverständlicher mit diesen Kategorien umgehen konnten. Dies scheint sich mit der Alltagswahrnehmung zu decken, dass Männer und Frauen, die früh eine sichere Geschlechterrolle gefunden

---

blickte das kleine Mädchen zur Mutter und sagte erwartungsvoll »Papa!« In diesem Augenblick schien der Vater trotz seiner Abwesenheit präsent zu sein und innigste Zusammengehörigkeit war spürbar. Die Mutter berichtete erklärend, dass der Vater trotz seiner beruflich bedingten Abwesenheit im Laufe des Tages einige Male anrufe und sich nach der Befindlichkeit von Mutter und Kind erkundige. Durch dieses Interesse (im wahrsten Sinn des übersetzten lateinischen Wortes »Dazwischen-Sein«) vervollständigt er die Triade trotz Abwesenheit.

haben, sich später nicht mehr ständig ihrer sexuellen Identität durch scheinbar potentes oder püppchenhaftes Gebaren versichern müssen. Sie haben die Freiheit, sich ein vom Rollenklischee abweichendes Verhalten zu erlauben. Ist diese erste frühe Hürde genommen, sind diese Kinder mit zunehmendem Wissen und einer ausreichenden Sicherheit bezüglich der kulturellen Geschlechtsrollenstandards in der Lage, diese Stereotypien flexibler zu behandeln. Sie nehmen wahr, dass es zarte Jungen und aggressive Mädchen und dass es auch eine geschlechtsneutrale Garderobe gibt, während in der Frühzeit gerade bei den Mädchen dem »Rosa« nicht aus dem Weg zu gehen ist. Im Erwachsenenalter mehren sich die wissenschaftlichen Beobachtungen, dass die pflegerischen Berufe, in denen Geduld, Feinfühligkeit und ein soziales Sich-Einstellen erforderlich sind (z.B. pädagogische, sozialpädagogische, therapeutische und pflegerische Berufe), noch immer eine Domäne der Frauen ist (DER SPIEGEL 2008, S. 52). Susan Pinker beschreibt in ihrem Buch »Das Geschlechterparadox« (2008) Beobachtungen, die darauf hinweisen, dass Frauen insgesamt – auch beruflich – weniger risikobereit, weniger an Macht interessiert und somit in ihren »besten Jahren« weniger in Führungspositionen von Politik, Wirtschaft und Wissenschaft zu finden sind. Schon 2002 recherchierte Doris Bischof-Köhler ausführlich, differenziert und interdisziplinär in ihrem zukunftsweisenden Werk »Von Natur aus anders« zur Evolution des Menschen hinsichtlich der Psychologie der Geschlechterunterschiede und kam ebenfalls zu dem Schluss, dass die darin liegende Tendenz nicht zum allgemeinen Prinzip gemacht werden darf, sondern dass es vielmehr gilt, die bestehenden Entwicklungs- und Lernfähigkeiten den eigenen Möglichkeiten entsprechend auszugestalten. Unter der Prämisse von Gleichberechtigung und Gleichwertigkeit eröffnet diese Perspektive einen großen Entwicklungsraum, der es beiden Geschlechtern erlaubt, die individuellen Anlagen und Lebensvorstellungen auszugestalten.

Kleiner Exkurs zur Weiblichkeit und zum Pflegewunsch

Wenn man Mädchen bis zum Alter von ca. zehn Jahren auf ihren zukünftigen Berufswunsch anspricht, beantworten viele diese Frage mit »Tierärztin«. Das gilt sowohl für Mädchen mit eigenem Haustier als auch für die ohne. In dieser beruflichen Vorstellung vereinigt sich ganz offensichtlich etwas mädchenhaft-weiblich Idealtypisches: Man gewährt Pflege und einfühlsame Fürsorge und bekommt als Gegenleistung – gerade durch das Streicheln und die Fellpflege – Dankbarkeit, Anhänglichkeit und Teilhabe an naturhaft Vitalem.

9 Geschwistererfahrung[10]

Der derzeitige Wissensstand der Affekt-, Stress-, Bindungs- und Familienforschung – um nur einige Aspekte zu nennen – weist auf das weite Erlebens- und Erfahrungsspektrum hin, das das Aufwachsen als Geschwister mit all seinen Facetten von Lebendigkeit und Leid prägt. Da knapp 45 % der in Deutschland lebenden Kinder mit einem Geschwister und ca. 24 % mit zwei oder mehreren Geschwistern aufwachsen (Weidt 2007), gilt es, dieser Familienkonstellation die notwendige Aufmerksamkeit zukommen zu lassen. Bisher wurde sie in der Fachliteratur mit nur wenigen Zeilen (z.B. Oerter/Montada 2001, S. 124) oder gar nicht aufgenommen (z.B. Rothgang 2003; Steinebach 2000). Mit Geschwistern zu leben heißt, in einem Beziehungsrahmen groß zu werden, der von Urwüchsigkeit, Spontaneität und Vielfältigkeit geprägt ist – ein höchst wirksames Kraftfeld, das sowohl auf die Gegenwart als auch auf die Zukunft entscheidenden Einfluss hat. Erregungszustände jedweder Art und Vehemenz bestimmen fortwährend den affektiven Austausch. Dieses intensive Geschehen ist wiederum eingebettet in das Beziehungsgefüge mit den Eltern. Das »Klima« unter Geschwistern kann daher nie ein völlig von den Eltern losgelöstes sein. Der Umgang der Geschwister miteinander ist bei allem Eigenleben auch eine Resonanz auf die Interaktion der Eltern mit ihrem jeweils individuellen Kind (vgl. Rass 2004).

Seit Kain aus Eifersucht seinen Bruder Abel erschlug, haben Geschwister und ihre Beziehung zueinander in vielen schriftlichen Überlieferungen unseres Kulturkreises immer wieder eine wichtige Rolle gespielt. Ob Joseph, der von seinen eifersüchtigen Brüdern verkauft wurde, Hector von Troja, der sich für seinen

10 Nicht thematisiert werden in diesem Kapitel besondere Geschwisterbeziehungen, wie z.B. Tod oder Selbstmord eines Geschwisters, Inzest, die Problematik des »Ersatzkindes« (vgl. Hirsch 1999), Mehrlingsgeburten, Adoptiv-, Pflege- und Stiefgeschwister (vgl. Kasten Bd. II 1993).

Bruder Paris opferte, oder Cassandra und ihre Geschwister, schon in den Schriften der Antike spannt sich ein breiter Reigen verschiedenartigster Geschwisterbeziehungen. Immer wieder stehen Geschwister und ihre Schicksale im Mittelpunkt von Märchen, Sagen, Dramen, Romanen und Erzählungen. Und immer geht es um tiefe Gefühle: um Nähe, Vertrauen und menschliche Verbundenheit auf der einen und um Ablehnung, Feindschaft und Entfremdung auf der anderen Seite (vgl. Kasten 2001, S. 11).

Umso erstaunlicher ist, dass das Thema »Geschwister« in den Sozial- und Humanwissenschaften der Neuzeit als Forschungsthema lange Zeit kaum eine Rolle spielte. Unter Freuds zahlreichen Einzelveröffentlichungen befindet sich keine, die diesem Thema gewidmet wäre, wenngleich er sich in *Die Traumdeutung* eindeutig und kritisch zu dieser Problematik äußerte:

> *»Ich weiß nicht, warum wir voraussetzen, es (das Verhältnis, Anmerkung E.R.) müsse ein liebevolles sein, da doch die Beispiele der Geschwisterfeindschaft unter Erwachsenen in der Erfahrung eines jeden sich drängen, und wir so oft feststellen können, diese Entzweiungen rühren noch aus der Kindheit her, oder haben von jeher bestanden (...) Das ältere Kind hat das jüngere misshandelt, angeschwärzt, es seiner Spielsachen beraubt; das jüngere hat sich in ohnmächtiger Wut gegen das ältere verzehrt, es beneidet und befürchtet, oder seine ersten Regungen von Freiheitsdrang und Rechtsbewusstsein haben sich gegen die Unterdrücker gewendet (...) Das Kind ist absolut egoistisch, es empfindet seine Bedürfnisse intensiv und strebt rücksichtslos nach ihrer Befriedigung, insbesondere gegen seine Mitbewerber, andere Kinder, und in erster Linie seine Geschwister (...) Empfindungen von Feindseligkeit gegen die Geschwister müssen im Kindesalter noch weit häufiger sein, als sie der stumpfen Beobachtung Erwachsener auffallen« (GW Bd. II/III, 1999, S. 256ff.).*

Ganz offensichtlich ist die Beschäftigung mit diesem Thema eine äußerst schwierige, da sie eine Auseinandersetzung mit den eigenen Geschwister-Erfahrungen erfordert, was intensive und schmerzliche Gefühle sowie Widerstand und diffuse Angst hervorruft (vgl. Ley 1995, S. 7; Wellendorf 1995, S. 296).

9.1 Unterscheide dich! – Der wichtige Differenzierungsprozess unter Geschwistern

Die Geschwisterbeziehung ist neben der Elternbeziehung ein wichtiger Faktor für die Entwicklung der Individualität und der sozialen Haltung des Menschen. Sie ist auch ausschlaggebend dafür, welche affektiven Beziehungen wir später zu anderen Menschen aufbauen (Diepold 1988, S. 275). Geschwister haben sich nicht – wie Freunde – ausgesucht. Sie haben keine Wahlfreiheit, sondern werden einfach in dieselbe Familie hineingeboren. Sie teilen die äußere Lebenssituation, und ihre Beziehung besteht und erhält sich allein aufgrund ihres Geschwisterstatus (Kasten 1993, Bd. I, S. 41). Der Einfluss der Geschwisterbeziehung ist allein schon wegen ihrer Dauer prägend. Durch den geringen Altersabstand und das frühe Bestehen dieser Beziehung währt sie länger als alle anderen im Lebensverlauf (Seiffge-Krenke 2001a, S. 421ff.). Für viele Geschwisterbeziehungen ist das gleichzeitige Vorhandensein von Zu- und Abneigung, Hilfe und Unterstützung, feindselige Rivalität sowie Verbundenheit und Hass typisch (Kasten 2001, S. 152). Während der Erwachsenenzeit ruht die Geschwisterbeziehung mehr oder weniger, da Partner, Beruf und Kinder in den Vordergrund treten. Sie werden meist dann aktiviert, wenn andere Beziehungen weniger stabil sind. In der Kindheit suchen Geschwister vor allem Kontakt zueinander, wenn die Bindung zu den Eltern unsicher ist (Cierpka 1999, S. 20; Ley 1995, S. 68; Petri 1994, S. 135; Coles 2003).

Mit dem Begriff »Geschwisterbeziehung« ist die Assoziation von Geschwisterrivalität stark verknüpft (vgl. Timm 2006; Henschel 1997; Eberle et al. 2008). Ein »Rivale« war ursprünglich jemand, der das Recht hatte, einen Wasserlauf (Rivus) mitzubenutzen. Es ging dabei um frühgeschichtliche Kämpfe der Stämme und das Recht auf Zugang zum Fluss. Wer Zugang zum Fluss hatte, verfügte über Wasser und hatte die Möglichkeit zu überleben (Ley 1995, S. 9). Entwicklungspsychologisch symbolisiert der Fluss die Eltern, die Grundbedürfnisse befriedigen. Die Geschwister konkurrieren miteinander um die physischen, emotionalen und intellektuellen Ressourcen der Eltern; ohne diese Quelle müssten sie physisch und psychisch verhungern (Sulloway 1999, S. 39). Die Eltern bilden somit den wesentlichen Pool, der von den einzelnen Geschwisterkindern angezapft und beansprucht wird. Je mehr Kinder aus diesem Pool gespeist werden müssen, umso weniger bleibt für das einzelne Kind übrig. D.h. je größer die Geschwistergruppe ist, umso weniger Zeit bleibt für den Einzelnen (Bank/Kahn 1994, S. 175; Hoanzl 2002, S. 92). Differenzierung, De-Identifikation (Schachter/Stone 1985) und das Schaffen von Nischen mit der Ausbildung unterschiedlicher Rollen als aktive Gestaltung der Geschwisterbeziehung (Willi 1996) mildern die Konkurrenz um knappe Mittel und führen dazu, dass Geschwister, wie Untersuchungen der letzten drei Jahrzehnte zeigen, die in der gleichen Familie aufwachsen, fast so verschieden sind wie Menschen, die überhaupt nicht miteinander verwandt sind. Und je länger Geschwister miteinander leben, desto unterschiedlicher werden sie (Sulloway 1999, S. 101). Geschwister machen sich unbesetzte Nischen zunutze, weil sie etwas damit gewinnen wollen – nämlich mehr elterliche Zuwendung (ebd., S. 114). Problematisch wird es, wenn sie dabei Wesensanteile entwickeln, die nicht mit dem eigenen Selbstentwurf stimmig sind und die eher zu einem »falschen Selbst« führen als zu einer sicherheitsvermittelnden Identität (vgl. Fonagy/Target 2002).

Eltern haben eine aktive und zentrale Funktion dadurch, dass sie ihren Kindern spezifische Merkmale und Eigenschaften zuweisen – schwierig versus leicht, empfindlich versus robust, gescheit versus dumm (Kasten 1993, Bd. 1, S. 46). Das bedeutet, dass die Wahrnehmung von Ähnlichkeiten und Unterschieden und deren Ausarbeitung ein wesentlicher Bestandteil der Geschwisterbeziehung ist. Die erste Regel für eine Geschwisterlaufbahn lautet daher: Unterscheide dich! Während Eltern den Traum von familiärer Harmonie träumen, geraten Geschwister – es geht gar nicht anders – ständig in Konflikt miteinander, weil die Interessen nicht übereinstimmen können und Strategien entwickelt werden müssen, um elterliche Aufmerksamkeit zu erhalten. Die Eigenart, das Etwas-ganz-Besonderes- und somit Einzigartig-Sein soll von den Eltern wahrgenommen und positiv bestätigt werden. Die Eltern sind die ersten Adressaten dieses Bedürfnisses.

9.2 Entwicklungspsychologische Bedeutsamkeiten

Natürlich ist die Geschwistererfahrung durch viele Einflüsse bedingt und sowohl genetische als auch sozioemotionale und soziologische Faktoren beeinflussen intrapsychisch und interpersonell den Gesamtprozess. Dennoch besteht kein Zweifel daran, dass aus der Perspektive des erstgeborenen Kindes die Geburt eines Geschwisters vor dem erreichten dritten Lebensjahr mit einer Irritation der Mutter-Kind-Beziehung verbunden ist. Wenn sich das Kind mit der intrapsychischen Verankerung des sicherheits- und trostspendenden Bildes der Mutter aus der Zwei-Einheit mit ihr herausentwickelt hat und auch mit anderen Personen stabile Beziehungen eingegangen ist, widerfährt ihm mit der Geburt eines Geschwisters zwar eine Entthronung, aber vermutlich keine Traumatisierung. Bereits Adler hat in den 1920er Jahren auf den entwicklungsprognostisch günstigen Altersabstand von ca. drei Jahren in der Geschwisterabfolge hingewiesen, was inzwischen durch vielfältige Studien gestützt ist. Aber selbst wenn dieser Geschwisterabstand gewährleistet ist, besteht weitgehend Einigkeit darüber, dass die ersten Gefühle eines Kleinkindes zum neuen Geschwister negativ sind. Der Neuankömmling wird nicht als Bereicherung, sondern als Konkurrent erlebt. Natürlich spielen auch andere Einflüsse eine Rolle, wie z.B. die Mitgestaltung des Vaters an der Elternschaft, das Geschlecht des größeren und das des neugeborenen Kindes, die Lebenssituation und seelische Verfassung der Eltern – insbesondere der Mutter – und das Vorhandensein anderer zuverlässiger und vertrauter Pflegepersonen (z.B. Großeltern). Aber auch Temperamentsunterschiede sind in Betracht zu ziehen, die vom ersten Tag an die individuelle Interaktion mit der Umwelt und den Bezugspersonen beeinflussen.

In den ersten drei Lebensjahren spielen sich grundlegende Identitäts- und Abnabelungsprozesse ab, deren regulärer Verlauf durch die Geburt eines Geschwisters und den damit verbundenen Entzug an elterlicher Zuwendung irritiert werden können. Die seelische Ablösung von der Mutter und die Anfänge der Ausbildung einer eigenen, von ihr abgegrenzten Identität spielen sich – wie schon in Kapitel 6.3 beschrieben – im zweiten und dritten Lebensjahr ab und können durch die Geburt eines Geschwisters möglicherweise beeinträchtigt werden. Besonders das Erstgeborene muss dramatische Veränderungen verkraften und damit fertig werden, dass ihm die elterliche Aufmerksamkeit und affektive Regulation nicht mehr ungeteilt zur Verfügung stehen. Es erlebt sich benachteiligt und vernachlässigt, weil sich aus seiner Sicht länger und intensiver um das kleinere Geschwister gekümmert wird, da es auch faktisch – zumindest in den ersten zwei bis drei Jahren – wesentlich stärker der mütterlichen Pflege und Versorgung bedarf (Kasten 2001, S. 76ff., S. 87ff.). Im Leben des größeren Kindes fehlt jetzt etwas, da sich die primären Bindungspersonen nicht verdoppeln können. Die Angst, für die Eltern nicht bedeutsam genug gewesen zu sein, was ein weiteres Kind scheinbar notwendig machte, stellt eine nicht unerhebliche narzisstische Kränkung dar (Paulsen 1984, S. 60).

Nach Kohut (1977, 1984) ist es der »Glanz im Auge der Mutter«, der dem Kind vermittelt, dass es eine einmalige Bedeutung besitzt und dass es ein ganz besonderes Band zwischen ihm und der Mutter gibt. Es ist eine archaisch-urtümliche

Bezogenheit, innerhalb derer kein Dritter Platz hat. Um dieses so einmalige und lebenswichtige Band zu erhalten, wird es jedes Opfer bringen, zu dem es mit Leib und Seele fähig ist. Das Eindringen des jüngeren Geschwisters in diese exklusive Welt zu einem Zeitpunkt, in dem das Ältere noch kein von der Mutter abgegrenztes Selbst besitzt, wird als ein Alles oder Nichts und daher als eine Vernichtung erlebt. Diese nachgeborene Verdoppelung bildet ohne jede erkennbare eigene Leistung – nur wegen ihrer selbst – mit der Mutter und den Eltern jene scheinbar innige Einheit, die ihm selbst nun verwehrt ist; diese Erfahrung droht alle früheren zu zerstören. Die Erinnerung, sich selbst einmal in der gleichen glücklichen Position befunden zu haben, erweist sich als Täuschung (Franzen/Penth 1992, S. 54ff.)

Der gegenwärtige Erkenntnisstand spricht für die Annahme, dass sich der größte Teil der mütterlichen Aufmerksamkeit – bedingt durch die extrauterine Frühgeburt (Portmann 1951) – unmittelbar nach der Geburt dem kleineren Kind zuwendet, was im Wesentlichen psychobiologisch begründet ist. In der von Dunn/Ploming durchgeführten Colorado-Studie (1996) gaben 52 % der Mütter an, ihrem jüngeren Kind gegenüber mehr Zuneigung zu empfinden; in der Cambrigde-Studie waren es 61 % (S. 133ff.). Selbst die empathischste Mutter wird nicht vermeiden können, dass beim älteren Geschwister Gefühle von Wertlosigkeit, Verlustangst und Getrenntsein entstehen. Diese Gefühle sind umso ausgeprägter, je geringer der Altersabstand ist (Petri 1994, S. 116). Selbst 14 Monate alte Kinder sind aufmerksame Beobachter der Beziehung ihrer Mütter zu den jüngeren Geschwistern. Aufmerksam sind sie vor allem bei Interaktionen, in denen Gefühle ausgedrückt werden.

Empirische Befunde belegen, dass Rivalität und Geschwisterprobleme zwischen altersmäßig eng beieinanderliegenden Geschwistern groß sind (Kasten 1993, Bd. I, S. 39). Sie bestätigen auch das potenziell traumatische Gewicht einer äußerst dichten Geschwisterfolge, was von Dührssen (1984), Lieberz (1983, 1984) und von der Mannheimer Untersuchung zum »Rätsel der seelischen Gesundheit« 1986 empirisch dargelegt wurde (Tress 1986). Umgekehrt finden zwischen Geschwistern mehr pro-soziale Interaktionen statt, je größer der Altersabstand ist (Kasten 1993, Bd. I, S. 28). Sicher gebundene Kinder gehen deutlich freundlicher miteinander um. Sichere Bindungsmuster vermitteln nur Erwachsene und schützende Bezugspersonen, die sich auf kindliche Bedürfnisse einstellen und Kindern auch bei emotionalen Belastungen Geborgenheit und Nähe vermitteln können (Cierpka 1999, S. 19). Stewart und Marvin (1984) beobachteten Kleinkinder und ihre älteren Geschwister im Kindergarten in der »Fremden Situation«. Sie beobachteten, dass die älteren Geschwister, wenn sie vier oder mehr Jahre älter waren, dazu neigten, eine schützende Rolle gegenüber dem jüngeren Geschwister einzunehmen und dass die jüngeren Geschwister das ältere aktiv als sichereren Hafen nutzten, und dass die Mütter dieser Geschwister-Dyaden das ältere baten auszuhelfen, wenn sie den Raum verließen. Wenn aber der Abstand zum älteren Geschwister dreieinhalb oder weniger Jahre betrug, neigten die Kinder dazu, aufgeregt zu sein, wenn sie von der Mutter alleine gelassen wurden, und sie bezogen sich auch nicht aufeinander und schätzten sich nicht (in Marvin 2001, S. 219).

9.3 Die Geschwistererfahrung der Eltern

Wie in den Kapiteln 1 und 2 beschrieben, spielt die Affektregulation durch die primären Fürsorgepersonen in den frühen Lebensjahren für die Entwicklung einer sicheren Bindungsbeziehung und für die Etablierung eigener regulatorischer Strukturen eine herausragende Rolle. Wenn der Geburtenabstand zwischen Kindern jedoch ein geringer ist, wird die primäre Bindungsperson häufig nicht in der Lage sein, den affektregulatorischen Bedürfnissen des älteren Kindes in angemessener Form gerecht zu werden, was sich umso dramatischer auswirkt, wenn keine weiteren kontinuierlich anwesenden primären oder sekundären Bindungspersonen zur Verfügung stehen. Meist muss das etwas ältere Kind, wie die zuvor geschilderten Studien zeigen, zurückstehen und gerät somit in massive affektive Stresszustände, die nur durch einen affektiven Rückzug zu bewältigen sind; diese Regulation sowohl des inneren physiologischen Milieus als auch der Affekte dient der Lebenserhaltung (siehe Kapitel 1 und 2). Wenn die Eltern nicht in der Lage sind, diesen psychischen Schmerz empathisch aufzufangen, da sie eventuell diese Affekte in der eigenen Lebensgeschichte abwehren mussten, ohne sich damit versöhnen zu können, werden sie defensiv das alte Leid zu umgehen versuchen. Diese Affektabwehr der Eltern schlägt sich in der Bindungserfahrung des Kindes nieder, das in der Folge strukturell ungeborgen ist, da die Eltern aus Angst vor der Wiederbelebung eigener Probleme zur Einfühlung, die das Kind gerade jetzt zur angemessenen Konsolidierung seines Selbst so dringend benötigen würde, nicht fähig sind. Besonders folgenreich ist elterliches Versagen immer inmitten entscheidender Entwicklungsschritte (die insbesondere zwischen dem zweiten und dritten Lebensjahr anstehen), in denen das Selbst ohnehin unsicherer etabliert und damit verstärkt verwundbar ist. Die in der Fachliteratur immer wieder erwähnte größere Rivalität bei altersmäßig eng beieinanderliegenden Geschwistern scheint hier ihre empirische Fundierung zu finden (Kasten 1993, Bd. I, S. 39). Beim Geburtenabstand von nur einem Jahr ist aber auch gelegentlich zu beobachten, dass heftiges Aufbegehren und Wut ausbleiben und sich die älteren Kinder resignativ und schweigend in das unvermeidbare Schicksal einfügen, was die Mütter mit zwei Kleinstkindern natürlich meist als angenehm erleben. Die Ohnmacht, nichts verändern zu können, stellt ein wesentliches Moment dieses Resignierens dar (vgl. Hilgers 1997, S. 173), da voraussehbar ist, dass Rivalisieren nichts bringt und Verlieren absehbar ist.

Diese entwicklungspsychologischen Hintergründe liefern Erklärungen, warum ein Geburtenabstand unter drei Jahren vom jeweils größeren Kind nur schwer progressiv zu meistern ist; sie erklären, warum die Aggressionen unter den davon betroffenen Geschwistern besonders groß sind, aber auch warum bei größerem Abstand und emotionaler Sättigung das Ältere beim Sich-Ablösen von der Mutter dieser das kleinere Kind sogar gönnen kann. Dann kann das Größere auch als »Übergangsobjekt« und als Helfer bei der Bewältigung von Sozialisationsschritten dienen.

Geschwistererfahrung

40 Jahre Erfahrung in der Arbeit mit Heranwachsenden lassen die Vermutung aufkommen, dass es in Bezug auf »Geschwister« auch Generationenunterschiede gibt. Die Kinder vor dem Zweiten Weltkrieg und die der Nachkriegszeit kannten meist keine materielle (Über-)Sättigung und sinnliche Überstimulierung (z. B. Unmengen an Spielzeug; beheizte, behaglich eingerichtete Kinderzimmer; Elektronik, mittels derer Informationen aus der ganzen Welt ins Zimmer kommen). Reisen in unbekannte und oft sehr ferne Lebensräume ereigneten sich selten. Das Spiel mit Geschwistern, die Anleitung und Belehrung durch die Größeren und deren Unterstützung in außerfamiliären schwierigen Situationen führte zu einem Zusammengehörigkeitsgefühl und Möglichkeiten des Lebendigseins. Über die Geschwister bekam man auch wieder Kontakt zu anderen Kindern, und man war involviert in Spiele und motorische Aktivitäten und damit in ein erweitertes außerfamiliäres Netz. Die heutige materielle und sinnliche (Über-)Versorgung, die fast alle Lebensbereiche umfasst, mindert die belebende und stimulierende Bedeutung des geschwisterlichen Miteinanders.

Häufig wiederholen Eltern Geschwistererfahrungen in ihren Beziehungen – sowohl zu anderen Erwachsenen als auch zu Kindern. Erziehungsstile, die Einfühlung und Bestätigung beinhalten, fördern die Selbstregulation, das Kompetenzerleben und somit die Selbstentwicklung und Autonomie. Unendlich wichtig im Alltagsleben ist, dass jedes Geschwisterkind den bedeutsamen Erwachsenen genügend lange ganz für sich *alleine* hat, dass diese Zeiten von den Eltern eingeplant und für die Kinder ein gesicherter Bestandteil des Lebens sind. Nur so ergeben sich Gelegenheiten, diese ganz persönliche Beziehung trotz Geschwister zu dem jeweiligen Kind zu leben und zu vertiefen (Brazelton 1999, S. 211 ff.). Nur so entwickeln sich eine sichere Basis und ein sicheres Bindungsverhalten für die Ergründung der Umwelt (Unzner 2001, S. 353). Elterliche Empathie und Responsivität begünstigen die Entfaltung und Aufrechterhaltung kreativer Initiativen und führen weniger zu Konflikthaftigkeit und Kampf in der Beziehung, da Selbstobjektbedürfnisse nicht übermäßig frustriert werden.

Damit wird aber auch deutlich, wie stark die Dynamik zwischen den Geschwistern vom Verhalten der Eltern abhängig ist. Geschwister sind (zumindest in den Aufwuchsjahren) ein nie aus der Elternbeziehung herauszulösendes eigenes familiäres Subsystem. Ständig beeinflusst der vertikale Fluss (Eltern-Kind) auch den horizontalen (Geschwister untereinander), und dieser wiederum hat häufig Auswirkungen auf den vertikalen. Kinder reagieren nicht nur unmittelbar auf den Umgang mit ihnen selbst, sondern auch auf den Umgang der Eltern mit den Geschwistern, was von ihnen scharf beobachtet wird. Somit verschiebt sich bei Familien mit mehr als einem Kind die ausschließliche Betrachtung der Eltern-Kind-Beziehung hin zu der des Kindes in einem komplexen familiären Beziehungsgeflecht (vgl. Dunn/Plomin 1996, S. 101).

Wesentlich ist, welchen Hintergrund die Eltern haben, bedingt durch deren eigene Geschwisterbeziehung; ob (ohne Selbstreflektion) vielleicht ein dramatisches Beziehungsgeschehen wiederholt werden muss, oder ob nach eigener Trauerarbeit den Kindern vergleichbare, potenziell traumatisierende Erfahrungen erspart werden können. Ohne diese Trauerarbeit wird das einzelne Kind in seiner Entwicklung beschnitten, während ein anderes zu stark bevorzugt wird. Oft sind Eltern in die Streitigkeiten ihrer Kindern mitverstrickt. Sie tragen – meist unbewusst – durch Koalitionen mit ihnen zu Bündnissen innerhalb der Familie bei, die einen Machtkampf zwischen den Kindern provozieren. Ausdrücklich muss darauf hingewiesem werden, dass die Eltern unbewusst und gegen ihre Überzeugung ihre Kinder ungleich behandeln. Eltern sind in ihrer Rollenzuweisung – z. B.

Delegation oder Parentifizierung – abhängig von den eigenen meist unbewussten Erfahrungen in der Geschwisterreihe, was sie auf die eigenen Kinder übertragen. Die eigenen Geschwisterkonflikte müssen, um die eigenen Eltern weiter idealisieren und loyal schützen zu können, aus der Selbstreflektion herausgehalten und verleugnet werden. So haben sie an die Kinder aufgrund ungelöster Konflikte verschiedene Erwartungen und üben unterschiedliche Einflüsse aus, die sie realisiert sehen wollen (vgl. Cierpka 2001, S. 445). Die Existenz von Geschwistern wirft beunruhigende und schmerzhafte Fragen in Bezug auf die eigenen Eltern auf, die eine elementare narzisstische Bedrohung darstellen können, da die zuverlässige Liebe und Zuwendung der eigenen Mutter (Eltern) in Frage gestellt wird.

9.4 Die Gewährleistung von Bindungssicherheit

Geschwister bilden ein horizontales Subsystem in der Familie und erleben es als positiven und notwendigen Teil ihrer Beziehung, wenn ein gewisses Maß aggressiver Interaktionen ohne Eingriffe durch die Eltern möglich ist. Sie beherrschen damit ein interaktionelles »Waffenarsenal«, was einem Einzelkind nicht zur Verfügung steht (Henschel 1997). Kompetente und starke Eltern setzen ihre Macht nur ein, um schützende Regeln durchzusetzen, und sie sind sensibel genug, um zu spüren, wann die Kinder etwas unter sich selbst ausmachen müssen. Sie respektieren das Bedürfnis nach einem gewissen Maß an Aggression und sind sich – was am wichtigsten ist – des Kontextes bestimmter Auseinandersetzungen zwischen den Kindern bewusst. Solche Eltern ermöglichen zur Absättigung wichtiger Selbstobjektbedürfnisse die persönliche Zweierbezogenheiten und die oben erwähnten Einzelzeiten und schaffen damit Raum für eine möglichst unverzerrte Entfaltung innerhalb der Geschwisterreihe.

Nur so kann eine Differenz des Selbst unter Gleichen entstehen. Unter diesen positiven Bedingungen kann sich Selbstbehauptung entwickeln und die elementare Angst ob der Austauschbarkeit bewältigt werden. Affektstürme, die »eigentlich« zum Geschwisteralltag gehören, stoßen bestenfalls auf Verstehen und Regulation ohne Beschämung und Kritik. Diese Befriedigung mit Berücksichtigung der jeweiligen Individualität ist ihrerseits wieder Voraussetzung für die Verankerung der Bindungssicherheit. Dies ist umso bedeutsamer, je kleiner der Geburtenabstand ist.

10
Das Jugend- und frühe Erwachsenenalter

Die Wanderung auf dem Lebensweg und der Aufbau der aufeinanderfolgenden Stockwerke des auf S. 61 skizzierten »Haus des Lebens« sind inzwischen weit fortgeschritten, und für die Zukunft maßgebliche und weitreichende Abschnitte wurden durchlaufen. Der Heranwachsende gerät nun in einen Lebensabschnitt, in dem er sowohl körperlich als auch seelisch nicht mehr Kind aber auch noch kein Erwachsener ist – »nicht Fisch, nicht Fleisch« –, was der Dramaturgie dieser Phase einzigartigen Aufwind beschert.

Das umwälzende Jugendalter ist ein Abschnitt innerhalb des Lebenszyklus, der durch das Zusammenspiel biologischer, intellektueller und sozialer Umbauprozesse zu einer Quelle vielfältiger Erfahrungen wird. Wichtige Entwicklungsaufgaben sind zu bewältigen. Grundlegende Veränderungen stehen an und – wie schon in den vorausgegangenen Kapiteln beschrieben – stellen Übergangs- und Schwellensituationen eine Krise, d.h. eine normative Krise (Erikson 2003, S. 167f.; Bürgin 2002) dar. Alte Ordnungen werden erschüttert und Umorganisationen werden eingeleitet. Für Neues muss Platz geschaffen werden und alte Entwicklungsbausteine werden auf ihre Sinnhaftigkeit und Stabilität geprüft. In einer solch dynamischen Übergangssituation findet eine Reorganisation der Identität statt, und der Ablauf dieses Geschehens wird stark von jenen Prozessen bestimmt, die im bisherigen Lebensverlauf stattfanden.

10.1 Körperliche Veränderungen und psychische Umbauprozesse

Wenden wir uns zunächst den körperlichen Veränderungen zu, deren Ausmaß erheblich ist: Der Kinderkörper muss einem sich entwickelnden Erwachsenenkörper mit Geschlechtsreife weichen. Die Veränderung in der Hormonproduktion beeinflusst nicht nur die körperliche Veränderung, sondern führt zu neuen

Erlebens- und daraus resultierend Verhaltenserfahrungen. Bei den Mädchen hat sich der Zeitpunkt der ersten Regel in den letzten 200 Jahren weit nach vorne verschoben: Waren die Mädchen früher 17 Jahre, so sind sie heute elf bis 13 Jahre alt (vgl. Fend 2000, S. 228; Specht 1996). Der körperliche Reifungsprozess der Jungen steht mit ein bis zwei Jahren Verzögerung an. Zu frühe (unter 11 Jahren) oder zu späte Anzeichen von Pubertät (über 17 Jahren) scheinen mit Stresserfahrungen und Belastungen einherzugehen, die entweder ein »Bloß-schnell-Groß-werden« oder ein »Lieber-nicht-Großwerden« bewirken. Beides sind Bewältigungsstrategien für tiefgreifende Probleme und führen in der Folge zu großen Belastungen (Haug-Schnabel/Schnabel 2008; Weichold et al. 2008) mit Auswirkungen für die weitere Entwicklung. Das sich ausformende körperliche Erscheinungsbild ist im Wesentlichen genetisch vorbestimmt und das sich entwickelnde Selbstkonzept muss sich mit diesen Vorgegebenheiten arrangieren, was nicht immer konfliktfrei abläuft. Ob die Beine kurz oder lang sind, das Becken oder die Schultern schmal oder breit, die Brüste voll oder klein, die Körpergröße und der Körperbau wohlproportioniert und stabil, oder ob eine Neigung zu Fülle oder zu Schlankheit besteht, muss als wenig zu beeinflussende Realität in das sich neu formierende Körperbild integriert werden. Die subjektiven Vorstellungen von Weiblichkeit und Männlichkeit und diese genetische Vorgabe können weit auseinander klaffen und deren allmähliche Akzeptanz stellt eine der ganz wesentlichen Entwicklungsaufgaben in diesem Altersabschnitt dar.

Erkenntnisfortschritte in der Neurobiologie erweitern das Wissen über diesen körperlichen Umbauprozess auch hinsichtlich des neuronalen Netzwerkes, das ebenfalls eine Neuorganisation erfährt – quasi »Gehirn im Ausnahme-Zustand« (Wüsthof 2006). Unter dem Einfluss der Hormone sterben Gehirnzellen ab, Verbindungen werden gekappt und viele Neuronen neu verdrahtet. Somit gehen ca. 30% der Rezeptoren für den Botenstoff Dopamin verloren, der u.a. für Glück und Zufriedenheit zuständig ist. Daher kommt es häufig zu Gefühlen wie Leere, Desinteresse und Lustlosigkeit. Die damit einhergehenden Stimmungsschwankungen erklären die Suche nach einem »Kick«, um sich in irgendeiner Erregung wieder zu spüren. Gerade diese innere Leere kann ein Grund für das Experimentieren mit Drogen sein, da psycho-aktive Stoffe im Gehirn die Dopamin-Rezeptoren anregen, die das Belohnungszentrum stimulieren und einen gewissen Glückszustand erzeugen (Murr-Brück 2005). Wenn dieser neuronale Prozess im Verbund mit hormonellen Stimmungsschwankungen auf eine schon zuvor instabile psychische Struktur trifft, die sowohl in der Affektregulation als auch im

Bindungsgeschehen wenig Sicherheit erfuhr, vermag dies eine Erklärung dafür zu liefern, warum diese Phase dann nicht nur zu einer normativen Krise, sondern für alle Beteiligten zu einer stark überfordernden Zeit wird.

10.2 Die psychischen Umbauprozesse

Diese Zeit der Reifung umfasst aber nicht nur die beschriebene körperliche Neuformierung. Auch auf seelischer Ebene finden Umbauprozesse statt; psychisch bis dahin Entwickeltes wird auf seine Sinnhaftigkeit überprüft und erfährt eine Neubewertung, die eventuell dazu führt, die bisher gültigen Einschätzungen über Bord zu werfen. Die damit einhergehende Orientierungslosigkeit erklärt die Zustände von Unruhe und Unlust sowie Reizbarkeit und Ratlosigkeit, die für die Umgebung gepaart mit aggressiv-feindseligen oder passiv-resignierenden Dauereinstellungen und Umschwüngen der Stimmung oft nur schwer zu ertragen sind. Unberechenbarkeit, Unzuverlässigkeit und innere Disharmonie gehören zum Bild des sich entwickelnden Jugendlichen. Das Weiterbestehen von Harmonie und innerem Gleichgewicht sind unter diesen dramatischen Veränderungsbedingungen eher ungewöhnlich und lassen auf einen Anpassungsprozess an zuvor schon bestehende Strukturen schließen, der jedoch auf Kosten des anstehenden innerpsychischen Individuationsprozesses geht. 1960 beschrieb Anna Freud das Weiterbestehen von innerem Gleichgewicht und Harmonie als »eine abnorme, nicht eine normale Erscheinung, die dringend einer Behandlung bedarf« (S. 21).

Die psychodynamisch ausgerichtete Entwicklungspsychologie sieht in dieser Phase den zweiten großen Schritt in der psychischen Entwicklung. Der erste findet gegen Ende des zweiten Lebensjahres in der schon beschriebenen Trotzphase statt, in der sich das Kind nach dem Aufbau einer sicheren Bindung als mutiges Hänschen-klein in das Leben hinauswagt und dabei auf innere und äußere Realitäten stößt, die mit dem zuvor entwickelten »Liebesverhältnis mit der Welt« (Greenacre 1957) nicht zusammenpassen. Faszinierend liegt die Welt vor dem kleinen Kind und scheinbar alles ist greifbar und möglich – bis am Horizont die Ahnung heraufdämmert, dass der Erwerb von Fertigkeiten zur Bewältigung vieler Dinge mühsam ist und Begrenzungen und Verzicht zur Realität gehören. Ähnlich geht es nun auch einem Adoleszenten, vor dem sich die Welt in aller Fülle auftut, und der erneut – wie in der früheren Lebensphase – nun die Erfahrung machen sollte, dass es bei allen scheinbar neuen Möglichkeiten aber auch schützende Ordnungen, Orientierungen, sicherheitsgebende Rahmenbedingungen und unveränderliche Realitäten gibt. Wie in der früheren Wiederannäherungskrise muss sich das entwickelnde Selbst »überlegen«, ob es den häufig steinigen Weg in die Zukunft wagt oder ob der fürsorgliche, mütterlich-elterliche Raum (»Hotel Mama«) der Ort der Zukunft sein soll. Die Verführung zum Rückfall ist groß, weswegen es in einer progressiven Entwicklung bei heranwachsenden Jungen häufig zur Entwertung des Mütterlichen kommt (»alle Weiber sind blöd«) und bei beiden Geschlechtern des Elterlichen (»bloß nicht so wie die«), was zu großer innerer Ambivalenz und Orientierungslosigkeit führt (vgl. Blos 1973/2001). Mit ständig unzufriedenem Gesicht, muffig-mauligem Gebaren und massiv unbeholfener Abwehr wird die Abgrenzung gesucht. Emotionale Leere, nicht benennbare Trauer, depressive Verstimmungen und scheinbar unbegründete Aggressionen prägen die Grundstimmung (vgl. Lampl-de Groot 1965). Frühere Entwicklungsschritte werden auf stabile Bausteine abgetastet und jede mürbe Stelle wird sichtbar – jedoch mit pubertärer Überzeichnung. Nicht bewältigte Konflikte aus früherer Zeit werden zu lösen versucht, und kindliche Probleme, die nicht integriert werden konnten, erscheinen im pubertären Gewand. Verhaltensweisen der frühen Kindheit können wieder auftauchen und melden sich genauso zu Wort wie machtvolle Wünsche, die in die Zukunft gerichtet sind. Der Buchtitel Prechts (2008) »Wer bin ich, und wenn ja, wie viele« könnte daher auch als Überschrift für diesen dramatischen Entwicklungsprozess fungieren.

Der emotionale Rückzug von den Eltern, die Verlagerung deren Bedeutsamkeit in das eigene Selbst und die gleichzeitig fehlende innere Kohärenz machen erklärbar, warum Körperkult und intensives Körpererleben dringend gesucht werden: um sich in dieser Dauerbaustelle wenigstens körperlich zu spüren. Schmerzlich verläuft gelegentlich die Anerkennung und Hinnahme der individuellen Eigenart mit allen Vorzügen und Mängeln der körperlichen, kognitiven und seelischen Existenz. Aus der Spannung zwischen der Realität und den Idealen, aus den Gefahren bei der Auswahl künftiger Selbstvorstellungen und aus der Spannung von Begabungswunsch und Begabungswirklichkeit ergeben sich oft leidvolle Einsichten, denen man sich stellen muss. Größenträume der Kindheit sollten modifiziert und zu realistischen Persönlichkeitsanteilen umgeformt werden. Das Gefühl der eigenen Begrenztheit, der Existenz überhaupt, schafft Angst und manch ein Heranwachsender versucht daher, für immer in diesem Übergangsstadium zu bleiben.

10.3 Die Abgrenzung von den Eltern

Während dieser Reifungsperiode gilt es zudem, eine Abgrenzung von den Eltern und eine realitätsgerechte Wiederfindung bei gleichzeitiger Selbstdefinition zu vollziehen: d.h. eine eigene Persönlichkeitsidentität zu entwickeln und seinen Platz in der Gesellschaft zu finden (Blos 2001). Der Prozess der Herstellung eines neuen innerseelischen Gleichgewichts involviert Symptome der Zwiespältigkeit, der Labilität, der Aggression, der Niedergeschlagenheit und des gleichzeitigen Freiheitsdrangs. Aber auch der aktive und passive Protest des Jugendlichen, seine aggressiven Ausbrüche, die passive Resistenz der eigenen Familie gegenüber und das resignierende Ausweichen dieser, in der alles »nur noch peinlich« ist, sind Teil davon. Das Aufbegehren gegen jegliche Ordnung, gegen Lehrer und Schule und überhaupt gegen alle fordernden Instanzen gehören zur klassischen Form puberal überspitzter Opposition gegenüber jeder Art tatsächlicher oder vermeintlicher Bevormundung und gegen die Vorenthaltung von Gleichberechtigung und Selbständigkeit. Der heutige Jugendliche wird von einer Fülle von Informationen und Reizen überschüttet und da sein psychisches und neuronales Verarbeitungssystem nicht anders ist als das der Menschen in den vergangenen Jahrhunderten, steht er häufig vor einer im Grunde nur schwer zu bewältigenden Lebensaufgabe. Es ist in dieser Umbruchszeit nicht einfach, die kindliche Abhängigkeit, die Sicherheit vermittelte, aufzugeben, und es scheint, dass gerade dieser enormen Anziehungskraft nur mit Protest und Aversion entgegengewirkt werden kann. Jedoch macht der Prozess der Abgrenzung nur dann Sinn, wenn in diesem sicheren Hafen, aus dem man nun auslaufen möchte, die schützenden Bindungsbeziehungen, die einen für die Expedition ins Leben rüsten, vorhanden waren. Wenn schon zuvor die Bindungen schwach und die Freiräume verunsichernd waren, wenn eine funktionelle Eigenständigkeit statt einer strukturellen Reife vorherrschte, erschwert dies die eigentliche pubertäre Aufgabe, d.h. die Entwicklung einer echten Identität und psychischen Stabilität.

Eltern werden heute von den Kindern und Jugendlichen mehrheitlich als partnerschaftlich erlebt. In einem langsamen Prozess haben sich seit 1969 die Erziehungsnormen Gehorsam, Ordnungsliebe und Fleiß in Selbständigkeit und freien Willen verwandelt; Statt eines Befehlshaushaltes hat sich eine Verhandlungsfamilie etabliert. Die Nach-69er-Generationen schufen in ihrem Befreiungsstreben die Legende vom kompetenten und sich-selbst-bestimmen-wollenden Kind. Man tendiert seither zu der Meinung, man tue den Kindern und

Jugendlichen Bestes, wenn man ihnen möglichst viel Freiraum und Selbstorganisation überließe, was dann aber immer wieder auch zur Folge hat, dass sich der Heranwachsende häufig in psychisch und familiär leeren Räumen befindet und letztendlich mit vielfältigen Angeboten und Entwicklungsaufgaben allein gelassen wird (vgl. Rass 2010). Eltern, die sich als Kumpel und Freund anbieten, somit die Generationenabfolge nicht achten, bieten keinen »Fels in der Brandung«. Sie sind kein Gegenüber, an dem sich der Heranwachsende reiben und spüren kann, was aber eine Bedingung für die Ablösung wäre. Dieser Mangel, der das Herausarbeiten der Abgrenzung und Differenz erschwert, führt vor allem zur Identifikation mit und der Imitation von Gleichaltrigen. Damit geht aber auch die Bedeutung der Auseinandersetzung mit überlieferten Normen, Werten und Traditionen zurück. Die oft zu beobachtende Gleichgültigkeit gegenüber gesellschaftlich-kulturellen Werten und Überlieferungen, die jedoch das Selbstbild beeinflussen, mag hier ihre Wurzeln haben. Im 10. Kinder- u. Jugendbericht hieß es schon 1998 (S. 19): »Bei aller Aktivität in der Aneignung von Wissen und Können, Normen und Sinn, brauchen Kinder erklärende und Regeln anbietende Eltern und andere Erwachsene (…) Wenn Achtung und Vertrauen, Unterstützung und eigene Anstrengung das Verhältnis zwischen den Generationen prägen, scheinen die Voraussetzungen am besten gesichert, geschichtliche Erinnerungen und Sehnsucht nach gerechtem und fürsorglichem Zusammenleben weiterzugeben, zugleich aber auch die Innovationen zu erreichen, die aus der Spannung zwischen den Generationen hervorgehen«. Von Fürsorgepersonen, die diese Reibungsfläche jedoch nicht bieten, kann sich ein Heranwachsender strukturell nicht abgrenzen und lösen. Heranwachsende suchen bei den Erwachsenen Erfahrungsvorsprung, weil er Schutz bedeutet: Sie brauchen – trotz allen Protestes – die sicherheitsgebenden Grenzen eines von Responsivität geprägten Rahmens, innerhalb dessen sie sich erfahren und ihre Potenziale entfalten können.[11]

Die meisten Heranwachsenden meistern diese kritische Phase, ohne therapeutische Hilfe in Anspruch nehmen zu müssen, dennoch ist es nicht leicht zu beurteilen, ob sich der intensive Liebeskummer einer 13-Jährigen noch im Bereich des Normalen bewegt oder ob eine pathologische Dimension mit Suizid-

11 Dies gilt auch für die Erzieher in der »2. Reihe« – d.h. für die professionellen Pädagogen, die das heutige Kind über die meisten Stunden seiner wachen Tageszeit begleiten. Auch sie dürfen sich nicht hinter ihrem Lern- und Bildungsauftrag verstecken, sondern müssen als Personen kontinuierlich emotionale Bezogenheit und Sicherheit vermitteln (vgl. Rass 2010).

gedanken einer depressiven Erkrankung erreicht ist. Grundsätzlich kann es sich bei dem Versuch eines Mädchens, sich eine Idealfigur anzuhungern, um ein vorübergehendes Phänomen handeln – ausgelöst beispielsweise durch die bekannte Sendung Heidi Klums:, »Germany's next topmodel« –, es kann aber auch der Beginn einer Anorexie sein, die eventuell lebensbedrohliche Ausmaße annimmt. Auch kann der Versuch, sich über Ritzen Entlastung von psychischer Anspannung zu verschaffen, eine Nachahmung von allzu häufig Erlebtem in der altersgleichen Umgebung sein und sich für das betroffene Mädchen bald als unsinnig erweisen. Trifft dieses Geschehen jedoch auf eine intrapsychisch große Not, kann sich – durch das dabei tatsächlich erlebte Gefühl der »Erlösung« – eine pathologische Entwicklung anbahnen. Ebenso schwierig ist der Drogenkonsum von Jugendlichen einzuordnen, die mit Haschisch, Alkohol und Designerdrogen experimentieren. Diese Experimente sind für viele Jugendliche typisch, jedoch führen sie bei manchen zum Griff nach härteren Drogen und zu Abhängigkeiten. Gleiches gilt für autodestruktives Verhalten, das vom Risikosport mit hoher Verletzungsmöglichkeit bis hin zu selbstverletzendem Verhalten reichen kann, wobei ersteres mehr bei Jungen und letzteres häufiger bei Mädchen vorkommt (Endres 2008).

10.4 Die Peergroup als »Entwicklungshelfer«

Von großer Bedeutung ist die Gruppe der Gleichaltrigen, die als Spiegel fungiert und Momente der Gleichheit, Souveränität und des gemeinsamen Interesses gewährleistet – auch um gemeinsam die Durchsetzung eigener Anliegen und Selbstdarstellungen gegen den Widerstand des Erwachsenenumfeldes zu erreichen. In dieser Ablösungsphase wird somit der sicherheitsgebende Rahmen der Familie nicht ersatzlos aufgegeben, das Getragensein in der Gleichaltrigen-Gruppe bietet vielmehr eine neue Stütze, was in diesem Ablösungsgeschehen sehr wichtig ist. Die Untreue der »besten Freundin« – quasi eine Verlängerung und Modifikation der innigen Mutter-Tochter-Beziehung – kann ein dramatisches Verlusterleben darstellen. Außerordentlich problematisch ist es für Heranwachsende, wenn sie in der altersgleichen Gruppe keinen oder einen ungünstigen Platz innehaben oder sich als Peergroup eine Gruppe mit unguten oder destruktiven Zielen wählen. Im günstigen Fall trägt die Peergroup durch eine Abstimmung sinnvoller Aktivitäten und Hobbys zur Orientierung und Stabilisierung bei und gewährt ein gewisses Maß an außerfamiliärer emotionaler Geborgenheit, was dem Gefühl der Einsamkeit durch die Ablösung von der Familie entgegenwirken kann. Die Gruppe bietet zudem sozialen Freiraum für die Erprobung neuer Möglichkeiten des Sozialverhaltens. Innerhalb dieser Gruppe, die als »Entwicklungshelfer« dienen kann (Seiffge-Krenke 2007, S. 62), kann es zu Identifikation und Selbstdarstellung kommen. So wichtig die Peergroup ist, sie sollte die Familie jedoch nicht vollständig ablösen, sondern nur als eine notwendige Ergänzung – quasi als Übergangsraum – genutzt werden (ebd. S. 59; Fend 2000).

Es gibt im Leben immer wieder wichtige Phasen, deren Bewältigung erheblichen Reifungszuwachs mit sich bringt. Auch das Eingehen einer Liebesbeziehung nach der Ablösung von den Eltern markiert eine neue Qualität im Bindungs- und Beziehungsgeschehen. Bis dahin erworbene stimmige Persönlichkeitsanteile werden im Schmelztiegel der neuen Liebeserfahrungen stabilisiert und strukturierter, währenddessen eventuell »unerledigte« Entwicklungsaufgaben noch einmal aufgegriffen werden. Wenn alte seelische Wunden dann noch einmal bluten, vermag das »Überleben« des Liebeskummers eine Reorganisation und Neuformierung einzuleiten.

10.5 Sinnlichkeit und psychosexuelle Identität

Ein wichtiger Aspekt dieser Phase ist die Entwicklung einer psychosexuellen Identität und deren gelebter Ausdruck. Vergleichbar mit der Entwicklungslinie der kindlich trotzigen und aufbegehrenden Aversion hin zu einer reifen Fähigkeit der Grenzziehung und Durchsetzung, sucht das Kind von Anfang an Gefühle des körperlichen Wohlbehagens und bildet Schemata und Fantasien, die die hedonistische Körpererfahrung ausgestalten. Sinnlicher Austausch mit den vertrauten Bezugspersonen in der Kindheit bereitet sowohl den Geist als auch den Körper auf eine sinnliche Sexualität mit wechselseitigen Erregungs- und Vitalisierungserfahrungen vor. Wenn das Sehnen nach körperlichem Wohlbehagen in der Kindheit auf keinen zärtlichen Austausch und Abstimmung stößt, dann können sich die Sexualität und die damit einhergehenden Fantasien aus einem ganzheitlichen sinnlich-erotischen Körpererleben herauslösen und in Richtung bloßer lüsterner Erregungssuche und Befriedigung verlagern (Lichtenberg 2009). Natürlich spielen auch in diesem Erlebensbereich die früheren Erfahrungen als Mädchen oder als Junge eine große Rolle. In Kapitel 8 wurde aufgezeigt, dass die Entwicklung einer weiblichen oder männlichen Identität umso befriedigender und stimmiger verläuft, je adäquater die primären Bezugspersonen dem unterschiedlichen sehr individuellen geschlechterbezogenen Streben Entfaltungsräume zuerkennen.

Seit ca. 20 Jahren ist eine Vorverlagerung der sexuellen Aktivitäten zu erkennen, was offenbar mit der früher einsetzenden Geschlechtsreife in Zusammenhang steht. Dabei erleben die männlichen Jungendlichen den sexuellen Kontakt häufig als etwas, das auch losgelöst von einer Beziehung existieren kann, während Mädchen Sexualität in Verstehen, Zärtlichkeit und Rücksichtnahme eingebettet sehen wollen. In der Langzeitperspektive betonen beide Geschlechter die Werte von Bindung, Verlässlichkeit und Treue (vgl. Oerter/Dreher 2002, S. 283 ff.) Die früh gelebte Sexualität erfährt kaum noch Einschränkungen seitens der Eltern. Spätestens ab dem 15. Lebensjahr darf der Freund/die Freundin – zumindest am Wochenende – beim jeweils anderen übernachten und häufig werden auch Urlaube miteinander verbracht. Das große gemeinsame Zeitkontingent führt zu großer Nähe, was dazu führt, dass die dennoch immer wieder eintretenden Trennungen am »Ende der Beziehung« sehr großen Schmerz auslösen. Es stimmt nachdenklich, dass die Eltern dieses Nähe-Geschehen nicht besser »dosieren« helfen, um den meist zu erwartenden Stress erträglicher zu machen. Zuweilen erweckt die »Großzügigkeit« den leisen Verdacht, dass die Eltern – insbesondere die Mutter – sich mit dem Eingehen der Liebesbeziehung ihres Sohnes oder ihrer Tochter aus der Verantwortung in Bezug auf Versorgung mit »Liebe« herauszuschleichen versuchen. Das scheinbar nahtlose Überwechseln von der Herkunftsfamilie zur partnerschaftlichen Jugendlichenbeziehung lässt wenig Zeit für das »Für-sich-Sein« (Spranger 1924), was als Übergangsraum zum Etablieren zuverlässiger Abgrenzungsfähigkeiten und individueller Persönlichkeitsbausteine durch die Ausgestaltung von Innenräumen wichtig ist. Häufig führt dieses frühe »Sich-als-erwachsen-Wahrnehmen« zu heftigen Konflikten aufgrund bestehender Alltagsstrukturen (z.B. Freiräume vs. Schul- und Haushaltspflichten), die die Eltern vertreten (sollten). Unter günstigen Umständen führen die heftigen Diskussionen bei den Heranwachsenden zu »überlebbaren« Kompromissen und bei den Eltern zu ebenfalls »überlebbaren« stützenden Billigungen, die von elterlicher Verantwortung geprägt sind.

10.6 Schule und beruflicher Entwurf

Mehr denn je haben Schule und berufliche Ausbildung einen besonders hohen Stellenwert und vermitteln wichtige Komponenten der Identität (Fend 2000). Schulische Leistung und Erfolg sind hoch besetzt, entsprechend problematisch sind Selbstbewertung und Selbsteinschätzung, wenn statt erfolgreicher Leistungen Misserfolge dominieren. Das subjektive psychische Wohlbefinden eines Heranwachsenden – aber auch das seiner Eltern – ist somit nicht unerheblich sowohl an seinen Schulerfolg als auch an einen guten Platz in der Gruppe der Gleichaltrigen gebunden.

Die meisten Eltern sind heutzutage schon ab dem Grundschulalter, einige sogar schon in der Kindergartenzeit bemüht, ihre Kinder zur größtmöglichen Leistungsfähigkeit zu führen, was im Falle einer unzureichenden Begabung zu großem Stress und immer wieder auch zu Misserfolg führt, der dann belastende Auswirkungen auf das Selbstbild hat. Bei den weiterführenden Schulen liegen das Gymnasium (33 %) und die Realschule (27 %)[12] in Bezug auf die Wertschätzung weit vor der Hauptschule (24 %)[13], die im Wesentlichen – häufig unberechtigt – ein negatives Image hat (und deswegen in vielen Bundesländern abgeschafft oder in die Werkrealschule übergeführt wurde). Höhere Schulbildung auf direktem Wege anzustreben wird der Möglichkeit des zweiten Bildungsweges mit einem auf den einzelnen zugeschnittenen »Baukastensystem« vorgezogen. Das ist umso erstaunlicher, da doch viele Erwachsene selbst diesen Weg beschritten und dabei die Erfahrung gemacht haben, dass das zuvor erworbene praktische Knowhow zum späteren Studium die ideale Ergänzung darstellte. Nachhilfeorganisationen boomen und sind durch die stetige Nachfrage völlig ausgelastet, so dass neben dem Regelschulsystem ein privates Stützungssystem besteht, in das mehr als eine Milliarde Euro fließt. Das immer wieder so sehr verschmähte dreigliedrige Bildungssystem hat jenen Vorteil, dass sich jeder Heranwachsende seine Schullaufbahn auf die ihm eigene Begabungsstruktur zuschneidern könnte, was Misserfolge zu verhindern vermag. Nicht wenige Heranwachsende leben jahrelang durch den Besuch einer sie enorm fordernden Schule an der Grenze ihrer Belastbarkeit, was erhebliche Auswirkungen auf ihre psychische Gesundheit

12 Statistisches Bundesamt 2009.

13 Statistisches Bundesamt 2009.

hat – trotz scheinbaren schulischen Erfolgs –, da wenig Reserven für die Bewältigung anderer Lebensbelastungen bestehen.

Die Zunahme an jungen Menschen, die einen höheren Schul- und Bildungsabschluss anstreben, hat die Berufswahl und den Eintritt ins Arbeitsleben weiter in das fortgeschrittene Jugend- und junge Erwachsenen-Alter hineinverlagert, so dass die Ernüchterung – dass man gar nicht weiß, was man mit dem jeweiligen Abschluss anfangen soll und dass trotz Abitur und Hochschulstudium noch lange nicht alles möglich ist – erst später eintritt und bis dahin eventuell unrealistische Vorstellungen vorherrschen können. Auch nutzen viele junge Menschen »Warteschleifen« (z.B. Praktika), um mit der Lebensrealität in Kontakt treten zu können und um zu einem beruflichen Entwurf zu gelangen. Trotz alledem liegt die Abbrecherquote bei Ausbildungsberufen kontinuierlich bei mehr als 20 %[14]. Bei Studienabbrüchen lag sie 2008 bei 21 %, wobei sich gravierende Unterschiede in den verschiedenen Disziplinen zeigen – z.B. viele Abbrüche in den Fachgruppen Mathematik/Naturwissenschaften und wenige bei Pharmazie und Medizin[15]. Seit Einführung der Bachelor-Studiengänge erfolgt der Abbruch aufgrund von ungenügenden Studienleistungen häufiger und früher.

Die Bewertung der Abbrüche ist schwierig: 31 % aller befragten Studienabbrecher fühlten sich den Studiumsanforderungen nicht gewachsen. 18 % brachen wegen mangelnder Motivation und falschen Vorstellungen ab.[16] Dies bedeutet, dass sich der berufliche Selbstentwurf und die Selbsteinschätzung als nicht tragfähig erwiesen. Das Hochschulstudium zielt seit den Bologna-Beschlüssen auf »Theoriegewinn in Rekordzeit«, was eventuell die vielen Schüler, die die weiterführenden Schulen nur durch Nachhilfe (s.o.) zu bewältigen vermögen, überfordert. Die früheren Diplom-Studiengänge besaßen einen breiteren Zeitrahmen, der z.B. das Wiederholen von Prüfungen leichter machte. Es ist für junge Menschen schwer, sich im Dickicht von Informationen, Wahlmöglichkeiten und Anforderungen zurechtzufinden. Zwei bis drei Jahre nach dem Abitur sind die Suchbewegungen – häufig mit dabei erworbenen Praxiserfahrungen – zielgerichteter und erfolgreicher (Knauf 2010).

Der große Freiraum in der Berufs- und Lebensgestaltung und die damit einhergehende Entscheidungsnotwendigkeit setzen einen stabilen Persönlichkeits-

14 Statistisches Bundesamt 9/2003.

15 HIS-Studienabbruchsuntersuchung, Pressemitteilung 12. 1. 2010.

16 Weitere Gründe sind Krankheit, familiäre Probleme, berufliche Neuorientierung, u.ä.

kern und ein hohes Maß an innerer Struktur und stabile selbstregulatorische Systeme, d.h. die Ergebnisse internalisierter kontinuierlich sicherheitsvermittelnder Bindungserfahrungen voraus. Krampen und Reichle (2002) beschreiben als wichtigste Prädiktoren beim Studienabbruch eine sozioemotionale Vulnerabilität (S. 330). Die autonome Adaption an neue Lebenssituationen, eine positive Selbsteinschätzung und Identifikation mit dem Studienfach und ein freudiges Erleben der neuen Umwelt gelingt dadurch häufig nicht.

10.7 Das Erwachsenenleben ruft

Bis zum wirklichen Auszug aus dem Elternhaus haben beide Parteien viele Schwellensituationen und Krisen zu meistern. Beide Seiten müssen sich jeweiligen Entwicklungsaufgaben stellen und sowohl Erfolge als auch Misserfolge beeinflussen wechselseitig den jeweiligen Prozess und schaffen Vorgegebenheiten für Zukünftiges. Das Hineinwachsen in die neue Rolle kann in unserer modernen Gesellschaft stark individualisiert und gelegentlich sehr langandauernd sein. Einige schaffen es frühzeitig und kompetent, andere benötigen fast das ganze dritte Lebensjahrzehnt. Die verschiedenen Entwicklungslinien in den Erwachsenenstatus verlaufen dabei ungleichzeitig und wirken dadurch psychisch verunsichernd. Einerseits haben 18-Jährige viele formale Rechte (Geschäftsfähigkeit, Ehemündigkeit, Wahlrecht), andererseits sind sie oft noch weit davon entfernt, ihr Leben autonom und selbständig gestalten zu können, da sie sich in Ausbildung oder Studium befinden. Sie sind ökonomisch abhängig und haben dadurch meist noch keine verantwortliche Rolle in der Gesellschaft übernommen. Die Ausbildungsphase und der für viele junge Menschen schwierige Einstieg in die berufliche Vorbereitung verlegt für einen beträchtlichen Teil der jungen Erwachsenen ein entscheidendes Kriterium für den Erwachsenenstatus weit nach hinten – das sind Berufsfähigkeit und finanzielle Unabhängigkeit.

Wie gut diese Entwicklungsaufgaben gemeistert werden beeinflusst wesentlich den Prozess der fortgeschrittenen Adoleszenz und des beginnenden frühen Erwachsenenalters. Bei angemessener Bewältigung, wozu man in einer immer komplizierter werdenden Welt auch immer mehr Zeit braucht, ist ein erheblicher Reifungszuwachs möglich, der dringlich notwendig ist, um sich den Aufgaben des Erwachsenenalters stellen zu können.

Einmal mehr kommt der ganzheitliche Prozess der Entwicklung, der schon in den vorausgegangenen Kapiteln aufgezeigt wurde, in den Blick. Gerade in Übergängen, d.h. von einer Seins-Form in eine andere, zeigen sich die Tragfähigkeit und Flexibilität des zuvor Erreichten: deren Elastizität, um nach der großen pubertären »Interruption« zu einer stimmigen Reorganisation im auftauchenden jungen Erwachsenenalter zu gelangen. Die normative Krise des Jugend- und des frühen Erwachsenenalters ist der erste große Übergang im Leben – weg von der Angewiesenheit auf elterliche Fürsorge und Bindung hin zu Eigenverantwortung, Selbstreflexion und Ausgestaltung eines selbst gewählten Beziehungslebens.

TEIL C: Zentrale Themen im Erwachsenenalter

11 Entwicklungslinien im Erwachsenenleben

Der bisherige Lebensverlauf beschrieb Phasen der Vorbereitung für die aktive Übernahme von Selbst- und Fremdverantwortlichkeit. Schon an der Dauer dieser Entwicklungszeit wird erahnbar, wie grundlegend wichtig die vorausgegangenen Reifungsabschnitte sind, um sich den nun auftauchenden Lebens- und Entwicklungsaufgaben mutig und stabil stellen zu können. Deren Bewältigung führt zu einem Zuwachs an Erfahrung und Wissen, was für die nächste Generation in sinnstiftende Zusammenhänge zu bringen ist. Nach den zuvor beschriebenen Phasen der Adoleszenz kommt die aufkeimende Erwachsenenzeit gegen Mitte des dritten Lebensjahrzehnts zu einem Abschluss und mündet in das frühe Erwachsenenalter. Zwischen dem 35. und 40. Lebensjahr ist dann das mittlere und um die Mitte des siebten Lebensjahrzehnts das späte Erwachsenenalter erreicht. Da es in der Entwicklung keine Sprünge und meist keine abrupten Veränderungen gibt und zudem erhebliche Unterschiede zwischen den Menschen bestehen, ist es nicht möglich, Anfang und Ende dieser Lebensabschnitte zeitlich festzulegen.

11.1 Älter-Werden hat Zukunft

Die heutige Vorstellung vom Prozess des Alterns verschiebt den Schwerpunkt vom »ständigen Nachlassen« hin zum dynamischen Lebensverlauf (vgl. Mayering/Saup 1990; Sonnenmoser 2009, S. 222). Immer wieder muss sich der Mensch im Laufe seines Lebens neu organisieren, anpassen und weiterentwickeln, um sich den Entwicklungsaufgaben und Herausforderungen der jeweiligen Lebensphase stellen zu können. Bei diesem Prozess spielt das sozioemotionale Erleben eine große Rolle, das die Qualität und die Länge des Lebens entscheidend beeinflusst. Wie in den vorausgegangenen Kapiteln beschrieben, bestimmen sowohl schöne als auch belastende Erlebnisse die Biochemie unseres Gehirns, hinterlassen Spuren und reichen zu Beginn des Lebens bis ins Erbgut hinein. Die neueste Hirnforschung zeigt, dass sich das Gehirn das ganze Leben hindurch verwandelt und dass es wächst, dass graue Zellen fortwährend neu entstehen und sich nicht nur der Hypocampus, sondern auch andere Teile des Gehirns ständig erneuern (Doidges 2008). Diese Erkenntnisse stellen eine echte Revolution in der Hirnforschung dar, da diese Befunde weitreichende Folgen für die Sozialwissenschaft haben. Nichtsdestotrotz ist es schwierig und mühsam, »eingerostete« hirnorganische Fähigkeiten wieder aufzubauen. Prävention und Aufklärung sind somit außerordentlich wichtig, um Geist und Körper auf dem Laufenden zu halten. Geistige Fähigkeiten bleiben bei den meisten gesunden Menschen unter Voraussetzung des ständigen Benutzt-Werdens bis weit ins achte Lebensjahrzehnt erhalten. Die Intelligenz-Entwicklung – ähnlich wie beim Kind – kann nur in einem körperlich und mental bewegten Prozess fortschreiten, der in die lebendige und praktische Alltagsforderung integriert ist (Mayring/Saup 1990, S. 105–124).

In weiten Teilen der Welt werden die Menschen immer älter. Enorme Fortschritte in der Medizin und Hygiene sowie ein höherer Lebensstandard haben dazu geführt, dass sich die Lebenserwartung in den vergangenen 100 Jahren nahezu verdoppelt hat. Frauen haben derzeit eine Lebenserwartung von mehr als 80 und Männer von 75 Jahren (Heuser/Niejahr 2000). Dieser Zuwachs an Jahren ist für jeden Menschen eine Herausforderung und Chance zugleich. Eine generelle Veränderung der Lebensstile lässt traditionelle Rollenbilder verblassen, so dass neue Vor- und Leitbilder nicht vorhanden sein können. Die Suche nach einer befriedigenden Altersidentität steht somit vielerorts an. Wie schnell man altert, hängt mehr von den gesammelten Lebenserfahrungen als von den genetischen Bedingungen ab, und das kalendarische Alter sagt nur bedingt etwas über das biologische und sozioemotionale Alter aus. Zudem werden die Menschen in besserer Gesundheit alt (Vaupel 2010).

Am auffälligsten verändert der Mensch sein körperliches Aussehen, während die Veränderungen im psychischen Bereich eher schwer zu fassen sind. Der Begriff »Entwicklung« ist hier mehrdeutig. Eine Entwicklung kann vorliegen, wenn sich eine Funktion verbessert, so z. B. eine Steigerung der intellektuellen Leistungsfähigkeit, aber auch wenn sich z. B. die Sehkraft vermindert. Entwicklung versteht sich somit als ein Prozess mit Gewinn- und Verlustanteilen. Die heutige mögliche Beobachtung und Forschung widerlegt frühere Annahmen, dass das höhere Alter nur durch Verlustprozesse zu kennzeichnen wäre. Weit überdurchschnittliche Leistungen sind in der menschlichen Geschichte meist von Künstlern in späteren Lebensabschnitten erbracht worden: Verdi komponierte mit 80 Jahren den »Falstaff«; Goethe dichtete mit 82 Jahre den »Faust«; Eric Kandel bekam im Jahr 2000 mit 71 Jahren den Nobelpreis; weitere Beispiele sind der große Philosoph Gadamer, der 100-jährig brillante Reden hielt sowie der geniale Maler Picasso, der hochbetagt große Werke schuf; oder der 14. Dalai Lama, der weit im achten Lebensjahrzehnt mit tiefer Nachdenklichkeit und ergreifenden Worten um die Achtung der Menschenrechte kämpft.

Im höheren Alter können erwiesenermaßen sehr hohe Leistungen vollbracht werden, da auf Leistungsreserven und Erfahrungen zurückgegriffen werden kann[17]. Beim älteren Menschen vergesellschaften sich Reife, Komplexität und eine Einsicht in die Zusammengehörigkeit von Gegebenheiten, die ein jüngerer Mensch einfach noch nicht aufweisen kann. Jüngere Menschen lernen schlicht anders als ältere, die den jüngeren aber dennoch in nichts nachstehen müssen. Kognitive Funktionen besitzen ein hohes Maß an Plastizität und es kommt sehr wohl darauf an, wie der ältere Mensch seine Fähigkeiten trainiert und damit wesentlich zum differenziellen Verlauf seiner Intelligenz beiträgt[18] Dieser Lern- und Wissensdurst und eine weit verbreitete Reiselust der älteren Menschen gibt Anlass zu der Vermutung, dass das Leben zumindest dieser beschriebenen Gruppe genügend Raum für Bindungssicherheit geboten hat, denn diese ist Voraussetzung, um sich freudvoller Expansion und Exploration – auch im Alter – zuzuwenden. Diese expansionsfreudigen älteren Menschen haben als Kinder oder junge Erwachsene den Zweiten Weltkrieg und die Nachkriegsjahre

17 P. B. Baltes beschäftigt sich mit den Stärken und Schwächen in den vielen Phasen des Lebens und kommt zu dem Schluss, dass Jungsein in sozialen Situationen nicht von Vorteil sein muss. Das Alter mit den gesammelten Erfahrungen und der dabei erworbenen Reife und Geisteskraft stellt ein »wertvolles Humankapital« dar, das in anderen Ländern (z.B. USA und Großbritannien) in Politik und Wissenschaft viel mehr als in Deutschland berücksichtigt wird (2002, S. 13).

18 Vermehrt tragen sich Erwachsene, die älter als 50 Jahre sind (50000) an den Hochschulen zum Studieren ein: »Die Rentner von der ersten Bank« (DIE ZEIT 07. 02. 2002). Gut 50 der 350 deutschen Hochschulen, so z.B. die Universität Bielefeld, bieten spezielle Seniorenstudiengänge an, in denen nicht nur Wissen konsumiert, sondern auch angewendet werden soll (Tinz 2002; vgl. auch Kolland 2000).

erlebt und haben entweder in ihren Herkunftsfamilien oder in wichtigen Beziehungen, die danach folgten, vertrauensvolle und sicherheitsgebende Erfahrungen gemacht, um nun im fortgeschrittenen Alter den beruflichen Ruhestand mit Inhalten zu füllen, von denen früher vielleicht nur geträumt werden konnte. Wohl dem Enkelkind, das auf solche Großeltern zurückgreifen kann, da diese durch ihren Lebensverlauf Hoffnung, gelungene Reorganisation nach Zerstörung und Lebensmut sowie Lebensfreude verkörpern (Possemeyer 2009).

11.2 Das späte frühe und mittlere Erwachsenenalter

Kehren wir noch einmal zu jenem jungen Erwachsenen zurück, der im Laufe seines dritten Lebensjahrzehnts den Ausbildungsweg abgeschlossen hat. Die Gründung einer Familie mit der Geburt eines Kindes verschiebt sich inzwischen häufig in das vierte Lebensjahrzehnt hinein, da sich auch der Entwicklungsweg der jungen Frau nicht mehr von dem des Mannes unterscheidet. Sie hat es aufgrund ihrer Ausbildung und der damit verbundenen Selbständigkeit nicht mehr nötig, sich aus materiellen Sicherheitsgründen zu binden. Nach langer finanzieller Abhängigkeit und damit häufig verbundener Anbindung an die Herkunftsfamilie werden Autonomie und Unabhängigkeit und berufliche Etablierung genossen. Aber auch jetzt bestimmen die zuvor erworbenen Sicherheiten im Umgang mit sich selbst und den anderen sowie die Fähigkeit zur Selbstregulation und zur Selbst- und Fremdverantwortung das daraus resultierende Selbstbewusstsein. Der Aufbruch in berufliche oder persönliche Welten, z.B. die Gründung einer Familie und die Geburt von Kindern, erfordern das Hineinwachsen in bis dahin unbekannte Erfahrungswelten. Wie schon im Kapitel 3 beschrieben, können mit dem Entwickeln einer Elternkompetenz wesentliche Nachreifungsprozesse in Gang kommen, da Schwellensituationen den psychobiologischen Wachstumsprozess – so auch den der emotionsverarbeitenden rechten Hemisphäre (Thatcher 1994) – wieder »ankurbeln«. Mit der Elternrolle und dem Andauern kontinuierlicher Partnerbeziehungen werden durch die Tiefe dieser Bezogenheiten frühere Entwicklungsstufen noch einmal existenziell berührt und nicht bewältigte Entwicklungsaufgaben können einen Reifungsprozess und eine Reorganisation erfahren und somit die positive Strukturbildung weiter vorantreiben. Die Dimension und die Bedeutung von Elternschaft als Funktion des Erwachsenenselbst sowie die Ausgestaltung der psychosexuellen Identität, die die Matrix der Mutter- und Vater-Rolle beeinflusst, wurden an anderer Stelle (s. Kapitel 3 und 8) beschrieben.

11.3 Das Überschreiten der Lebensmitte

Wenn der Lebensverlauf im fünften Lebensjahrzehnt angekommen ist, drängen neue Fragen ins Bewusstsein. Die scheinbare Unendlichkeit des Lebens erfährt eine realistische Korrektur und eine Auseinandersetzung mit der Endlichkeit allen Lebens steht an. Dies liefert entscheidende Impulse dafür, sich des Vergangenen bewusster zu werden: Vielleicht bestehen bis dahin ungelöste Probleme und Konflikte; vielleicht wurden bedeutsame Kränkungen und Verluste noch nicht aufgearbeitet. Nicht gelöste Probleme und Konflikte sind jedoch lediglich verdrängt und damit keineswegs aus der Welt. Sie holen das Individuum immer wieder ein und blockieren in spezifischen Bereichen die Entwicklung der Persönlichkeit. Die Stabilität der inneren Welt wird erneut bedeutsam. Die Zeit um den 50. Geburtstag ist mit einer Höhenwanderung zu vergleichen, bei der eine Plattform erreicht ist, die einen weiten Blick gestattet. Vieles erblickt der Mensch, was er früher nicht gesehen hat, und bald wird er gewahr, dass sein Weg einen Blick hinauf aber auch einen Weg hinab erlaubt. An diesem Scheitelpunkt werden Antworten von existenzieller Tragweite benötigt – solche, mit denen sich weiterhin leben und später auch einmal sterben lässt. Freude am Beruf, stabile Beziehungen sowie das Erleben der Nachkommen stellen eine gute Ausgangsbasis für das Überschreiten dieser Lebensmitte dar. Diese Phase mit ihren ganz spezifisch auftauchenden Fragen stellt das psychische System auf eine Bewährungsprobe und mündet in eine »normative« Krise, ähnlich wie schon die normative Krise der Adoleszenz neue und grundlegende Reifungsschritte ermöglicht (vgl. Erikson 2000).

Die Generation, die jetzt in unserem Land die »Mitte« darstellt, hat keinen Krieg erlebt. Sie ist in Wohlstand groß geworden und hat soziale und politische Umbruchzeiten erlebt, wie z. B. die Globalisierung und den Fall der Mauer sowie die Öffnung des Ostens. Den Frauen wurde eine ebenbürtige schulische und berufliche Ausbildung ermöglicht, womit sie sich von den vorherigen Generationen grundlegend unterscheiden (Arntz 2008). Viele Frauen dieser heutigen »Mittelalter«-Generation haben – anders als ihre Mütter – ihre Berufstätigkeit wegen der geborenen Kinder nicht ein für alle mal aufgegeben und viele haben wieder einen Einstieg in die Berufswelt gesucht und gefunden. Dadurch ergaben sich außerfamiliäre und sozioökonomisch günstigere Bedingungen, so dass das »Flügge-Werden« der Kinder bei den meisten nicht mehr zu einem »Leeres-Nest-Syndrom« führt, was bei der vorausgegangenen Müttergeneration gelegentlich in eine depressive Verstimmung mündete, weil der sinnstiftende Lebensinhalt die Familie verließ. Heute wird der gewonnene Freiraum genutzt, und es sind insbesondere die Frauen, die gerade in vitalen Bereichen die entsprechenden Angebote nutzen. Das aktive Freizeiterleben in der Frauengruppe erfährt hohe Wertschätzung. Ähnliches gilt für sozioemotionale und psychologische Fortbildungsbereiche – z.B. an der Volkshochschule –, was insbesondere von Frauen intensiv genutzt wird. Die Erwachsenenpädagogik kann hier einen neuen Schwerpunkt finden, da nicht nur an den Universitäten sondern auch bei beruflicher und persönlicher Nachqualifizierung und allgemeiner Weiterbildung eine ganz besondere Nachfrage besteht. Viele Frauen genießen diesen Zuwachs mit wohltuendem Selbstbewusstsein, da tragende Lebenselemente nicht ausgetauscht werden, sondern vielmehr eine Integration und Weiterführung erfahren. Die nachfolgende Generation muss sich somit keine »Sorgen« um die zurückbleibende ältere Mutter machen, da diese ganz offensichtlich den neuen Lebensabschnitt mit stimmigen Werten und Interessen zu füllen vermag, so dass das Jungvolk seine Expansion nicht mit schlechtem Gewissen erleben muss, da der alte Hafen nicht verarmt erscheint. Unter dem Blickwinkel, dass das Aufziehen der Kinder kein »Opfer«, sondern eine durch nichts zu ersetzende Bereicherung darstellt, kann auf diese schöpferische Phase mit Stolz und Freude zurückgeblickt werden.

11.3.1 Die Paarbeziehung

Wohl dem Paar, dessen Partnerschaft atmet und dynamisch ist und mit ausreichend Resonanz und Stimmigkeit gelebt werden kann. Die Phase der Lebensmitte berührt natürlich auch die Paarbeziehung (vgl. Willi 1975). Schwierig wird es immer dann, wenn einer der Partner sich verändert und der andere diese Veränderung nicht mitvollziehen kann – dann entsteht fast zwangsläufig eine Krise. Diese kann nur bewältigt werden, wenn sich beide mit der neuen Situation auseinandersetzen und sich gemeinsam um eine neue Lösung bemühen. Gelingt dies nicht, kommt es entweder zu einer Trennung – selbst nach inzwischen vielen Jahren des Zusammenseins – oder auch zur Flucht oder Resignation, was häufig mit einer Erkrankung oder psychischen Belastung einhergeht. Manchmal entwickelt sich auch ein »Nebeneinander-her-Leben« – quasi wie in einer gewohnheitsmäßigen Wohngemeinschaft.

Das richtige Maß an Gemeinsamkeit und Autonomie zu finden, ist in jeder Paarbeziehung die wesentliche Aufgabe. Ist man auf wichtigen Ebenen überwiegend mit der eigenen Person beschäftigt – meist ein Zeichen innerer Unsicherheit –, kommt die Paarbeziehung zu kurz. Umgekehrt ist die Liebe vom Erstickungstod bedroht, wenn man sich zu sehr aneinander klammert – meist ebenfalls ein Zeichen tiefer Verunsicherung – und den anderen zum ausschließlichen Inhalt seines Lebens macht. Stimmten die wesentlichen Beziehungsgrundlagen und sind beide Partner in der Lage, miteinander zu reden, lässt sich die Krise vermutlich beilegen. Man findet Möglichkeiten, den veränderten Anforderungen Rechnung zu tragen, das gemeinsame Leben auf neue Beine zu stellen und abwechslungsreich für beide zu gestalten. Vielleicht beleben auch beide eigene, bis dahin zu kurz gekommene Lebensräume und bereichern in der gemeinsamen Zeit das Zusammenleben mit diesen neuen Erfahrungen. Schwierig wird es, wenn die Krise Ausdruck eines schon seit Langem schwelenden Konfliktes zwischen den Partnern ist, der möglicherweise nie diskutiert wurde. Je länger sich die Zeitspanne dieses Nebeneinanders erstreckt, desto schwieriger wird es, diese Entwicklung zu korrigieren. Es bestehen deutliche Hinweise, dass eine Paarbeziehung stabiler ist, wenn mindestens einer der Partner über einen sicheren Bindungsstil und somit über das innere Bewältigungsmuster von »Unterbrechung und Wiederherstellung« verfügt (Beebe 2004).[19]

In der Regel führt jede lebendige Partnerschaft zu einer tiefgreifenden Um- und Neustrukturierung der Persönlichkeit beider Partner. Wie in der Kindheit spielen auch hier Feinfühligkeit, Bindungssicherheit und die affektive Resonanz eine große Rolle, und diese echte Begegnung mit dem Du verhilft zu einem fest umrissenen und sicherheitsgebenden Identitätsgefühl (Willi 1975). Partner können sich gegenseitig in Momenten der Schwäche helfen, sich ergänzen und stellvertretend gewisse Aufgaben füreinander übernehmen. Gleichzeitig kann die Partnerschaft auch eine Quelle der Vitalisierung und Erweiterung sein, wenn jeder der beiden den eigenen Selbstentwurf weiterentwickelt und ausdifferenziert.

19 Mary Main konzeptualisierte das Adult Attachment Interview, das Aussagen über den Bindungsstil des Erwachsenen liefern kann (in: Brisch 1999, S. 281–286).

Je höher die Effizienz eines Paares ist, desto mehr verschafft sie beiden Sicherheit und Befriedigung und lässt die Partnerschaft als sinnvoll und bereichernd erscheinen. Die Asymmetrie und Andersartigkeit des Partners verspricht die Ergänzung des eigenen Selbst und stabilisiert zudem das Gefühl von Zusammengehörigkeit. Die Verschiedenheit muss jedoch auch ausbalanciert und mit Gleichheit versöhnt werden. Man kann einen anderen Menschen nur dann wirklich verstehen, wenn man in ihm eigenes Erleben, das Gleiche und Vertraute in ausreichender Form wiederfindet. Die Gleichheit hat wesentlich die Bedeutung von gleichen Werten und Zielen und damit von Verbundenheit und Solidarität. Die Verschiedenheit hingegen wird zur Quelle der Stimulierung und Anregung (»Gegensätze ziehen sich an«), während die Gleichheit das Erleben von Sicherheit und Stabilität begünstigt (»auf der gleichen Wellenlänge«, »die Chemie stimmt«). Diese kontinuierlichen Erfahrungen können dazu beitragen, auch frühere psychische Belastungen und Bindungsverunsicherungen mit ihren psychobiologischen Spuren vielleicht nicht auszulöschen, aber sie doch zumindest stabil zu überformen.

11.3.2 Die Lebensqualität einschränkende Faktoren

Neben der unendlichen Fülle und Breite von Möglichkeiten ergeben sich aber für nicht wenige Menschen Probleme: Eine Ent-Traditionalisierung des Lebens schwächt brüchige Persönlichkeitsstrukturen, da keine korsettartigen Stützfaktoren mehr vorhanden sind. Lebensvorstellungen sind oft nicht mehr von Kontinuität, sondern von Brüchen gekennzeichnet, was z.B. an der hohen Scheidungsrate ablesbar ist, die die älteren genauso wie die jüngeren Menschen betrifft. Viele Arbeitsplätze vermitteln nicht mehr das Gefühl von Sicherheit, da sie entweder wegrationalisiert werden oder durch Umverteilung von Zuständigkeiten schrumpfen. Die »Ära der Unsicherheit« (Dettmer et al. 2010) erfordert Anpassungs- und Risikobereitschaft, über die nicht jeder verfügt. Die Fortschreibung des Lebensplans und die Sicherheit eines lebenslangen Berufes sind weitgehend gar nicht mehr möglich. Der »flexible Mensch«, wie Richard Sennett es im Jahre 1998 nannte, ist angesagt und diese Schnelllebigkeit im Zeitalter der Globalisierung und der damit verbundene Anpassungsdruck überfordern viele Menschen, was an der Zunahme psychischer Erkrankungen abzulesen ist. Angelehnt an Beck, der 1986 die »Risiko-Gesellschaft« beschrieb, zeigt sich Sennett erschrocken, dass auch die eigene Biographie ein Ausmaß an Unberechenbarkeit angenommen hat, das niemand voraussehen kann (Dettmer et al. ebd. S. 86). Die Phänomene »Depression« und »Burnout« werden gelegentlich als »Volkskrankheit« beschrieben, was darauf verweist, dass die psychische Widerstandkraft, Stabilität und Elastizität zermürbt sind. Äußerer Unbill und Stürme erschüttern unser »Haus des Lebens« und erneut wird fassbar, wie notwendig die Stabilität des Fundaments ist, um das darauf errichtete Lebensgemäuer nicht wie bei einem Erdbeben zusammenfallen zu lassen. Gerade aber in derart stürmischen Zeiten sind emotionale und sicherheitsgebende Beziehungen erforderlich, da der Kern der Persönlichkeit – das Selbst – ein Leben lang auf bestätigende und regulierende Resonanzerfahrungen angewiesen ist, um seine Kohärenz zu bewahren (Kohut 1977). Vergleichbar mit der Pubertät, die die Entwicklungsphasen der Kindheit auf ihre gelungenen und schwächeren Stellen abklopft, durchläuft in der Lebensmitte das mentale System einen ähnlichen Prozess. Mit dem Gewahr-Werden der Endlichkeit des Lebens und den damit eingehergehenden Unsicherheiten und Ängsten erhält er jedoch eine ganz neue, ganz spezifische Qualität.

11.3.3 Der Mensch zwischen zwei Generationen

Der Mensch in der Halbzeit steht zwischen zwei Generationen. Während die eigenen Kinder mit Schule, Peergroup und eventuell schon Studium, Beruf und eigener Partnerschaft im Leben stehen, kommen die eigenen Eltern allmählich in ein Alter, wo sie Hilfe und Unterstützung bei der Bewältigung ihres Alltags brauchen. Nun, in der Mitte des Lebens, taucht eine Ahnung auf, dass es bestimmt sein könnte, die »Eltern« der eigenen Eltern zu werden. Dieser Aspekt kann sich im ungünstigen Fall als ungemein problematisch erweisen. Alle Menschen haben eine eigene Geschichte, die sie mit ihren Eltern verbindet, d.h. mit mehr oder weniger eingestandenen schwierigen Aufwuchsbedingungen: sei es im unmittelbaren Beziehungsgeschehen, durch einen Geschwisterkonflikt oder bei den späteren Ablösungen. Kränkungen und Verletzungen können das Geschehen bestimmen, wenn das ältere Elternpaar die Abgrenzung und Eigenständigkeit der eigenen Kinder nicht nachvollziehen kann und die nachfolgende Generation immer noch »als Kinder« betrachtet, die sich aber nicht von den Eltern bestimmen lassen wollen. Zuweilen werden alte Geschwisterprobleme wieder virulent und verdrängte, nicht bewältigte Konflikte drängen an die Oberfläche.

Die Pflege des älteren Elternpaares ist meist immer noch eine Angelegenheit der Töchter oder Schwiegertöchter, die somit häufig doppelt oder dreifach belastet sind. Zum einen bestehen oft eine eigene Berufstätigkeit und Aufgaben in der Familie, zum anderen kann das Beziehungsgeschehen aufgrund der vorausgegangenen Erfahrungen zwischen der alten und der mittleren Generation gestört sein. Möglicherweise sind viele der erlittenen seelischen Verletzungen entweder unbewusst oder noch gar nicht aufgearbeitet und abgetrauert, und verlangen daher immer noch – gelegentlich unerbittlich – nach einer Wiedergutmachung. Wenn beispielsweise im früheren Beziehungsgeschehen auf Seiten der älteren Generation Parentifizierungsbedürfnisse vorlagen, d. h., wenn es die Aufgabe der jetzt mittleren Erwachsenengeneration in deren Kindheit und Jugend war, das eigene Elternpaar psychisch zu stabilisieren und somit keine ausreichende Bindungssicherheit vonseiten der Eltern gewährt werden konnte, dann wird es für die nun selbst erwachsene Generation noch schwerer, diese jetzt so drängende Fürsorgerolle erneut zu übernehmen, vor allem, wenn sie damals mit emotionalen Entbehrungen einherging. In diese Dynamik hinein kann die Pflege des älteren Ehepaares eine schwere Überforderung darstellen, die häufig nicht zu bewältigen ist.[20] Da inzwischen viele Menschen sehr alt werden, steht die nachfolgende Generation fast regelmäßig vor dem Problem der Versorgung und Pflege der alten Eltern, was im Vorab meist von beiden Seiten ausgeblendet wird und deshalb keine rechtzeitige Klärung, Bearbeitung, Vorsorge und Regelung erfolgt. Wenige sind für diese Aufgabe vorbereitet; auch das ältere Elternpaar hat im Voraus der Bedeutung der anstehenden Probleme kaum Aufmerksamkeit geschenkt.

Wenn Eltern sterben und die seelische Abnabelung bis dahin nur unzureichend stattgefunden hat, wenn Konflikte unausgesprochen und/oder ungelöst blieben, vermögen Depressionen, schwere Schuldgefühle und existenzielle Verlassenheitsängste zu Grenzerfahrungen zu führen, die die eigene Selbstkonfiguration trotz fortgeschrittenen Alters erschüttern können. Wenn das Selbst wider allen äußeren Anscheins noch nicht vollständig auf eigenen Füßen steht, kann dieser Verlust eine Selbstentleerung darstellen. Das »Kind-Sein« mit all den unerfüllten kindlichen Träumen geht nun unweigerlich zu Ende und es gilt, diese Hoffnungen und Erwartungen abzutrauern. Viele belastende Gefühle – z. B. die

20 »Wenn aus Liebe Wut wird« (Lebert 2008) beschreibt die Überforderung von nahen Angehörigen bei der Pflege der eigenen alten Eltern. Die Dunkelziffer von seelischen und körperlichen Angriffen ist hoch einzuschätzen. Frustrationen, Entbehrungen der Vergangenheit und Gewissenskonflikte sind der Nährboden für aufgestaute und nicht mehr zu regulierende familiäre Gewalt.

erlebte Ungerechtigkeit in einer Geschwisterreihe – müssen »losgelassen werden«; somit ist das Abtrauern all der unerledigten Probleme und unerfüllten Wünsche und der Einbruch dieser unvermeidlichen Realität eine große Entwicklungsaufgabe. Jede Entwicklungsaufgabe birgt Chancen und Risiken. Die Erfahrung zeigt aber, dass die Abwehr unerträglicher psychischer Schmerzen und deren Verdrängung eine Entwicklungsstagnation und häufig eine psychische Erkrankung auslösen. Natürlich verlaufen derartige Verlust- und Belastungserfahrungen bei all der tiefen Trauer ertragbarer, wenn sowohl der alte Mensch als auch die hinterbliebene nächste Generation auf ausreichend kontinuierliche, stimmige und befriedigende Beziehungserlebnisse zurückblicken können, wo jeder den anderen altersentsprechend bei der Bewältigung von Entwicklungsaufgaben zu unterstützen vermochte, und daher der Abschied in Würde und Frieden erfolgen kann.

11.4 Das Dachgeschoss im »Haus des Lebens« wird bezogen

Bei der Erörterung dieses Lebensabschnittes darf nicht außer Acht gelassen werden, dass die derzeit sehr alten Menschen auf eine von Belastungen geprägte Biographie zurückblicken. Die Lebensumstände nach dem Ersten Weltkrieg, die NS-Zeit, der Zweite Weltkrieg, der Neuanfang und Aufstieg zur Wohlstandgesellschaft und die mit der Elektronik aufkommende Schnellfeuerkultur verlangen zum psychisch erfolgreichen Überleben basale sicherheitsgebende Erfahrungen mit den nahen Beziehungspersonen und/oder genetische Resilienzfaktoren. Selbst beim Vorhanden-Sein des einen oder des anderen mögen die Erschütterungen in den darauffolgenden Phasen eventuell auch einem sehr stabilen Fundament Risse in seinen Grundfesten zugefügt haben. Viele der alten Menschen blicken häufig auf unbeschreiblich dramatische und potenziell traumatisierende Lebenserfahrungen zurück, die in vielen Fällen keine Wiedergutmachung und Reorganisation erfuhren. »Irgendwie« überlebten sie das traumatische Geschehen und passten sich, da es der Lebensalltag verlangte, an. Vor allem die Vorzüge der Wohlstandsgesellschaft ließen alte Entbehrungen und Wunden scheinbar vergessen. Im Wohlstand zu leben muss aber noch lange nicht heißen, ein mit dem ureigensten Selbstentwurf stimmiges Leben zu führen und in ausreichendem Umfang einen inneren Frieden zu erleben, der die körperlichen, mentalen und sozialen Veränderungen des höheren Alters zu ertragen hilft. Mit zunehmendem Alter scheinen die dazu notwendigen neuronalen Vernetzungen wegzubrechen, und der Verlust dieser Anpassungsstrukturen bringt immer wieder einen vermeintlich egoistischen, verbitterten, unerbittlich fordernden, von Unruhe getriebenen und uneinsichtigen Menschen zum Vorschein. Zuweilen erinnern diverse Verhaltens- und Erlebensphänomene an kleine egozentrische Kinder, die der feinfühligen emotionalen, aber auch gradlinigen Führung bedürfen, um aus diesen kindlichen Zuständen in reifere Formen übergeführt zu werden. Dieser Umwandlungsprozess gelingt jedoch bei den betagten Menschen nicht mehr.

Wenn zudem nach einer langen Lebensgemeinschaft ein Partner stirbt und lieb gewordene Gewohnheiten (auch wenn sie vielleicht aus fortwährendem Streit bestanden) entschwinden, kann der Alltag entleert erscheinen. Der erlebte Sinnverlust vermag dann zu einem Gefühl von Lebensmüdigkeit und tiefer depressiver Verstimmung führen. Das Hinzukommen von Krankheiten und lebensbeeinträchtigender Gebrechlichkeit führt gelegentlich zu Zuständen völliger Verzweiflung, die im Selbstmord enden. »Alle zwei Stunden nimmt sich in Deutschland ein Mensch, der über 60 Jahre ist, das Leben« (Rippegather 2009). Insbesondere der alte einsame Mann ist davon stark betroffen. Er hat schon in seinen früheren Jahren viel seltener als die Frau über seine Probleme gesprochen und diese hat als sein emotionaler Bezugspunkt vieles für ihn reguliert. Die einsamen Männer pflegen später seltener einen aktiven Freundeskreis und suchen daher, sofern noch ein Rest an Vitalität besteht, erneut nach einer weiblichen Umsorgung (und wenn es auch die altgewordene Schwester ist). Die schon zuvor beschriebene viel beschworene »Krise der Jungen«, die von den erfolgreichen Mädchen in vielen Bereichen überholt werden, drängt sich auch bei der Krise der älteren Männer ins Bewusstsein. Während Frauen nach überschreiten der Lebensmitte ihrem Älter-Werden mit Selbstbewusstsein und Aktivität entgegentreten (sichtbar auch an vielen inzwischen alt gewordenen »Prominenten« – z. B. an der inzwischen 75-jährigen Sophia Loren) scheint für Männer das Alt-Werden und die mangelnde Funktionstüchtigkeit des Körpers eine große Kränkung darzustellen. Der eher leistungs- als beziehungsorientierte Mann erlebt die Veränderung als Versagen, und insbesondere der Verlust der sexuellen Potenz im Verbund mit der kaum noch vorhandenen bedeutsamen professionellen Rolle destabilisieren das Identitätsgefühl (vgl. Hammer 2007; Michal 2007).

Wenn wir uns das Bild des Lebensweges oder des Lebenshauses in Erinnerung rufen, dann wird nachvollziehbar, wie unvermeidbar das Erleben auf der langen Wanderung und die Stimmung in der obersten Etage von den vorausgegangenen

Prozessen bestimmt werden. Wer in der frühen Kindheit großen Einsamkeiten ausgesetzt war – vielleicht, weil die Eltern Bauern waren und über weite Strecken des Tages gar nicht im Hause weilten, um das schreiende Kind zu hören; oder aber wer wegen Scharlach sechs Wochen im Krankenhaus lag, ohne dass die Eltern einen besuchen durften; sei es, weil man als sehr kleines Kriegskind aus der Stadt weit aufs Land evakuiert wurde und dort ein oder zwei Jahre ohne die Eltern überleben musste – dem dringen nach dem Wegbrechen der seither stabilisierenden Anpassungsstrukturen die Nöte der alten Zeit gnadenlos ins Erleben: »Die Vergangenheit holt einen ein«. Neben den familiären psychischen Problemen erlebten damals junge Erwachsene, Pubertierende oder Kinder in den Kriegswirren viele seelische Verletzungen. Es gab Brutalität, Hunger, Not, Bombennächte und Holocaust, wo seelische Bedürfnisse neben dem schlichten Überlebenstrieb keine Beachtung erfahren konnten. Jene, die in dieses Klima hineingeboren wurden, hatten häufig wenige Möglichkeiten, elterliche Feinfühligkeit, Affektregulation und Kontinuität in der Bindungssicherheit zu erleben.

Dieses verdrängte Leid gerät – durch die große Anzahl älterer Menschen – immer mehr in den Blickpunkt der allgemeinen und wissenschaftlichen Aufmerksamkeit, was an der Zunahme entsprechender Publikationen sichtbar wird. Wie schon beschrieben, können nicht bewältigte Ängste, Aggressionen, Entbehrungen und Schmerzen als nicht vernarbte Wunden wieder aufbrechen, was u.a. auch dazu führt, dass sich die Psychotherapie dieser bis dahin kaum behandelten Klientel zuwenden muss (vgl. Radebold/Hirsch 1994; Radebold 1997). Das verdrängte Erleben von Panik, wenn die bombardierten Häuser brannten, das Entsetzen beim Miterleben der Vergewaltigung der Mutter oder die Konfrontation von Phosphorleichen sucht nun nach »Holding« und »Containment«. Das Gehirn musste damals in der größten Not – um das Überleben zu garantieren – permanent orten, gewichten und vor allem unterdrücken. Wenn aber in den darauffolgenden Wohlstandsjahren keine versöhnliche Milderung und Integration der hohen inneren Erregungs- und Spannungszustände erreicht werden konnte, kann der Lebensabend von Angst, hoher Anspannung, Bitterkeit und Unzufriedenheit geprägt sein.[21]

---

21 Gleichzeitig erfährt auch die transgenerationale Weitergabe des Nicht-Bewältigten an die Kinder der Kriegskinder Beachtung (u.a. Ustorf 2008; Bode 2009). Damit bekommt Selma Fraibergs Aufsatz (1980) »Ghosts in the Nursery« (Gespenster im Kinderzimmer) erneut tragische Untermauerung.

Der vorausgegangene Abschnitt verweist somit auf unterschiedliche Alterungsprozesse: Den einen gelingt es, das Älter-Werden als einen Entwicklungsprozess zu sehen, den es zu akzeptieren und mit den bestehenden Möglichkeiten auszugestalten gilt, was ganz offensichtlich stimmiger geschieht, wenn der Blick auf die Jahre zurück »nicht ein Blick des Zornes« ist. Wem es gelingt, die Vergangenheit aus einer Perspektive wahrzunehmen, aus der es *immer* Früchte zu ernten gibt, wer überlebte Belastungen mit der Qualität von »überlebt« und nicht mit »darin untergegangen« zu bewerten vermag, wer die darin liegende Lebenserfahrung als einen wichtigen Baustein des Lebenshauses wahrnimmt der wird das Alter nicht nur als ein Erleben von Verlust und die Annäherung an das Ende annehmen können.

Für den alten Menschen gilt das gleiche Sprichwort wie für ein kleines Kind: »Um ein Kind großzuziehen braucht man ein ganzes Dorf«. Um sich über die Weisheit durch die gemachten Lebenserfahrungen freuen zu können, die es an die nächste Generation weiterzugeben gilt, und wer gleichzeitig durch die körperlichen und geistigen Schwächen der Fürsorge bedarf, der braucht ein ähnliches soziales Netzwerk, um den Anforderungen des Alterns und des Sterbens gerecht zu werden. Die Notwendigkeit sicherheits- und resonanzgebender Bezugspersonen begleitet somit den gesamten Lebensprozess, auch wenn der Mensch in seinem »Mittelalter«, wo er sich auf der Höhe seiner Lebenskraft erlebt, gelegentlich denkt, dass er ohne stützende Systeme leben kann. Vielleicht ist auch dies eine der Kränkungen, die das Alter mit sich bringt, dass man sich diesbezüglich überschätzt hat.

12
Das Lebensende: Der Gipfel ist erreicht

Leben muss man ein Leben lang lernen.
Und, darüber wirst Du Dich vielleicht noch mehr wundern: ein Leben lang muss man Sterben lernen.
Seneca (4–65 n. Ch.)

Die Zeit fließt ohne sich aufhalten zu lassen. Man kann die Uhr nicht zurückdrehen, aber man kann versuchen, jeden Tag in der Gegenwart sinnvoll zu nutzen. Wenn man zurückschaut und sich dabei gewahr wird, dass man einem eingeschriebenen grundlegenden Lebensplan mit den sich daraus entwickelnden Fähigkeiten wie Kreativität, Empathie, Humor und Weisheit entsprochen hat, dann ist die Konfrontation mit der Vergänglichkeit erträglicher und versöhnlicher. Die Ausgestaltung dieses inneliegenden Programms erleichtert es erheblich, die Lebensaufgaben des hohen Alters und die Wahrung der eigenen Werte und Ideale mit einem ausreichend stabilen Selbstwertgefühl in Angriff zu nehmen. Ist jedoch das lebenslange Ringen um innere Stimmigkeit mit der Ausgestaltung von Ambitionen, Begabungen, Talenten, Werten und Idealen über ein durchschnittlich erwartbares Maß hinaus gescheitert – was durch die Umtriebigkeit des Lebens häufig lange verborgen bleibt –, dann ist das hohe Alter von dunkeln Wolken überschattet. Wer auf ein Leben zurückblickt, das fremdgesteuert und alles andere als die Ausgestaltung eines intrinsischen Programms war, dem fällt die Hinnahme des Todes und das Erklimmen dieses letzten Gipfels unendlich schwer. Ein Blick auf die Erlebens- und Verhaltensweisen vieler alter Menschen in den Altersheimen lässt eine Ahnung aufkommen, wie viele ihr Leben ganz offensichtlich als ein Abfolge von Versagungen, Traumata und Fremdsteuerung erlebt haben müssen. Um diesbezüglich Erleichterung zu erleben, wurde die »Biographie-Arbeit« entwickelt, um diesen alten Menschen im Blick zurück trotz aller Verstörung eine Kontinuität auch mit freudigen Momenten aufzuzeigen, um die letzte Lebenszeit nicht zu einer Qual werden zu lassen.

Die Vergangenheit holt einen ein

Es kann vermutet werden, dass der im Alter gelegentlich so verstört und egozentrisch wirkende Mensch zu der jeweils wichtigen Zeit nicht ausreichende Bindungs- und affektregulatorische Erfahrung hat erleben dürfen, und dass nun diese Bedürfnisse im hohen Alter – quasi »nackt« – nachdem die Ich-Funktionen der Anpassung wegbrechen, das Gefühlsleben bestimmen. Goethes Satz: »Was ich besitze, seh' ich wie von weitem, was einst geschah, wird mir zu Wirklichkeiten« findet darin tief empfunden seinen Ausdruck. Das in Amerika entwickelte Konzept der »Life-Review« (= Lebensrückschau) nach R. N. Butler ist eine im Bereich der sozialen Geriatrie angewandte Methode, die mithilfe biographischer Elemente auf spielerisch-künstlerische Art und Weise Ereignisse, Erfahrungen, Begegnungen, Erfolge, Misserfolge, Trennungen, Krankheiten usw. untersucht, um darin den »roten Faden« des eigenen Lebens zu erkennen. Dabei wird der Frage nachgegangen, wie der Mensch zu dem wurde, was er ist, um den jeweiligen Lebenslauf ganzheitlich und sinnstiftend betrachten zu können.

Wenn in die Gedanken zum bisherigen Leben die Gewissheit des endlichen Lebens angenommen werden kann, dann ist der Mensch mit zunehmendem Alter in der Lage, sich als Teil einer überindividuellen, zeitlosen Existenz zu erleben. Eric Erikson prägte 1950 in seinem bahnbrechenden Buch »Kindheit und Gesellschaft« den Begriff der »Generativität«. Gemeint ist die aktive Sorge um die nachwachsende Generation mit der angestrebten Verbesserung ihrer Lebensbedingungen und Chancen. Dies beinhaltet die Fähigkeit, von sich selbst absehen zu können, für andere da zu sein und das erworbene Wissen und die Erfahrungen in eine Art »Weltverbesserung« einzubringen. Generativität stiftet in diesem Sinn Zusammenhänge, die in die Zukunft weisen und jenen nützlich werden sollen, die nach uns kommen. Erikson sah diese Entwicklungsaufgabe für das späte mittlere Erwachsenenalter vor, doch kann dieser Begriff auch als Gesamtaufgabe für die zweite Lebenshälfte gelten. Generativität zu leben heißt, Mentor, Lehrer, Entwicklungshelfer und Stützer auch für nicht-biologische Nachkommen zu sein. Generativ zu sein bedeutet, sich als Glied in der großen Kette des Seins zu erleben (Ernst 2008). Der sehr alte Mensch kann sich als Bindeglied zwischen drei Generationen verstehen. Und dieser Überblick ist erst nach dem Erklimmen des Gipfels möglich. Nur dieser Überblick ermöglicht die Aufrechterhaltung der Welt mit der Weitergabe von Traditionen, Wissen und dem Erhalt von Wertvollem in den Kulturen. »Generativität ist unser Zukunftssinn« (ebd. S. 65).

Es ist ein weiter Weg vom frühen Erleben des kleinen Kindes, seines Sich-Eins-Fühlens mit den Eltern und des sich Sicher-aufgehoben-Wissens in dieser Beziehung bis hin zum Lebensende. Im Gegensatz zum kindlichen »ozeanischen Gefühl« (Kohut 1975, S. 162), das vom Kind eher passiv erlebt wird, ist die Verschiebung dieses Erlebens auf ein kosmisches Prinzip ein schöpferisches Resultat einer stetigen Aktivität des autonomen Ichs. Den Tod als ein erfülltes Abschiednehmen nach der aktiven und arbeitsamen Bewältigung des Lebens mit einem zufriedenen abendlichen Einschlafen nach einem arbeitsreichen Tag zu vergleichen, fällt vermutlich Menschen, die sich von einer Religion oder Philosophie getragen fühlen, leichter als Menschen, die ohne diese Gewissheit leben. Das Erklimmen des letzten und höchsten Gipfels im Leben mit einer menschlichen Haltung, die als Weisheit zu bezeichnen ist, geht weit über die kognitive Sphäre des Wissens hinaus. Weisheit ist nicht das Ergebnis eines isolierten intellektuellen Prozesses, sondern der Ertrag und Sieg der Gesamtpersönlichkeit. Diese – und hiermit schließt sich wieder der Kreis – ist eingebettet in einen sehr langen Entwicklungsprozess mit einem Gefühl der individuellen und überindividuellen Teilnahme an der Welt. Die höchste Leistung ist die Annahme der Grenzen und der Endlichkeit des Selbst, das mit dem Tod an einem kosmischen Prinzip teilnimmt, das die Grenzen des Individuums transzendiert.

Literatur

Affolter, F. (1987): Wahrnehmung, Wirklichkeit und Sprache. Villingen-Schwenningen: Neckar-Verlag.

Ainsworth, M. D. S. (1974): Feinfühligkeit versus Unempfindlichkeit gegenüber den Mitteilungen des Babys. In: Grossmann, K. E./Grossmann, K. (Hg.) (2003): Bindung und menschliche Entwicklung. Stuttgart: Klett-Cotta, S. 414–421.

Ainsworth, M. D. S. (1985): Patterns of infant-mother-attachments: Antecedents and effects on development. Bulletin of the New York Academy of Medicine, 61, S. 771–191. Dt. in Grossman Klaus E./Grossman Karin (Hg.): Bindung und menschliche Entwicklung. John Bowlby, Mary Ainsworth und die Grundlagen der Bindungstheorie. 2. Aufl., Stuttgart: Klett-Cotta, 2009, S. 317–340.

Ainsworth, M. D. S./Blehar, M. C./Waters, E./Wall, S. (1978): Patterns of Attachment. A psychological study of the strange situation. Hillsdale, NY: Erlbaum.

Als, H./Butler S. (2006): Die Pflege des Neugeborenen: Die frühe Gehirnentwicklung und die Bedeutung von frühen Erfahrungen. In: Brisch, K. H./Hellbrügge, T. (Hg.): Der Säugling – Bindung, Neurobiologie und Gene, Stuttgart: Klett-Cotta, S. 44–87.

Annals New York Academy of Sciences 1159 (2009): Self and Systems.

Arntz, J. (2008): Mitten in der Mitte. Süddeutsche Zeitung, 29. 12. 2008, S. 3.

Arnu, T. (2009/2010): Dabei sein ist nicht alles. Süddeutsche Zeitung, 31. 12. 2009/1. 1. 2010, S. 10.

Auhagen-Stephanos, U. (1991): Wenn die Seele nein sagt. Reinbek bei Hamburg: Rowohlt.

Auhagen-Stephanos, U. (2009): Schwangerschaft ist keine Leistung, die man willentlich erbringen kann. PSYCHOLOGIE HEUTE, 5/2009, S. 40–43.

Ayres, J. (1984): Bausteine der kindlichen Entwicklung: Berlin, Heidelberg, New York: Springer.

Baltes, P. B. (2002): Altern hat Zukunft. DIE ZEIT, 27. 03. 2002, S. 13.

Bank, S. P./Kahn, M. D. (1994): Geschwister-Bindung. München: dtv.

Baron-Cohen, S. (2004): Vom ersten Tag an anders. Das männliche und das weibliche Gehirn. Düsseldorf: Walter.

Bartens, W. (2008): Die Last der frühen Jahre. Süddeutsche Zeitung, WISSEN, 19. 03. 2008, S. 18.

Baskerville, S. (2002): The politics of fatherhood. Pol Sci Polit, 35, S. 695–699.

Bauer, J. (2002): Das Gedächtnis des Körpers. Frankfurt a. M.: Eichborn.

Beck, U. (1986): Die Risikogesellschaft. Auf dem Weg in eine andere Moderne. Frankfurt a. M.: Suhrkamp.

Beckmann, D. (2001): Frühgeburt als Schicksal für spätere Störungen. In: Milch, W. E./Wirth, H.-J. (Hg.): Psychosomatik und Kleinkindforschung. Gießen: Psychosozial, S. 101–112.

Beebe, B. (2004): Infant Research and Adult Treatment. Vortrag bei der 27th Annual International Conference on The Psychology of The Self. San Diego, 4.–7. 11. 2004.

Beebe, B./Lachmann, F. (1994): Representation and Internalisation in Infancy: Three Principles of Salience. In: Psychoanalytic Psychology, 11, S. 127–165. Dt: Repräsentation und Verinnerlichung im Säuglingsalter. Drei herausgehobene Prinzipien. In: Beebe, B./Lachmann, F., Stuttgart: Klett-Cotta, 2004, S. 163–206.

Bergman, N. J./Linley, L. L./Fawcus, S. R. (2004): Randomized controlled trial of skin-to-skin contact from birth versus conventional incubator for physiological stabilization in 1200-to 2199-gram newborns. In: Acta Pädiatr, 93, Taylor & Francis, S. 770–785.

Beuster, F. (2006): Die Jungenkatastrophe. Reinbek bei Hamburg: Rowohlt.

Bickel, H./Hierdeis, H. (Hg.): Unbehagen in der Kultur – Variationen zu Sigmund Freuds Kulturkritik. Wien, Münster: LIT Verlag.

Bischof-Köhler, D. (2002): Von Natur aus anders. Stuttgart: Kohlhammer.

Bischof-Köhler, D. (2008): Geschlechtstypisches Verhalten von Jungen aus evolutionstheoretischer und entwicklungspsychologischer Perspektive. In: Matzner, M./Tischner, W. (Hg.): Handbuch der Jungen-Pädagogik. Weinheim: Beltz, S. 18–33.

Blawat, K. (2009): Fluch der frühen Prägung. In: Süddeutsche Zeitung, 9. 11. 2009, S. 1.

Blos, P. (2001): Adoleszenz. 7. Aufl., Stuttgart: Klett-Cotta.

Bode, S. (2009): Kriegsenkel. Die Erben der vergessenen Generation. Stuttgart: Klett-Cotta.

Bowlby, J. (1958): Über das Wesen der Mutter-Kind-Bindung. Psyche – Z Psychoanal, 13, 415–456.

Bowlby, J. (1969): Attachment. New York: Basic Books. Dt: Bindung. Eine Analyse der Mutter-Kind-Beziehung. München: Kindler, 1982.

Bowlby, J. (1975): Trennung. Psychische Schäden als Folge der Trennung von Mutter und Kind. München: Kindler.

Bowlby, J. (1983): Verlust, Trauer, Depression. Frankfurt a. M.: Fischer.

Braun, A. K. (2001): Entwicklung des kindlichen Gehirns. In: Frühe Kindheit, 4/01, S. 22–29.

Braun, K. (2002): Die Suche nach den Narben der Kindheit. In: DIE ZEIT/WISSEN, 31. 10. 2002, S. 30.

Braun, A. K. (2008): Zum Lernen geboren. In: Frühe Kindheit, 03/08, S. 6–13.

Brazelton, T. B. (1999): Die Hürden der ersten Lebensjahre. Ein Kind wächst auf. Stuttgart: Klett-Cotta.

Brazelton, T. B./Greenspan, St. I. (2002): Die sieben Grundbedürfnisse von Kindern. Weinheim: Beltz.

Brinck, Ch. (2005): Anders von Anfang an. In: DIE ZEIT/WISSEN, 3. 3. 2005, S. 33.

Brinck, Ch. (2010): Sind eben Buben. FAZ, 11. 04. 2010, ANSICHTEN, S. 11.

Brisch, K. H. (2010): Bindungsstörung. 10. Aufl., Stuttgart: Klett-Cotta.

Brisch, K. H. (2007): Prävention durch prä- und postnatale Psychotherapie. In: Brisch, K. H./ Hellbrügge, T. (Hg.): Die Anfänge der Eltern-Kind-Bindung. Stuttgart: Klett-Cotta, S. 271–303.

Brisch, K. H./Bechinger, D./Betzler, S./Heinemann, H. (2003): Early preventive attachment-oriented psychotherapeutic intervention program with parents of a very low birthweight premature infant: Results of attachment and neurological development. In: Attachment & Human Development, Vol 5/No.2, 6/2003, S. 120–135.

Brisch, K. H./Bechinger, D./Betzler, S./Heinemann, H./Kächele, H./Pohlandt, F./Schmücker, G./Buchheim, A. (2005): Attachment quality in very low-birthweight premature infants in relation to maternal attachment representations and neurological development. In: Parenting: Science and practice, Vol. 5/No. 4, Oct.-Dec. 2005, S. 311–331.

Brooks, R./Goldstein, S. (2007): Das Resilienz-Buch. Stuttgart: Klett-Cotta.

Bürgin, D. (1998): Vater als Person und Vater als Prinzip. In: Bürgin, D. (Hg.): Triangulierung. Der Übergang zur Elternschaft. Stuttgart: Schattauer. S. 179–214.

Bürgin, D. (2002): Psychoanalytische Therapie in der Adoleszenz. In: Psychotherapie im Dialog, 4, S. 331–337.

Burt, K. B. (2008): The interplay of social competence and psychopathology over 20 years: Tasting transactional and cascade models. Child Development, 79 (2), 2008, S. 359–374.

Caspi, A./McClay, J./Moffitt, T. E./Mill, J./Martin, J./Craig, I. W./Taylor, A./Poulton, R. (2002): Role of genotype in the cycle of violence in maltreated children. Science Vol., 297, S. 851–854.

Cassidy, J./Shaver, P. R. (Hg.) (1999): Handbook of attachment. Theory, Research and Clinical Application. NY, London: Guilford Press.

Cierpka, M. (1999): Unterschiede und Gemeinsamkeiten bei Geschwistern. In: Sohni, H. (Hg.): Geschwisterlichkeit. Göttingen: Vandenhoeck & Ruprecht, S. 10–31.

Cierpka, M.(2001): Geschwisterbeziehungen aus familientherapeutischer Perspektive – Unterstützung, Bindung, Rivalität und Neid. In: Praxis Kinderpsychol. Kinderpsychiat., 50: 6/2001, S. 440–453.

Coles, P. (2003): The Importance of Sibling Relationship in Psychoanalysis. London/NY: Karnac.

Condon, W. (1975): Speech makes babies move. In: Lewin, R. (Hg.): Child Alive, London (Temple Smith), S. 81–90.

Condon, W./Sander, K. (1974): Neonate Movement is Synchronized with Adult Speech. In: Science, 183, S. 99–101.

Damasio, A. R. (1994): Descartes' Error: Emotion, Reason and the Human Brain. Dt.: Descartes' Irrtum. Fühlen, Denken und das menschliche Gehirn. Übers. v. H. Kober, Berlin: List, 2004.

Dammasch, F. (2008): Die Krise der Jungen. Statistische, sozialpsychologische und psychoanalytische Aspekte. In: Ders. (Hg.): Jungen in der Krise. Frankfurt a. M.: Brandes & Apsel, S. 9–28.

DeGrandpre, R. (2002): Die Ritalin-Gesellschaft – ADS: Eine Generation wird krankgeschrieben. Weinheim: Beltz.

Dettmer, M./Kretz, S./Müller, M. U./Repinski, G./Tietz, J. (2010): Ära der Unsicherheit. DER SPIEGEL, 12/2010, S. 82–94.

Deutsches Ärzteblatt (PP): Vorschuluntersuchungen – Schäden ausgleichen. 98, 2001, 25, S. 403.

Deutsches Kinderhilfswerk e. V. (Hg.): Kinderreport Deutschland (2007): Daten, Fakten, Hintergründe. Freiburg: Family Media GmbH.

Diepold, B. (1988): Psychoanalytische Aspekte von Geschwisterbeziehungen. In: Praxis Kinderpsychol. Kinderpsychiat., 8/1988, S. 274–280.

Dixon, A. K. (1998): Ethological strategies for defence in animals and humans: Their role in some psychiatric disorders. British Journal of Medical Psychology, 71, S. 417–445.

DJI Bulletin 83/84, 3/4 2008. Deutsches Jugendinstitut e. V.

Doidges, N. (2008). Neustart im Kopf. Frankfurt a. M.: Campus.

Dornes, M. (1992): Der kompetente Säugling. Frankfurt a. M.: Fischer.

Dudenhausen, J. W./Kirschner, R. (2003): Psychosoziale Belastungen als Risikofaktoren der Frühgeburt – Erste Befunde der Daten des BabyCare-Projekts. In: Zentralbl Gynakol, J. A. Barth Verlag in Georg Thieme Verlag KG, 125, S. 112–122.

Dührssen, A. (1984): Risikofaktoren für die neurotische Krankheitsentwicklung. Ztschr. Psychosom. Med. Psychoanal. 30, S. 18–42.

Dunn, J./Plomin, R. (1996): Warum Geschwister so verschieden sind. Stuttgart: Klett-Cotta.

Eberle, U./Gilges, S./Manpilé, D. (2008): Von der Liebe unter Rivalen. In: GEO kompakt, Nr. 17, 11/2008, S. 90–102.

Eisenberg, L. (1995): The Social Construction of the Human Brain. American Journal of Psychiatry, 152, S. 1563–1575.

Elbert, Th. (2005): Wie die Angst in den Kopf kommt. DIE ZEIT/WISSEN, 10. 02. 2005, S. 32.

Elias, N. (1997): Über den Prozess der Zivilisation (Bd. 1). Frankfurt a. M.: Suhrkamp.

Ende, M. (1973): Momo. Stuttgart: Thienemann-Verlag.

Endres, M. (2008): Einführung zum Symposium »Psychotherapie struktureller Störungen«, Brixen 11. 07. 2008. Kontaktadresse: Ärztl. Akademie für Psychotherapie von Kindern und Jugendlichen, München.

Erikson, E. H. (2000): Identität und Lebenszyklus. 18. Aufl., Frankfurt a. M.: Suhrkamp.

Erikson, E. H. (2003) Jugend und Krise. Die Psychodynamik im sozialen Wandel. 5. Aufl., Stuttgart: Klett-Cotta.

Erikson, E. H. (2005): Kindheit und Gesellschaft. 13. Aufl., Stuttgart: Klett-Cotta.

Ermann, M. (2009): Der Körper vergisst nicht. In: DER SPIEGEL, 9/2009, S. 46–48.

Ernst, H. (2008): Generativität. Die Aufgabe der zweiten Lebenshälfte. PSYCHOLOGIE HEUTE, 4/2008, S. 65–68.

Esser, G. (1991): Was wird aus Kindern mit Teilleistungsschwächen? Stuttgart: Enke.

Fend, H. (2000): Entwicklungspsychologie des Jugendalters. Opladen: Leske + Budrich.

Field, T./Diego, M./Hernandez-Reif, M. (2006): Prenatal depression effects on the fetus and newborn: a review, Infant Behavior & Development 29: Elsevier, S. 444–455.

Findeisen, B. (2002): The Psychological Importance of Pre- and Perinatal Life. Vortrag auf dem Kongress »Embryology, Therapy and Society«, Nimwegen 2002.

Fonagy, P./Target, M. (2004): Frühe Interaktion und die Entwicklung der Selbstregulation. In: Streek-Fischer, A. (Hg.): Adoleszenz – Bindung – Destruktivität. Stuttgart: Klett-Cotta, S. 105–135.

Fraiberg, S./Adelson, E./Skapiro, V. (1980). Ghosts in the Nursery. A Psychoanalytic Approach to the Problems of Impaired Infant-Mother-Relationships. In: Fraiberg, S. (Hg.): Clinical Studies in Infant Mental Health. London/NY: Tavistock, S. 164–196.

Franzen, G./Penth, B. (Hg.) (1992): Hüten und Hassen. Geschwister-Geschichten. München: dtv.

Freud, A. (1960): Probleme der Pubertät. Psyche – Z Psychoanal, 14, S. 1–23.

Freud, S. (1999): Die Traumdeutung. GW Bd. II/III. Frankfurt a. M.: S. Fischer.

Friese, K./Dudenhausen, J. W./Kirschner, W./Schäfer, A./Elkeles, T. (2003): Risikofaktoren der Frühgeburt und ihre Bedeutung für Prävention und Gesundheitsförderung – Eine Analyse auf der Grundlage des BabyCare-Programms. Gesundheitswesen 2003, 65, S. 477–485.

Friese, K./Kirschner, W. (2000): Aspekte: Gesund & Schwanger, BabyCare. In: Frauenarzt, 41 (2000), Nr. 12, S. 1418–1421.

Fthenakis, W. E. u.a. (1999): Engagierte Vaterschaft. Die sanfte Revolution in der Familie. LBS-Initiative Junge Familie (Hg.). Opladen: Leske + Budrich.

Gale, C. R./Batty, G. D./Cooper, C./Deary, I. J. (2009): Psychomotor coordination and intelligence in childhood and health in adulthood – testing the system integrity hypothesis. Psychosomatic Medicine, 71/6, 2009, S. 675–681.

Gergely, G. (2002): Ein neuer Zugang zu Margaret Mahler: normaler Autismus, Symbiose, Spaltung und libidinöse Objektkonstanz aus der Perspektive der kognitiven Entwicklungstheorie. In: Psyche – Z Psychoanal, Sonderheft: Entwicklungsforschung, Bindungstheorie und Lebenszyklus, 56. Jg. 9/10, S. 809–838.

Geuter, U. (2003): Im Mutterleib lernen wir die Melodie unseres Lebens. PSYCHOLOGIE HEUTE, 1/2003, S. 20–26.

Gilmore, D. (1990): Manhood in the Making: Cultural concepts of masculinity. New Haven: University Press.

Gloger-Tippelt, G. (Hg.) (2001): Bindung im Erwachsenenalter. Bern: Huber.

Göppel, R. (2007): Zehn Thesen zur »Elementarbildung«. In: Perspektiven zur pädagogischen Professionalisierung. Institut für Weiterbildung der PH Heidelberg, Heft 73, S. 5–14.

Greenacre, Ph. (1957): The Childhood of the Artist; Libidual Phase Development and Giftedness. In: The Psychoanalytic Study of the Child, Bd. 12/NY, S. 27–72.

Grossmann, K. E./Grossmann, K. (Hg.) (2009): Bindung und menschliche Entwicklung. John Bowlby, Mary Ainsworth und die Grundlagen der Bindungstheorie. 2. Aufl. Stuttgart: Klett-Cotta.

Grossmann, K. E /Grossmann, K. (2006): Bindung und Bildung. In: Frühe Kindheit 06/06, S. 10–17.

Grossmann, K. E./Grossmann, K. (2011): Bindung – das Gefühl psychischer Sicherheit. 5., völlig überarb. u. erw. Auflage, Stuttgart: Klett-Cotta.

Hammer, E. (2007): Männer altern anders. Freiburg: Herder.

Hanlon, H./Thatcher, R./Cline, M. (1999): Gender Differences in the Development of EEG Coherence in Normal Children. In: Developmental Neuropsychology, Bd. 16, S. 479–506.

Hauenstein, E. (2008): Der Feind in meinem Bauch. DIE ZEIT, 14. 08. 2008, S. 35.

Haug-Schnabel, G./Schnabel, N. (2008): Pubertät. Eltern-Verantwortung und Eltern-Glück? Düsseldorf: Oberstebrink.

Heindel, K. (2009): Der Vater als Teil der Familien-Triade. In: Frühe Kindheit: Die Rolle des Vaters in der frühen Kindheit. 1/2009, S. 26–29.

Helmeke, C./Seidel, K./Poeggel, G./Bredy, T. W./Abraham, A./Braun, K. (2009): Paternal deprivation during infancy results in dendrite- and time-specific changes of dendritic development and spine formation in the orbitofrontal cortex of the biparental rodent Octodon Degus. In: Neuroscience, 163/2009, S. 790–798.

Henschel, U. (1997): Geschwister. Zu Rivalen geboren. In: GEO, 9/1997, S. 54–72.

Heuser, J./Niejahr, E. (2000): Alter hat Zukunft. DIE ZEIT, 06. 07. 2000, S. 11.

Hidas, G./Raffai, J. (2002): Nabelschnur der Seele. Gießen: Psychosozial.

Hilgers, M. (1997): Scham. Gesichter eines Affekts. Göttingen: Vandenhoeck & Ruprecht.

Hirsch, M. (1999): Psychodynamik und Identitätsschicksal des Ersatzkindes. In: Sohni, H. (Hg.): Geschwisterlichkeit. Göttingen: Vandenhoeck & Ruprecht, S. 82–99.

HIS Projektbericht: Ursachen des Studienabbruchs in Bachelor- und in herkömmlichen Studiengängen. Pressemitteilung, 12. 1. 2010. www.his.de.

Hoanzl, M. (2002): Vom Land, in dem es keine Eltern gibt: Geschwisterliche Themen und deren mögliche Bedeutung im Prozess des Heranwachsens. In: Datler, W./Eggert-Schmid Noerr, A./Winterhager-Schmid, L. (Hg.): Das selbständige Kind. Jahrbuch für Psychoanalytische Pädagogik 12. Gießen: Psychosozial, S. 78–101.

Huizink, A. C. (2006) Pränataler mütterlicher Stress und die Entwicklung des Säuglings. Möglichkeiten und Grenzen der pränatalen Stressforschung. In: Krens, I. /Krens, H. (Hg.): Grundlagen einer vorgeburtlichen Psychologie. Göttingen: Vandenhoeck & Ruprecht, S. 83–93.

Hünseler, C. (2005): Schmerzen bei Frühgeborenen. In: Neue Wege gehen. Bundesverband »Das frühgeborene Kind« e. V., Frankfurt a. M. (Hg.), S. 28–33.

Hüther, G. (2001): Bedienungsanleitung für das menschliche Gehirn. Göttingen: Vandenhoeck & Ruprecht.

Hüther, G. (2006a): Brainwash: Einführung in die Neurobiologie für Pädagogen, Therapeuten und Lehrer. Mühlheim/Baden: Auditorium Netzwerk.

Hüther, G. (2006b): Pränatale Einflüsse auf die Hirnentwicklung. In: Krens, I./Krens, H. (Hg.): Risikofaktor Mutterleib. Göttingen: Vandenhoeck & Ruprecht, S. 49–62.

Hüther, G. (2008): Das schwache Geschlecht und sein Gehirn. In: Dammasch, F. (Hg.): Jungen in der Krise. Frankfurt a. M.: Brandes & Apsel, S. 29–38.

Hüther, G. (2009): Männer. Das schwache Geschlecht und sein Gehirn. Göttingen: Vandenhoeck & Ruprecht.

Hüther, G./Pfeiffer, Ch. (2009): Die Macht der virtuellen Bilder. Mühlheim/Baden: Auditorium Netzwerk, Jokers Hörsaal.

Jaffe, J./Beebe, B./Feldstein, St./Crown, C. L./Jasnow, M. (2001): Rhythms of Dialogue in Infancy. Boston/Oxford: Blackwell.

Jäncke, L. (2008): Macht Musik schlau? Bern: Huber.

Janus, L. (1997): Wie die Seele entsteht. München: dtv.

Jones, S. (2003): Der Mann. Ein Irrtum der Natur? Reinbek bei Hamburg: Rowohlt.

Kaplan-Solms, K./Solms, M. (2007): Neuro-Psychoanalyse. 3. Aufl., Stuttgart: Klett-Cotta.

Kasten, H. (1993): Die Geschwisterbeziehung. Bd. I und II, Göttingen: Hogrefe.

Kasten, H. (2001): Geschwister. Vorbilder, Rivalen, Vertraute. München, Basel: Reinhard.

Kienz, F./Holtz, S. /Largo, R. (1999): Mund, Hände und Augen entdecken die Welt. Erkundungsverhalten in den ersten 2 Lebensjahren. DVD des Universitäts-Klinikums Zürich, Abt. Wachstum und Entwicklung und TV Uni Zürich.

Kilian, H. (1995): Psychohistory, Cultural Evolution, and the Historical Significance of Self Psychology. In: Goldberg, A. (Hg.): Progress in Self Psychology, 11, Hillsdale NY, S. 291–302.

King, V. (2002): Tochterväter. Dynamik und Veränderungen einer Beziehungsfigur. In: Walter, H. (Hg.): Männer als Vater. Gießen: Psychosozial, S. 519–554.

Kirschner, W (2004): BabyCare: Ein Beispiel erfolgreicher Prävention in Kooperation mit Krankenkassen. In: Die BKK, 11/2004, S. 497–501.

Klawitter, N./Lakotta, B./Shafy, S./Thimm, K. (2008): Die Natur der Macht. DER SPIEGEL, 39/2008, S. 52.

Knauf, H. (2010): Das Wichtigste ist, sich selbst kennenzulernen. PSYCHOLOGIE HEUTE, 2/2010, S. 75.

Köhler, L. (1995): Das Selbst im Säuglings- und Kleinkindalter. Vortrag beim Internationalen Selbstpsychologie-Symposium in Dreieich, 15.–18. 06. 1995.

Kohut, H. (1959): Introspection, Empathy und Psychoanalysis. J. Amer. Psychoanal., Assn.,7, S. 459–483. Dt.: Introspektion, Empathie und Psychoanalyse. Psyche – Z Psychoanal, 25, 1971, S. 831–855.

Kohut, H. (1975): Kreativität, Charisma, Gruppenpsychologie. In: Psyche – Z Psychoanal, 8.

Kohut, H. (1979): Die Heilung des Selbst. Frankfurt a. M.: Suhrkamp.

Kohut, H. (1987): Wie heilt die Psychoanalyse? Frankfurt a. M.: Suhrkamp.

Kolland, F. (2000): Studieren im mittleren und höheren Alter. Frankfurt a. M.: Brandes & Apsel.

Krampen, G./Reichle, B. (2002): Frühes Erwachsenenalter. In: Oerter, R./Montada, L. (2002) (Hg.): Entwicklungspsychologie. Weinheim: Beltz, S. 319–349.

Krens, I./Krens, H. (Hg.) (2006): Grundlagen einer vorgeburtlichen Psychologie. Göttingen: Vandenhoeck & Ruprecht.

Krüll, M. (2009): Die Geburt ist nicht der Anfang. Die ersten Kapitel unseres Lebens – neu erzählt. Stuttgart: Klett-Cotta.

Lampl-de Groot, J. (1965): Zur Adoleszenz. Psyche – Z Psychoanal, 19, S. 477–485.

Lebert, St. (2008): Wenn aus Liebe Wut wird. DIE ZEIT, 21. 05. 2008, S. 33.

Lempp, R. (1982): Wenn das schwache Glied in der Intelligenzkette nicht früh genug erkannt wird. In: Musik und Medizin, 12, S. 126–140.

Ley, K. (1995) (Hg.): Geschwisterliches. Jenseits der Rivalität. Tübingen: edition diskord.

Lichtenberg, J. (2009): Sensualität, Sexualität und Liebe in der Sicht des 21. Jahrhunderts. In: Selbstpsychologie, Heft 36/37, 2009, Frankfurt a. M.: Brandes & Apsel, S. 109–122.

Lieberz, K. (1983): Geschwisterlicher Abstand und neurotische Störung im Erwachsenenalter. Ztschr. Psychoth. Psychosom. Med. Psychol., 33, S. 217–223.

Lieberz, K. (1984): Geringer Geschwisterlicher Altersabstand – ein Risikofaktor in der Genese schizoider Störungen? Nervenarzt, 55, S. 596–601.

Linderkamp, O. (2006): Das Frühgeborene – Der Fetus auf der Intensivstation: In: Krens, I./ Krenz, H. (Hg.) Grundlagen einer vorgeburtlichen Psychologie. Göttingen: Vandenhoeck & Ruprecht, S. 106–122.

Mahler, M. (1985): Studien über die drei ersten Lebensjahre. Stuttgart: Klett-Cotta.

Marshall, K. (2007): Die Bindungsbereitschaft der Eltern – Grundlange für eine sichere Bindungsentwicklung des Kindes. In: Brisch, K. H./Hellbrügge, T. (Hg.) (2007): Die Anfänge der Eltern-Kind-Bindung. Stuttgart: Klett-Cotta, S. 115–128.

Marvin, R. S. (2001): Beiträge der Bindungsforschung zur Praxis der Familientherapie. In: Suess et al. (Hg.): Bindungstheorie und Familiendynamik. Anwendung der Bindungstheorie in Beratung und Therapie. Gießen: Psychosozial, S. 209–240.

Marvin, R. S./Cooper, G./Hoffmann, K./ Powell, B. (2000): Der Kreis der Sicherheit. In: Scheuerer-Englisch/Suess/Pfeiffer (Hg.): Wege zur Sicherheit. Gießen: Psychosozial 2003, S. 25–50.

Matzner, M. (2008): Jungen brauchen Väter. In: Matzner, M./Tischner, W. (Hg.): Handbuch der Jungen-Pädagogik. Weinheim: Beltz, S. 316–330.

Matzner, M./Tischner, W. (2008): Einleitung: In: Dies: Handbuch der Jungen-Pädagogik. Weinheim: Beltz, S. 9–15.

Mayring, P./Saup, W. (Hg.) (1990): Entwicklungsprozesse im Alter. Stuttgart: Kohlhammer.

McGowan, P./Sasaki, A./D'Alessio, A. C./Dymov, S./Labonté, B./Szyf, M./Turecki, G./Meaney, M. J. (2009): Epigenetic regulation of the glucocorticoid receptor in human brain associates with childhood abuse. Nature Neuroscience, 12, 2009, S. 342–348.

Meier, U. (2008): Jungen und Gewalt – Folge einer vaterlosen Erziehung? In: Neider, A. (Hg.) Brauchen Jungen eine andere Erziehung als Mädchen. Stuttgart: Vlg. Freies Geistesleben, S. 121–150.

Meltzoff, A. (1999): Foundations for developing a concept of self: The role of imitation in relating self to other and the value of social mirroring, social modelling and self practice in infancy. In: Cicchelti, D./Beeglely, M. (Hg.): The self in transition: Infancy to childhood. Chicago: University of Chicago Press, S. 139–164.

Michal, W. (2007): Einsame Klasse. Berlin: Booklett.

Milz, I. (1996): Neuropsychologie für Pädagogen. Dortmund: Borgman.

Murgatroyd, Ch./Patchev, A. V./Wu, Y./Micale, V./Bockmühl, Y./Fischer, D./Holsboer, F./Wotjak, C. T./Almeida, O. F. X./Spengler, D. (2009): Dynamic DNA methylation programs persistent adverse effects of early-life stress. Nature Neuroscience Advance Online Publication, 08. 11. 2009.

Murr-Brück, E. (2005): Der ganz normale Wahnsinn. In: Rhein-Neckar-Zeitung, »Aus der Wissenschaft«, 31. 10. 2005, S. 38.

Nadolny, St. (1987): Die Entdeckung der Langsamkeit. München: Piper.

Oerter, R./Dreher, E. (2002): Jugendalter. In: Oerter, R./Montada, L. (2002) (Hg.): Entwicklungspsychologie. Weinheim: Beltz, S. 258–318.

Oerter, R./Montada, L. (2002): Entwicklungspsychologie. Weinheim: Beltz.

Ornstein, A. (1977): Die Herstellung des Kontaktes mit der inneren Welt des Kindes. Familiendynamik, 4/77, S. 282–315.

Ornstein, A./Ornstein, P. (1994): Elternschaft als Funktion des Erwachsenen-Selbst. Kinderanalyse, Heft 3, 1994, S. 351–376.

Papoušek, H. (2003): Spiel in der Wiege der Menschheit. In: Papoušek, M./v. Gontard, A. (Hg.) Spiel und Kreativität in der frühen Kindheit. Stuttgart: Klett-Cotta, S. 17–55.

Papoušek, M./v. Gontard, A. (Hg.) (2003): Spiel und Kreativität in der frühen Kindheit. Stuttgart: Klett-Cotta.

Papoušek, M./Hofacker, N./v. Malinowski, M./Jambeit, T./Cosmovici, B. (1994): Münchener Sprechstunde für Schreibabys. In: Sozialpädiatrie in der Pädiatrie für Praxis und Klinik, 16, 1994, S. 680–686.

Paulsen, S. (1984): Geschwisterkinder in der Familie. In: Kind und Umwelt, Heft 42, Mai 1984, S. 52–65.

Perry, B./Pollard, R./Blakeley, T./Baker, W./Vigilante, D. (1995): Childhood trauma, the neurobiology of adaptation, and »use-dependent« development of the brain. How »states« become »traits«. Infant Mental Health J., 16, S. 271–291.

Petri, H. (1994): Geschwister – Liebe und Rivalität. Zürich: Kreuz.

Pfeiffer, Ch./Mößle, T./Kleimann, M./Rehbein, F. (2007): Die PISA-Verlierer – Opfer ihres Medienkonsums. Hannover: FfN.

Pinker, S. (2008): Das Geschlechterparadox: über begabte Mädchen, schwierige Jungs und den wahren Unterschied zwischen Männern und Frauen. München: DVA.

Piontelli, A. (1996): Vom Fetus zum Kind: Die Ursprünge des psychischen Lebens. Stuttgart: Klett-Cotta.

Portmann, A. (1951): Biologische Fragmente zu einer Lehre von Menschen. Basel: Schwabe & Co.

Possemeyer, I. (2009): Enkel + Großeltern. GEO, 2/2009, S. 113–141.

Precht, R. D. (2007): Wer bin ich und wenn ja, wie viele. München: Goldmann.

Putnam, F. W. (1997): Dissociation in children and adolescents: A developmental perspective. NY: Guilford Press.

Radebold, H. (1997) (Hg.): Altern und Psychoanalyse. Psychoanalytische Blätter, Bd. 6, Göttingen: Vandenhoeck & Ruprecht.

Radebold, H./Hirsch, R. D. (Hg.) (1994): Altern und Psychotherapie. Bern: Huber.

Rass, E. (2002): Kindliches Erleben bei Wahrnehmungsproblemen. Frankfurt a. M.: Lang.

Rass, E. (2004) (Hg.): Geschwistererfahrung. Selbstpsychologie, Heft 16, 2/2004, Frankfurt a. M.: Brandes & Apsel.

Rass, E. (2007a): Affektregulation auf den Spuren Freuds. Neuere Entwicklungen der Psychoanalyse in ihrer Bedeutung für die Psychotherapie von Kindern und Jugendlichen. In: Springer, A./Münch, K./Munz, D. (Hg.): Psychoanalyse Heute?! Gießen: Psychosozial, S. 399–420.

Rass, E. (2007b): Erkenntnisfortschritte in der Psychoanalyse: Implikationen für die Psychotherapie und sozialpädagogische Versorgung von Kindern und Jugendlichen. In: Zeitschrift für Sozialpädagogik, 1/2007, S. 51–69.

Rass, E. (2008a): Kontaktaufnahme mit der Wahrnehmungswelt des Kindes: (Unerkannte) Störungen in der Wahrnehmungsorganisation und deren Auswirkungen auf die psychische Entwicklung. Norderstedt: Books on Demand.

Rass, E. (2008b): Vater-Kind-Mutter: Die Bedeutung des Vaters für das Kind bei einer depressiven Erkrankung der Mutter. In: Heinz Walter (Hg.): Vater, wer bist du? Auf der Suche nach dem »hinreichend guten« Vater. Stuttgart: Klett-Cotta, S. 150–174.

Rass, E. (2009): Gipfelstürmer brauchen ein sicherheitsgebendes Basislager – oder: Elternschaft als Funktion des Erwachsenenselbst. (Unveröffentlichter Vortrag an der Ärztlichen Akademie für Psychotherapie von Kindern und Jugendlichen e.V. München).

Rass, E. (2010): Der Lehrer als Beziehungs- und Kulturarbeiter: Bindungssicherheit und Affektregulation im pädagogischen Handlungsfeld. In: Göppel, R. (2010) (Hg.): Die Schule als Bildungsort und emotionaler Raum. Opladen: Leske + Budrich, S. 111–124.

Ratey, J. J. (2001): Das menschliche Gehirn. Düsseldorf, Zürich: Patmos, Walter.

Resch, F./Maywald, J. (2009): Vorwort zu: »Spiel und Spielzeug«. In: Frühe Kindheit, 3/09.

Richter, H.-E. (2008): Flexibilität oder Elterlichkeit? Wohin entwickelt sich die Familie? AKJP, 140, 4/2008, S. 521–531.

Rippegather, J. (2009): Alte sind schneller lebensmüde. Frankfurter Rundschau, 18. 08. 2009, S. D7.

Rosen, A./Rosen, J. (2005): Frozen Dreams. Psychodynamic Dimensions of Infertility and Assisted Reproduction. Hillsdale NY: Analytic Press.

Rosenkötter, H. (2003): Auditive Wahrnehmungsstörungen. Stuttgart: Klett-Cotta.

Roth, G. (2006): Das verknüpfte Gehirn: Bau und Leistung neurobiologischer Netzwerke. Mühlheim/Baden: Auditorium Netzwerk.

Rothgang, G.-W. (2003): Entwicklungspsychologie. Stuttgart: Kohlhammer.

Rückert, S. (2004): Wie man in Deutschland kriminell wird. In: DIE ZEIT, 22. 01. 04, S. 34/35.

Rüegg, J. C. (2007): Gehirn, Psyche und Körper. NY, Stuttgart: Schattauer.

Rüegg, J. C. (2009). Dem Trübsinn davonlaufen. In: PSYCHOLOGIE HEUTE, 4/2009, S. 56/57.

Sacks, O. (2008): Der einarmige Pianist. Reinbek bei Hamburg: Rowohlt.

Salzman (2010): The Neurobiology of Attachment. Vortrag am 9. 4. 2010 am Harvard Medical School Department of Psychiatry: The Therapeutic Action of Psychodynamik Psychotherapy: Current Concepts of Cure.

Sauter, E. (2008): Das vergessene Geschlecht. In: GEO compact Nr. 17, S. 115–127.

Sax, L. (2009): Jungs im Abseits, München: Kösel-Verlag.

Schachter, F. F./Stone, R. K. (1985): Difficult Sibling, Easy Sibling: Temperament and the Within-Family Environment. In: Child Development 1985, 56, S. 1335–1344.

Schneewind, K. A./Berkić, J. (2007): Stärkung von Eltern-Kompetenzen durch primäre Prävention: Eine Unze Prävention wiegt mehr als ein Pfund Therapie. Prax. Kinderpsychol. Kinderpsychiat. 56, S. 643–659.

Schore, A. (1994): Affect regulation and the Origin of the Self. The neurobiology of emotional development, Mahwah, NY: Erlbaum.

Schore, A. (1996): The experience-dependent maturation of a regulatory system in the orbital prefrontal cortex and the origin of developmental psychopathology. In: Develop. and Psychopathol. 8, S. 59–87.

Schore, A. (1998): The experience-dependent maturation of the evaluative system in the cortex. In: K. H. Pribram (Hg): Fifth Appalachian Conference on Behavioral Neurodynamics: Brain and Values. Mahwah NY: Erlbaum. S. 337–358.

Schore, A. (2003): Affect Regulation and the Repair of the Self. Dt.: Affektregulation und die Reorganisation des Selbst. Übers. v. E. Rass. Stuttgart: Klett-Cotta, 2007.

Schore, A. (2008): The Science of the Art of Psychotherapy. Vortrag vom 12./13. 09. 2008 am Kris-Och Traumacentrum Stockholm.

Schore, A. (2009): Traumatische Beziehungserfahrungen brennen sich direkt in das kindliche Gehirn ein. PSYCHOLOGIE HEUTE, 10/2009, S. 26–29.

Schröder, K./Spiewak, M. (2010): Ein Tag für die Kerle. DIE ZEIT/WISSEN, 17, S. 37.

Schultheis, K. (2008): Jungenforschung. In: Matzner, M./Tischner, W. (Hg.): Handbuch der Jungen-Pädagogik. Weinheim: Beltz, S. 366–380.

Seiffge-Krenke, I. (2001a): Geschwisterbeziehung zwischen Individuation und Verbundenheit: Versuch einer Konzeptualisierung. In: Praxis Kinderpsychol. Kinderpsychiat., 6/2001, S. 421–439.

Seiffge-Krenke, I. (2001b): Väter und Söhne, Väter und Töchter. In: Forum der Psychoanalyse, Bd. 17, Heft 1, 3/2001, S. 51–63.

Seiffge-Krenke, I. (2001c): Neuere Ergebnisse der Vaterforschung. In: Psychotherapeut, Bd. 46, Heft 6, Nov 2001, S. 391–397.

Seiffge-Krenke, I. (2004): Väter: Notwendig, überflüssig oder sogar schädlich für die Entwicklung der Kinder? In: Dies.: Psychotherapie und Entwicklungspsychologie. Berlin/Heidelberg: Springer, S. 195–224.

Seiffge-Krenke, I. (2007): Psychoanalytische und tiefenpsychologisch fundierte Therapie mit Jugendlichen. Stuttgart: Klett-Cotta.

Seneca (1999): De brevitate vitae. Die Kürze des Lebens, München: C. H. Beck.

Sennett, R. (1998): Der flexible Mensch. Frankfurt a. M.: Berlin Verlag.

Shirtcliff, E. A./Coe, C. L./Pollak, S. D. (2009): Early childhood stress is associated with elevated antibody levels to herpes simplex virus type. PNAS, online first.

Singer, P. (2008): Störenfriede im Unterricht - warum Jungen so oft geschimpft werden. In: Neider, A. (Hg.): Brauchen Jungen eine andere Erziehung als Mädchen? Stuttgart: Freies Geistesleben, S. 80–120.

Sonnenmoser, M. (2006): Psychosoziale Folgen unterschätzt. Dtsch. Ärzteblatt | PP | 10 | 2006, S. 461–462.

Sonnenmoser, M. (2009): Klassische psychologische Theorien des Alterns. Dtsch. Ärzteblatt | PP | 8 | 2009, S. 222.

Sontheimer, D. (2005): Känguruhing - nicht nur neben dem Inkubator. In: Neue Wege gehen. Bundesverband »Das frühgeborene Kind« e.V., Frankfurt a. M. (Hg.), S. 53–57.

Specht, F. (1996): Biologische, soziale und psychische Reifezeit. In: Aschoff, W. (Hg.). Pubertät. Erregungen um ein Lebensalter. Göttingen, Zürich: Vandenhoeck & Ruprecht, S. 22–35.

Spekman, N. J./Goldberg, R. J./Herman, K. L.: Learning disabled children grow up. A search for factors related to success in the adult years. In: Learning Disabilities - Research and Practice. 7/1992, S. 161–170.

Spranger, E. (1924): Psychologie des Jugendalters. Leipzig: Quelle + Meyer.

Statistisches Bundesamt (Stand 9/2003), Berechnungen des Bundesinstituts für Berufsbildung.

Stenberg, G./Wiking, S./Dahl, M. (1998): Judging words at face value: Interference in a processing of affective facial stimuli. In: Cognition and Emotion, 12, S. 755–782.

Steinebach, Ch. (2000): Entwicklungspsychologie. Stuttgart: Klett-Cotta.

Stern, Daniel (1992): Die Lebenserfahrung des Säuglings. Stuttgart: Klett-Cotta.

Stern, Daniel (1998): Die Mutterschaftskonstellation. Stuttgart: Klett-Cotta.

Strassmann, B. (2007): Woher haben sie das? In: DIE ZEIT, 28. 06. 2007, S. 29 ff.

Streeck-Fischer, A. (2009): Das Spiel als Medium zur Bewältigung von Konflikten. In: Frühe Kindheit, 3/09, S. 18–19.

Strüber, D. (2008): Geschlechtsunterschiede im Verhalten und ihre hirnbiologischen Grundlagen. In: Matzner, M./Tischner, W. (Hg.): Handbuch der Jungen-Pädagogik. Weinheim: Beltz, S. 34–48.

Sullivan, R. M./Gratton, A. (1999): Lateralized effects of medial prefrontal cortex lesions on neuroendocrine and autonomic stress responses in rats. Journal of Neuroscience, 19, S. 2834–2840.

Sulloway, F. J. (1999): Der Rebell der Familie. Berlin: Siedler.

Tast, I./Romberg, J. (2003): Jungs - Werden sie die Sorgenkinder der Gesellschaft. In: GEO 3/2003, S. 64–92.

Thatcher, R. W. (1994): Cyclical cortical reorganisation: Origins of human cognitive development. In: G. Dawson/K. W. Fischer (Hg.): Human behaviour and the developing brain. NY (Guilford Press), S. 232–266.

Thomä, D. (2002): Eltern. München: Beck.

Timm, K. (2006): Rivalen fürs Leben. In: DER SPIEGEL, 2/2006, S. 142–153.

Tinz, S. (2002): Die Rentner von der ersten Bank. DIE ZEIT, 07. 03. 2002, S. 69.

Tress, W. (1986): Das Rätsel der seelischen Gesundheit. Göttingen: Vandenhoeck & Ruprecht.

Tronick, E./Weinberg, M. (1997): Depressed mothers and infants: Failure to form dyadic states of consciousness. In: L. Murray/P. J. Cooper (Hg.): Postpartum depression and child development. NY: Guildford Press, S. 54–81.

Unzner, L. (2001): BezugserzieherIn im Heim – eine Beziehung auf Zeit. In: Suess et al. (Hg.): Bindungstheorie und Familiendynamik. Gießen: Psychosozial, S. 347–357.

Ustorf, A.-E. (2008): Wir Kinder der Kriegskinder. Die Generation im Schatten des 2. Weltkrieges. Freiberg: Herder.

Uvnäs-Moberg, K. (2007): Die Bedeutung des Hormons »Oxytocin« für die Entwicklung der Bindung des Kindes und der Anpassungsprozesse der Mutter nach der Geburt. In: Brisch, K. H./Hellbrügge, T. (Hg.): Die Anfänge der Eltern-Kind-Bindung. Stuttgart: Klett-Cotta, S. 183–212.

van Lancker, D./Cummings, J. L. (1999): Expletives: Neurolinguistic and neurobehavioral perspectives on swearing. Brain Research Reviews, 31, S. 83–104.

Vaupel, J (2010): Biodemography of human ageing. Nature, Bd. 464, S. 536.

Walter, H. (2002) (Hg.): Männer als Vater. Gießen: Psychosozial.

Walter, H. (2008) (Hg.): Vater – wer bist du? Auf der Suche nach dem hinreichend guten Vater. Stuttgart: Klett-Cotta, S. 9–44.

Warnke, A. (2000): Wahrnehmungsprobleme bei Kindern und Jugendlichen. In: Bundschuh, K. (Hg.): Wahrnehmen, Verstehen, Handeln. Bad Heilbrunn: Klinkhardt, S. 193–208.

Weichold, K./Büttig, S./Silbereisen, R. (2008): Effects of pubertal timing on communication behaviors and stress reactivity in young women during conflicts discussions with their mothers. Journal of Youth and Adolescence, 37 (9), 2008, S. 1123–1133.

Weidt, B. (2007). Einzelkinder sind anders als ihr Ruf. In: PSYCHOLOGIE HEUTE, 11/2007, S. 66–71.

Wellendorf, F. (1995): Zur Psychoanalyse der Geschwisterbeziehung. In: Forum der Psychoanal., Bd. 11, Heft 4, Dezember 1995, S. 295–310.

Westerhoff, N. (2009): Im Gleichschritt zum Wir-Gefühl. Süddeutsche Zeitung, 7./8. 02. 2009, S. 22.

Willi, J. (1975): Die Zweierbeziehung. Reinbek bei Hamburg: rororo.

Willi, J. (1996): Ökologische Psychotherapie. Göttingen: Hogrefe.

Wilson, F. (2000): Die Hand – Geniestreich der Evolution. Stuttgart: Klett-Cotta.

Winnicott, D. W. (1971): Therapeutic Consultation in Child Psychiatry. London: Hogart.

Winnicott, D. W. (2010): Vom Spiel zur Kreativität. 12. Aufl., Stuttgart: Klett-Cotta.

Winterhager-Schmid, L. (2002): Die Beschleunigung der Kindheit. In: Jahrbuch für Psychoanalytische Pädagogik 12. Gießen: Psychosozial, S. 15–31.

Wurmser, H. (2007): Einfluss der pränatalen Stressbelastung der Mutter auf die kindliche Verhaltensregulation im ersten Lebenshalbjahr. In: Brisch, K. H./Hellbrügge, T. (Hg.) Die Anfänge der Eltern-Kind-Bindung. Stuttgart: Klett-Cotta, S. 129–156.

Wurmser, L. (1998): Die Maske der Scham. Die Psychoanalyse von Schameffekten. Berlin, Heidelberg: Springer.

Wüsthof, A. (2006): Gehirn im Ausnahmezustand. DIE ZEIT/WISSEN, 12. 10. 2006, S. 46.

Zehnter Kinder- und Jugendbericht. Hg.: Bundesministerium für Familie, Senioren, Frauen und Jugend. Bonn 1998.

Indexverzeichnis

Ablösungs- und Individuationsprozess 6, 57, 78
Affektabstimmung 88
Affektabwehr 124
Affektregulation 5, 10, 20, 24, 26, 40, 41, 82, 85, 110, 124, 129, 153, 167, 168
Affekttoleranz 28
Als-ob-Affekt 76
Als-ob-Spiel 91
Altersabstand 120, 122, 123, 165
Alterungsprozesse 154
Ammenzellen 63
Amygdala 23
Annäherungsverhalten 79
Anpassungsdruck 148
Anpassungsstrukturen 152, 153
auditive Wahrnehmung 53, 54, 167

BabyCare-Programm 65, 68, 162
Begabungsstruktur 137
Begabungswirklichkeit 131
Begabungswunsch 131
Berufstätigkeit 145, 150
Bewältigungskompetenz 93
Bewältigungsstrategien 21, 32, 129
Bewegungs- und Erkundungsspiel 85
Bewusstsein-Körper-Verbindungen 34
Bildungsprozess 84
Bindungserfahrung 21, 23, 27, 34, 39, 96
Bindungsforschung 10, 20, 33, 59, 96, 105, 165
Bindungsmuster 17, 64, 123
bindungspädagogische Beziehung 94
Bindungsqualitäten 35
Bindungssicherheit 5, 6, 7, 33, 34, 75, 84, 94, 110, 127, 143, 147, 150, 153, 167
Bindungssystem 34
Bindungstheorie 5, 33, 34, 163, 170
Blickkontakt 27, 70, 102
Bonding 6, 65, 66, 73

De-Identifikation 121
Depression 49, 58, 69, 149, 150, 160, 162, 170
Desorganisation 36
Dysregulation 23

Einzelzeit 127
Elternkompetenz 39, 105, 144
emotionale Kommunikation 23
emotionale Verfügbarkeit 78
Empathie 39, 40, 41, 77, 86, 126, 155, 165
- Empathiefähigkeit 40, 105
- Empathieversuch 29
- Empathieverzerrung 46
Enkelkind 100, 144
Entwicklungsaufgabe 11, 14, 17, 24, 104, 110, 111, 128, 129, 133, 135, 139, 141, 144, 151, 156
Entwicklungsstagnation 151
Erbgut 20, 142
Erkundungsverhalten 6, 88, 89, 90, 164
Erregungszustände 28, 118
Erwachsenenpädagogik 146
Erziehungskompetenz 39, 85, 105
Evolutionstheorie 101
Exploration 35, 39, 43, 73, 84, 90, 143
- Explorationsstreben 94
- Explorationssystem 36

Externalisierung 76, 112
extrauterines Frühjahr 65

Fehlgeburt 63, 67, 68
Feinfühligkeit 37, 40, 86, 117, 147, 153, 159
Flexibilität 13, 46, 57, 59, 140, 167
Fremdbetreuung 94
Früherkennung 59
Frühgeburt 6, 64, 65, 67, 68, 69, 70, 74, 115, 123, 159, 162
- Frühgeburtlichkeit 6, 66
- Frühgeburtmedizin 67
Frühpädagogik 110
Frustrationstoleranz 87, 94
funktionelle Eigenständigkeit 132
Fürsorgeumgebung 33

Geburt 6, 19, 23, 24, 26, 29, 35, 64, 65, 66, 67, 68, 69, 70, 71, 73, 74, 75, 86, 101, 102, 103, 108, 109, 121, 122, 123, 144, 165, 170
- Fehlgeburten 63
- Geburtenabstand 124, 125, 126
- Geburtshilfe 67
- Geburtsausgang 68
- Geburtserlebnis 108
- Geburtsgewicht 67, 68
- Geburtskomplikationen 68, 70
- Geburtsprozess 109
- Geburtstag 145
- Geburtstermin 75
- Geburtsverläufe 68
- Mangelgeburten 69
- Mehrlingsgeburten 118
- Normalgeburten 66
- Risikogeburten 66
- Termingeburt 70
- vorgeburtlich 104, 164, 165
- vorgeburtliche Lebenszeit 62
Gehirnarchitektur 20
Gehirnstruktur 19
Generativität 61, 156, 157, 162
Geschlechterkategorie 116
Geschlechterunterschiede 97, 116, 117
Geschwisterkonflikte 127
Geschwisterprobleme 123, 149
Gestik 26, 89
Gleichgewichtssinn 45
Gleichgewichtssystem 52
Globalisierung 145, 148
Grenzerfahrungen 113, 150
Großeltern 122, 144, 167
- Großelterngeneration 9
- Großvater 112
Grundaffekte 70
Gruppenaktivität 55
Gruppenarbeit 56
Gruppengeschehen 56

Hirnforschung 14, 20, 24, 103, 142
Hormonausschüttung 62
Hormonsystem 22

Identität 7, 44, 96, 101, 106, 107, 109, 117, 121, 122, 128, 132, 135, 136, 137, 145, 162
- Altersidentität 142
- Identitätsentwicklung 97
- identitätserweiternd 113
- identitätsfördernd 107
- Identitätsgefühl 147, 152
- Identitätsprozesse 122
- Identitätsschicksal 163
- identitätsstifend 116
- Persönlichkeitsidentität 132
Immunsystem 22, 63
implizites Beziehungswissen 27
Impulskontrolle 112
individualisierte Pflege 67
Individualität 38, 44, 113, 120, 127
Individuationsprozess 6, 57, 78, 106, 130
Interaktion 6, 10, 14, 25, 26, 27, 28, 29, 30, 31, 33, 36, 37, 41, 43, 50, 53, 56, 62, 63, 64, 74, 85, 87, 88, 95, 102, 118, 122, 123, 127, 162
- Interaktionsbeobachtungen 109
- Interaktionserfahrung 71
- Interaktionsgeschehen 45
- Interaktionspartner 36
- Interaktionsrahmen 50
- Interaktionsspielchen 91

- Interaktionsspiele 45
- Interaktionsstil 106
- Interaktionsstörungen 28
- Lehrer-Schüler-Interaktion 50
- Mutter-Kind-Interaktion 33, 42, 6
- Vater-Kind-Interaktion 42, 110
interaktive Wiederherstellung 58

Kaiserschnitt 66
Känguru-Pflege 73, 75
Killerzellen 63,
Kohärenz 131, 149
Komplexität 10, 14, 143
Kontinuität 106, 148, 153, 155
Kontinuum 11, 13, 24, 62, 65
Konzentration 11, 49, 83, 91, 94, 95
Konzentrationsschwäche 55
Körperbild 129
Körpererfahrung 114, 135
Kränkung 122, 145, 149, 152, 154
Kreativität 85, 91, 155, 165, 166, 170

Lebensabschnitte 65, 128, 141, 143, 146, 151
Lebenserwartung 142
Lebensmüdigkeit 152
Lebensplan 148, 155
Lebensverlauf 10, 13, 24, 61, 120, 128, 141, 144, 145,
Lebensweg 9, 19, 128, 152
Lebenszyklus 128, 162, 163
Lehrer-Schüler-Interaktion 50
Lese-Rechtschreiberwerb 55
Lese-Rechtschreibprozess 56
limbisches System 22, 23, 27
linke Hemisphäre 23

Männlichkeit 97, 107, 108, 111, 112, 114, 129
Mannschaftssport 56
Mentalisierung 61, 109
Mimik 26, 27, 29, 78, 89
Motorik 45, 48, 88, 105
- motorische Aktivitäten 70, 125
- Sensomotorik 53, 70
- Spontanmotorik 70

Mutter-Kind-Beziehung 5, 17, 19, 20, 21, 96, 121, 160
Mutter-Kind-Interaktion 33, 42, 62
Mütterlichkeit 7, 31, 96, 104, 115

Nachahmungsspiel 6, 86
Nachkriegsjahre 143
Neurobiologie 5, 9, 12, 14, 15, 19, 20, 21, 82, 98, 129, 159, 164
Neurowissenschaften 9, 10, 12, 15, 19, 23, 34, 84
normative Krise 25, 128, 130, 140, 145

Objektkonstanz 79, 81, 163
optimale Passung 39, 105
Oxytozin 73, 170

Pädagogik 85, 94, 112, 164, 170
- Erwachsenenpädagogik 146
- Jungen-Pädagogik 160, 165, 168, 169
- Sozialpädagogik 167
Parentifizierung 127
- Parentifizierungsbedürfnisse 150
Plastizität 24, 84, 103, 143
Prägung 20, 21, 63, 160
präverbale Kommunikation 27
Prosodie 26, 27, 89
- prosodisch 75, 76, 86
Protokonservation 89
psychobiologische Kommunikation 27
psychosoziale Risikofaktoren 69
Pubertät 11, 24, 25, 57, 98, 129, 149, 162, 163, 169
- puberal 132, 170
- pubertär 131, 132, 140
- Pubertierender 37, 153

rechte Hemisphäre 23, 24, 144
rechte Gehirnhälfte 19, 23, 27
Reifungsprozess 22, 44, 80, 81, 85, 111, 129, 144
Reorganisation 24, 82, 95, 128, 135, 140, 144, 151, 168, 169
Resilienz 37, 38, 77, 151, 161

Resonanz 6, 58, 73, 75, 76, 118, 146, 147, 149, 154
- Resonanzerfahrung 149
Rhythmus 29, 47, 48, 49, 73, 81, 91
- Rhythmik 48
- rhythmisch 5, 47, 48, 49, 54, 58, 81, 91
- Sprachrhythmus 48
- unrhythmisch 71
- Verarbeitungsrhythmus 55
Risikofaktor 21, 38, 65, 68, 69, 162, 164, 165
Risikogeburten 66
Rollenbilder 142

Sauerstoffzufuhr 62, 63
Scham 52, 58, 77, 163, 170
Schamsensitivität 58
Schmerzabwehr 72
Schmerzempfinden 6, 72, 73
Schmerzreize 72
Schnelllebigkeit 46, 95, 148
Schuldgefühle 59, 150
Schullaufbahn 137
Schutzfaktoren 38
Schwangerschaft 6, 9, 10, 17, 61, 62, 63, 64, 65, 68, 69, 70, 75, 108, 115, 159
- Schwangerschaftsalter 71
- Schwangerschaftsdauer 67, 68, 69
- Schwangerschaftserbrechen 68
- Schwangerschafts- und Geburtskomplikationen 70
- Schwangerschaftsverlauf 68
Schwellensituation 11, 25, 53, 75, 128, 139, 144
Selbständigkeit 132, 144
Selbstbewusstsein 34, 79, 93, 144, 146, 152
Selbstentleerung 150
Selbstentwurf 121, 138, 147, 151
Selbstkonzept 129
Selbstorganisation 6, 19, 53, 82, 94, 133
Selbstpathologie 42
Selbstreflektion 82, 126, 127
Selbstrepräsentanz 78, 109
Selbstsystem 30
Selbstwerterleben 52
Selbstwertgefühl 56, 57, 80, 155
Selbstwirksamkeit 83, 112
- selbstwirksam 49
- Selbstwirksamkeitserfahrung 58
sensomotorische Integration 83
sicher gebundene Kinder 35, 37, 123
sichere Bindungsbeziehung 26, 39
Sozialisationsschritte 125
Spannungsregulierung 30, 77
Spannungszustände 76, 105, 110, 153
Spielentwicklung 6, 85
Sprachrhythmus 48
Stressbewältigung 24, 82
Stresserfahrung 20, 28, 63, 70, 129
Stresshormon 20, 21, 63, 70
Stressreaktion 20, 108
Strukturbildung 81, 144
strukturelle Reife 132
- strukturelle Reifungsschritte 61
Studienabbruch 138, 139, 163
Symbolspiel 6, 90, 92, 93
Synchronisation 5, 47, 58
- Synchronisationsprozess 48

taktil-kinästhetische Wahrnehmung 51, 54
Tastsinn-Lagerezeptor 51
Teamarbeit 56
Teamwork 549
Tiefenkommunikation 62, 63
Trauerarbeit 126
Trauma 21, 22, 24, 30
- Traumaforschung 15
- Traumata 64, 155
- traumatisch 20, 41, 74, 123, 151, 168
- traumatisierend 20, 64, 74, 126, 151
- Traumatisierung 11, 65, 122, 166
Triade 42, 105, 106, 107, 108, 116, 163
Triangulierungskompetenz 109
Triebbedürfnisse 34
Trotzanfälle 78
Trotzphase 24, 25, 130

Übererregung 21, 23, 82, 110
Umgebungsfaktoren 9, 10, 11, 13, 16, 45, 54, 59, 61

unsicher-ambivalent gebundene Kinder 36
unsicher-desorganisiert/desorientiert gebundene Kinder 36
unsichere Bindung 21, 36
- unsichere Bindungsorganisation 38
unsicher-vermeidend gebundene Kinder 35
Urheberschaft 6, 86
Urvertrauen 40, 105

Vater 5, 10, 42, 43, 44, 65, 74, 96, 97, 98, 100, 102, 105, 106, 107, 108, 109, 110, 111, 112, 113, 114, 116, 122, 145, 161, 163, 164, 165, 167, 168, 170
- Vaterbeziehung 7, 97, 110
- Vaterfigur 111
- Vatergeschichte 107
- Vater-Kind-Interaktion 42
- vaterlos 114
- Vaterrolle 108
- Väterkonferenz 97
- väterlich 97, 105, 107, 108, 109, 110, 112, 113, 114, 116
- Väterlichkeit 7, 96, 97, 98, 104, 108, 110, 111, 115, 116
Verarbeitungsgeschwindigkeit 46, 55
Verarbeitungsrhythmus 55
verbale Kommunikation 77
Vermeidungsstrategie 56
visuelle Wahrnehmung 5, 56
Vitalisierung 110, 147
- Vitalisierungserfahrungen 135
Vulnerabilitätsfaktoren 38

Wahrnehmungsorganisation 5, 11, 45, 47, 49, 54, 57, 167
Wahrnehmungsstörungen 50, 167
Widerstandsfähigkeit 38
Wiederannäherungsphase 80
Wiederannäherungswünsche 79
Wiedergutmachung 150, 151
Wiederherstellung 10, 31, 58, 77, 147

Zustandsregulierung 28, 30

Autorenangaben

Dr. paed. Eva Rass ist Analytische Kinder- und Jugendlichenpsychotherapeutin, Dozentin und Supervisorin, war Vorstand des Instituts für Analytische Kinder- und Jugendlichenpsychotherapie in Heidelberg und lehrt u. a. an der Pädagogischen Hochschule Heidelberg und an der Ärztlichen Akademie für Kinder und Jugendliche in München.